지워지지 않는 페미니즘

* 이 도서의 국립중앙도서관 출판시도서목록(CIP)은 e-CIP홈페이지(http://www.nl.go.kr/ecip)와 국가자료공동목록시스템(http://www.nl.go.kr/kolisnet)에서 이용하실 수 있습니다.
(CIP제어번호: CIP2018012131)

지워지지 않는 페미니즘

윤김지영 지음

은행나무

차례

여는 말 _ 페미니즘이라는 해일

새로운 시대에 대한 요청은 격렬한 진동과 진통으로부터 촉발됩니다. 그것은 우리를 뒤흔드는 지진을 직면하고 자신의 가장 안전한 보루를 내어주는 것으로부터 시작합니다. 그러하기에 새 시대의 열림은 그리 쉬운 여정이 결코 아닙니다. 새 시대의 움틈은 사회의 친족 구조는 물론 노동 배분 양식, 섹슈얼리티라는 친밀성의 양식에 대한 재배치를 요구하는 '페미니즘'이라는 시대적 감각에 의해 본격화되었습니다. 페미니즘이라는 정치적·사회적 감수성은 내 일상의 습속을 북돋우는 힐링 담론이 아닙니다. 페미니즘은 정답지에 가둬지지 않은 숱한 질문들에 충돌케 하는 문제적 계기일 뿐입니다. 당장이라도 덮칠 듯 높이 솟아오른 문제적 계기로서의 페미니즘은 우리의 자연화되고 이상화된 일상을 파열시키며 새로운 변화의 에너지를 난입시킵니다.

페미니즘이라는 새로운 세기의 감각은 우리를 안전한 결말의 이야기가 아닌, 낙뢰가 뚝뚝 떨어지는 가장 위험한 길로 이끕니다. 낙뢰의 섬광이 과연 무엇을 드러내고 있는지 들여다보기, 그것이 바로 이 책을 펼친 여러분들의 임무입니다.

　페미니즘이라는 해일이 헬조선을 뒤덮고 있습니다. 페미니즘은 '해일이 몰려오는데 조개나 줍는 것'이 아니라 해일 그 자체입니다. 해일을 일으킨 이들이 바로 '헬페미니스트'이며 그들은 지금도 헬조선의 지반 곳곳에 격랑을 일으키고 있습니다. 그러나 헬조선은 판의 자리바꿈으로 벗어날 수 있는 게 아닙니다. 남성 중심 문화의 판을 완전히 뒤집어 깨뜨린 후에야, 폐허의 바닥에서 새로운 세계로 출발할 수 있습니다. 헬조선은 보존의 대상이 아닌, 퇴락하고 몰락해 마땅한 대상입니다. 그 행위자이자 목격자가 바로 헬페미니스트라고 저는 생각합니다.

　영화 〈아가씨〉에는 "내 인생을 망치러 온 나의 구원자"라는 대사가 나옵니다. 나를 구성해온 기반 자체를 제대로 부셔야만 비로소 새로운 시작이 가능함을 의미하는 말이죠. 이처럼 헬조선을 망치질하여 부조리의 고리를 끊어내는 동시에 구원할 자가 헬페미니스트라고 저는 믿습니다. 그런 의미에서 우리는 넘어섬 그 이후에 대해 이야기해야 합니다.

　5·17 페미사이드 이후, 강간 문화 폭로 이후, 메갈리아 이후, 우리의 이야기는 '그 이후'에 비로소 시작됩니다. '그것it'을 넘어서기 위해서입니다. 어쩌면 우리 스스로를 넘어서야 하는 일인지도 모르겠습니다. 이 모든 가능성들은 헬페미니스트들로부터 시작되었습니다. 스스로를 '지옥의 페미니스트'라 일컬으며 그간 세계의 '그것'을 구성해 온 착함·올바름·전통·관습·상식의 틀을 부수고 뛰쳐나온 이들이죠. 그녀들은 '넷페미'에서 '메갈'로, 그리고 '포스트메갈'에서 '헬페미'로 자신의 이전以前을

넘어서는 과정을 계속해왔습니다. '비범한 혼란'을 야기시키며 이 세계 자체가 진창임을 외치는 그녀들의 목소리는 이미 밀실에서 벗어나 거리로 쏟아져 나왔습니다. 이러한 포스트잇 위의 목소리가 '그 이후post it'를 가능케 하고 있는 것이지요.

저의 첫 단독 저서가 세상에 다시 나오기까지 많은 고뇌의 문턱들이 있었습니다. 비혼과 비출산을 선언하고 페미니즘 철학이라는 비주류 학문의 길을 걷는 저를 한결같이 지지해주시는 부모님, 학문적 동지이자 소중한 언니 윤지선 박사, 눈부신 경이로움을 안겨주는 어여쁜 조카 아론, 세심한 감수성으로 매번 감동시키는 이모에게 깊은 사랑과 감사의 인사를 드립니다. 그리고 무엇보다도 페미니즘의 세기世紀를 열고 있는 이 시대의 혁명가, 헬페미니스트들에게 이 책을 바칩니다.

2018년 4월
그저 경청하고 배워나가는
헬페미니스트 윤김지영

1장

헬페미

헬조선의 시공간성

헬조선의 도래는 이미 선포되었습니다. 헬조선은 과연 누구의 시공간일까요? 우선 헬조선이라는 단어가 합성된 방식부터 들여다볼 필요가 있습니다. 장소성과 시간성을 나누어 살펴보겠습니다. 헬조선은 영원한 고통과 처벌이 난무하는 '지옥'과 억압적인 신분제의 폐쇄성이 용인되던 '조선'이라는 장소가 조합된 것입니다. 헬조선의 시간성은 이중적입니다. 죽음이라는 극한 고통의 미래가 현실로 육박해 들어오는 것, 즉 죽음을 관통한 세계로서의 'hell'이 현재에 포개져버린 상태죠. 여기서 'Hell'은 "벗어날 수 있는 전망이 부재한 시공간"*이 아닙니다. 헬조선은 '탈조선'이라는 이탈의 욕망을 통해서만 지탱 가능한 현실이기 때문입니다. 과도하게 이상화된, 어디에도 존재하지 않는 외부에 대한 동경이

* 김홍중, 「청년 여성 프레카리아트의 얼굴」, 〈한국문화연구〉 30, 2016년, 53쪽.

야말로 헬조선을 존속시키는 환상 장치인 것이죠. 나아가 헬조선은 신분제가 세습되던 과거로 회귀하는 퇴행의 시간성 또한 가집니다. 부모의 보유 자산 여부에 따라 꿈의 크기와 삶의 질이 결정되는 새로운 신분 사회가 도래한 것입니다. 이는 민주주의 공화국의 자유와 평등 이념을 으스러뜨립니다.

이러한 두 장소성─지옥과 조선─과 두 시간성─극한 미래로서의 죽음과 조선이라는 과거─의 포개짐은 현실의 고통을 감지하는 방식이자 신新신분제 사회의 부조리성을 꼬집는 풍자의 형식입니다. 그렇다면 헬조선이라는 고통과 절망, 냉소와 적대의 이중적 지반 위에 자기 연민과 원한 서사의 주체로 서 있는 건 누구일까요? '삼포세대'와 '노오력', '탈조선', '멸망'이라는 단어를 통해 고통을 발화하는 권리는 누가 가지고 있을까요?

노오력과 포기 세대

헬조선은 청년 담론의 하나로, 세대generation가 계급적 범주로 부상한 현실을 반영합니다. 부모 세대로 대표되는 고성장 경제체제 속에서 자수성가가 가능했던 기성세대와 저성장 불안정 고용 형태 속에서 독립조차 불가능한 청년 세대가 현실을 인식하는 방식은 전혀 다르게 드러납니다. 기성세대에게 한국 사회는 '하면 된다'는 표어로 상징되는 곳으로, '견딘 만큼 보상받는다'는 발전과 상승에 대한 믿음 체계가 구축되어 있습니다. 때문에 한강의 기적을 목도한 기성세대들은 헬조선이라는 명명

자체를 배은망덕한 반反애국적·치욕적 언사이자 현실 왜곡적 투시로 받아들이는 것이죠.

그러나 청년 세대에게 한국 사회는 빚을 내 딴 대학 졸업장으로도 고용 안정을 보장받지 못하는 취약한 공간입니다. 그들은 "불안정 특화 계급"인 "프레카리아트precariat"*로 불리면서, 헬조선 내에서 대량 양산되고 있습니다. 청년 세대에게 헬조선은 미래에 대한 전망과 발전 가능성이 모조리 적출된 곳, 불안과 미래에 대한 공포만이 비대하게 증식되는 곳이죠. 헬조선론論은 기성세대에 의해 구축된 사회시스템에 대한 절망과 체념의 서사이자 희망 없는 사회를 살아내는 스스로를 향한 자기 연민의 서사입니다. 그렇다면 체념이라는 포기의 국면과 자기 연민이라는 자기 정당화의 국면, 이 양가적인 측면이 어떻게 동시적으로 발생할까요? 절망적인 현실을 저주하는 자신과 그럼에도 불구하고 이러한 현실에서 생존해야 하는 자신을 통합하기 위해서는 자기 합리화의 보루가 반드시 필요하기 때문이지요. 이러한 관점에서, 헬조선이라는 청년 담론은 현 사회의 부조리성을 철저히 해부하는 메스라기보다는, 이를 봉합해버리는 아교입니다. 부조리한 사회에 균열을 일으켜 폭파시키는 대신, 사회 곳곳에서 터져 나오는 구조적 모순의 한계들을 덮어버리고 은폐해

---

* precarious(취약한)와 proletariat(프롤레타리아)의 합성어. '취약성 계급', '불안정 특화 계급'이라 번역할 수 있다. 프롤레타리아가 생산수단을 소유하지 않는 '무산자 계급'이라면, 프레카리아트는 안정된 현실과 미래 전망을 박탈당한 불안정 특화 계급인 것이다. 가이 스탠딩(Guy Standing)에 의하면 프레카리아트란 취약성과 불안정성에 의해 특징지어지는 "형성 중인 계급"으로서 과정적 유동성을 지닌다.(가이 스탠딩, 《프레카리아트》, 김태호 옮김, 박종철출판사, 2011년, 23쪽.) 그러나 프롤레타리아는 생산수단을 소유한 부르주아계급과 대립되는 무산계급으로서 확정적 위치성을 갖는다.

버리는 것입니다.

이렇게 헬조선론은 봉합 서사로서 기능하는 첫 번째 측면을 드러냅니다. 바로 '노오력' 담론입니다. 노력만으로는 부족해서 '노오력'을 해야만 한다는 이 논리는 "부드러움-생산성-이익"*의 원리에 기반한 규율 discipline 권력이 작동하는 방식입니다. 규율은 강압적인 모습이 아니라 부드러움의 모습, 생산성의 모습이라는 것이죠. 규율은 일상적이고 세밀한 방식으로 신체를 권력의 대상으로 훈육시킵니다. 인사하는 법, 식사 예절, 앉는 법, 걷는 법, 웃는 법, 드레스 코드 등을 통해 개인의 몸은 끊임없이 권력의 장치 안에 포획되죠. 다시 말해, 규율은 몸의 질서화이자 높은 효용성, 순응성을 담보하는 몸의 생산 체제인 것입니다.**

노오력은 우리를 일상적으로 길들이며 '성실한 자기 착취'의 구조를 강화하게 합니다. 프랑스 현대 철학자 미셸 푸코가 《감시와 처벌》에서 설명한 효용성과 순응성의 원리인 규율을 체화해내는 방식입니다. 이는 폭압적인 모습이 아닌 생산성의 논리를 통해 등장하며, 자기 착취를 성실의 미덕으로 치환해버립니다. 모든 구조적인 문제를 개인의 노동 집약적 행위를 통해 극복 가능한 것으로 착각하게 만들어버리는 것이죠. 이러한 관점에서, 노오력은 개인의 성실성 문제로 구조적 모순을 덮어버리는 보수적 행위 양식일 뿐입니다. 또한 구조의 문제를 부유하지 못

---

* "권력의 경제를 지배해왔던 '선취-폭력'이라는 낡은 원칙을 대신하여, 규율은 '부드러움-생산성-이익'의 원칙이 들어선 것이다."(미셸 푸코, 《감시와 처벌》, 오생근 옮김, 나남출판, 2003년, 336쪽.)
** 규율적 공간은 개인들의 삶을 가로지르는 비대칭적 관계에 의해 특징지어지며 이렇게 구성되어진 유순한 몸들의 사용법을 알려주는 것이다.(Alexandre Macmillan, "La biopolitique et le dressage des populations", *Cultures & Conflits*, n° 78, été 2010, p. 39.)

한 부모의 무능력—부모 세대의 노력량 투입 부족이 초래한 불운의 세습—문제로 여기게 만듭니다. 이러한 신新계급론을 돌파하는 방법 역시 청년 개인들의 책임으로 돌려버립니다.

헬조선 담론은 비린내 나는 현실의 내장까지 가닿지 못합니다. 시대의 모순을 부모와 자식 세대 간의 계급 세습론으로 한정해버리면 그 속에 중층적 차별의 기제가 있음을 읽어낼 수 없기 때문이지요. 즉 세대와 계급 이외에 젠더라는 성 계급sex class을 지워버리고 마는 것입니다. 여기서 성 계급이란 슐라미스 파이어스톤Shulamith Firestone이 《성의 변증법》에서 이론화한 개념입니다. 성별에 따른 사회적·정치적 차별 구조가 경제적 계급 구조보다 먼저 오는 물질적 제반 조건임이 이 개념에 의해 드러납니다.

여기서 불안정 특화 계급의 취약성은 두 가지 요소로 구성됩니다. 첫 번째는 실존적 취약성으로, 영원히 살 수 없는 생명 자체의 유약성을 뜻합니다. 두 번째는 정치적·사회적 취약성으로, 사회적 위치에 따라 죽음·질병·학살·강간·가난의 집중화*가 일어나는 것을 말합니다. 이러한 관점에서, 여성은 사회적·정치적 취약성이 중층적으로 심화되어 나타나는 성 계급입니다. 헬조선 담론은 불안정 특화 계급을 구성하는 중핵이 여성임을 탈각한 채, 고통받는 진정한 주체를 청년 남성으로 상정해버립니다. 이로써 오직 빈곤 남성 청년의 고통 어린 냉소과 적대감만이

---

* 김홍중이 「청년 여성 프레카리아트」라는 논문에서 필자는 '실존적 취약성(precariousness)' 과 정치, '사회적 취약성(precarity)'이라 옮긴 번역을 받아들인다. 주디스 버틀러는 저서 《전쟁의 프레임들Frames of war》에서 실존적 취약성과 정치·사회적 취약성을 구분하였는데 필자는 여성이 이 두 가지의 취약성이 중층적으로 포개지는 성 계급의 하부 계급에 해당한다고 분석한다.

메아리치게 하지요.

헬조선론이 봉합 서사로 기능하는 두 번째 측면은 헬조선의 청년 세대를 일컫는 또 다른 명명에 의해 드러납니다. 헬조선의 청년들은 삼포세대로도 일컬어지는데, 삼포세대—연애와 결혼, 출산 포기—의 주체는 과연 누구로 설정되어 있을까요? 저는 삼포세대론과 헬조선론의 밀접성 안에서 왜 여성 청년들이 헬조선의 고통받는 시민성마저 부여받지 못하는가에 주목해보고자 합니다. 삼포세대라는 "친밀성의 양식"*의 포기 주체는 바로 이성애자이자 주류적 규범성을 가진 자에 한정됩니다. 즉 삽입 중심의 성애 방식을 실행하는, 부계 혈통적 가족 구성을 통해 기득권을 획득해온 남성들이 포기의 주체인 것이지요. 당연히 누려야 할 권리가 박탈되었다고 느낄 때 우리는 '포기'라는 단어를 씁니다. 박탈과 포기의 주체로 자신을 서사화해야만 고통의 진정성이 입증되며 이를 통해 헬조선에 적합한 시민—체념과 자기 연민의 정서에 사로잡힌 자—으로 규정될 수 있기 때문이지요.

헬페미니스트가 '비혼 선언'—아직 미未 자에 혼인 혼婚 자의 '미혼'이라는 단어는 결혼을 인간의 완성이자 본성으로 규정하는 것이기에, 아닐 비非 자에 결혼 혼婚 자를 조합하여 결혼 제도의 필연성을 반박하는 선언—과 '출산 파업', '연애 거부'를 이야기할 때, 남성은 '번식 탈락'을 이야기합니다. 젠더에 따라 동일한 현상이 다르게 해석되는 이유는 무

---

* 김홍중은 삼포세대를 친밀성의 양식의 포기로 읽으며 '5포세대'를 거주권과 인간관계의 포기, '7포세대'를 꿈과 희망의 포기, 'n포세대'를 포기 거리의 무한대화로 읽어냈다. 필자는 이 글에서 삼포세대로 포기의 단위를 축소한다. 섹슈얼리티의 개입 공간이자 가족 형성권이 구성되는 친밀성의 양식이 여성들에게 폭력의 공간으로 읽혀지는 것에 주목하고자 하기 때문이다.

엇일까요. 남성은 아버지로서 남편으로서 특권의 '포기'를 이야기하지만, 헬페미니스트는 '선택하지 않음을 선택함'을 정치적으로 선언합니다. 페미니즘의 역사에서 여성은 남성의 억압 구조를 탈피하기 위해 여성만의 분리주의적 공동체를 꿈꾸고 실험해왔습니다. 하지만 가부장제에서의 남성은 여성을 정치·사회적 권력의 정점 구조에서 열외시키되 여성으로부터의 전적인 분리를 시도하지는 않습니다. 이러한 전략의 차이는 무엇을 의미하는 것일까요?

헬조선에 여성 시민은 없다

이에 답하기 위해서, '친밀성의 양식'에서 친밀성intimacy란 단어를 살펴보도록 하죠. intimacy는 위협과 협박을 뜻하는 intimidation이라는 단어와 연관지을 수 있습니다. 내밀한 신체적·심리적 접촉이 일어나는 관계에서 발생하는 것이 intimacy입니다. 이러한 친밀성의 공간 안에서 우리는 방어기제를 내려놓게 되고, 신체적·심리적 거리가 붕괴되면 손쉽게 위협과 공격의 대상이 됩니다. 또한 친밀성은 주로 여성에게 배타적 관계를 강제해왔습니다. 순결 관념은 여성 성애 경험의 시발점을 남성에게 증여하는 행위이며, 정조 관념은 성애 경험의 단일 파트너성을 남성에게 제공하는 방식입니다. 친밀성이란 폐쇄적인 구조는 한 남성에 의해 여성의 몸이 통제당함으로써 획득되는 것입니다. 친밀성의 양식은 낯선 남성으로부터 여성을 격리시킴으로써 남성의 소유권을 보호하는 체제이지만, 친밀한 남성으로부터 여성의 안전을 약속하지는 않습니다.

여성은 친밀성의 양식 안에서 오히려 협박과 위협에 노출되기 쉽습니다. 안전 이별, 데이트 폭력, 데이트 강간, 부부 강간, 아내 폭력 등의 단어가 이를 입증하며 성적 폭력, 언어폭력, 신체적·심리적 폭력의 공간으로 친밀성의 양식이 기능할 수 있음을 암시합니다. 이별 과정에서 일어나는 디지털 성범죄나 염산 테러, 첫 성애로 혹은 반복적으로 경험하는 데이트 강간 등을 통해 볼 때 강간범은 낯선 얼굴이 아닌 친밀한 얼굴로 일상에 잠입합니다.

뿐만 아니라 이 사회는 친밀성의 양식을 통해 정치적·사회적 취약성을 모성화된 여성의 숙명으로 주지합니다. 여성에게 결혼은 독박 육아로의 포박을 의미하며 이것은 사회적 경력 단절로 이어집니다. 공적 영역에서의 여성 열외가 본격화되는 것이지요.

삼포세대의 '포기'라는 단어는 곧 남성 시점의 투영이며, 남성이 누려 왔던 자연적·생득적 특혜 공간으로서의 사적 친밀성의 양식이 한계점을 드러내고 있음을 의미합니다. 헬조선에는 남성들의 특정한 공포, 번식 탈락의 공포가 드리워져 있습니다. 불안은 특정한 대상이 정해져 있지 않은, 죽음이라는 인간의 한계 조건으로부터 기인하는 감정인데 반해, 공포는 대상이 뚜렷한 것으로 원인 규명이 가능한 것입니다. 이러한 맥락에서 남초 커뮤니티에서 호소하고 있는 번식 탈락의 공포는 자신에게 분배되어 마땅한 자원으로서의 여성을 사유할 수 없음에 대한 박탈감 표명인 것이죠.

헬조선이란 지형도에서 여성은 진정한 고통의 주체가 아닌 무임승차자로서 진정한 시민성을 갖추지 못한 '혐오'의 자리에 위치하고 있습니다. 물론 혐오라는 정동情動은 한국 사회에만 존재하는 것이 아닙니다. 하지만 이곳에서는 혐오의 대상이 여성으로 특화되어 있다는 것입니다. 이를 설명하기 위해서는 한국 사회의 식민지 남성성을 이야기하지 않을 수 없습니다. 일본 남성에 의해서 자신의 국토에 대한 주권을 모두 빼앗겼던 한국인 남성은 전형적인 강자로서의 남성성이 박탈당한 남성입니다. 규범적 남성성을 복원하는 길로 내국인 여성에 대한 착취와 폭력이라는 경로를 따랐지요. 해방 이후, 독재 정권, 군사정권을 통해 비대한 남근성을 가진 아버지라는 이름이 이 사회 곳곳에 설치되었습니다. 이러한 아버지라는 이름의 효율성은 급속한 경제성장을 통해 입증되는 것처럼 보였습니다. 그러나 오늘날은 어떤가요? 청년 세대는 공적인 공간에서 비정규직을 전전하며, 사적인 공간에서도 경제 부양자로서의 압도적인 경제성을 가질 수 없습니다. 부모 세대의 자산에 빌붙지 않고서는 독립도 불가능한지라 상징적으로 아버지를 살해할 수도 없습니다. 이 축소된 남성성을 복원하기 위해 소수인 여성을 짓밟고 혐오하는 방식을 택한 것이죠.

하지만 남성에게 여성은 혐오의 대상인 동시에 욕망의 대상이기도 합니다. 아이러니하지요. 여성의 몸을 통해서만 부계 혈통 계승이 가능하며, 여성 노동의 집약적 착취를 통해서만 '제사'라는 부계 혈통적 의례가 존속될 수 있기 때문입니다. 이 땅에서 주류적 남성성의 획득, 승자와 강자가 된다는 것은 여성이라는 최종적 식민지의 착취를 통해서만 가능합니다. 때문에 남성은 여성을 혐오하고 사회적·경제적 정점에서 제외시키지만, 여성을 완전히 배제한 공동체를 생각하지 못하는 것입니다.

반면 여성들은 어떻게 여성만의 분리주의적 공동체를 꿈꿀 수 있었을까요? 이를 설명하기 위해 남성의 번식 탈락과 여성의 비혼, 출산 파업, 연애 거부의 길항 구조를 더 깊게 들여다봐야 합니다. 비혼 선언을 하는 여성들에게 남성과의 성적 계약은 한 남성에 대한 소유를 의미하지 않습니다. 여성은 남성을 사유화할 수 있는 특권적 입장이었던 적이 단 한 번도 없었기 때문입니다.

청년 담론의 절망 버전인 헬조선의 지형도에서 여성의 지옥도는 탈각되어 있습니다. 철저히 남성 청년 중심으로 이루어진 헬조선의 지형도에서 여성들은 '보픈카', '보슬아치'라는 육체 자본을 통해 쉽게 살아가는 무임승차자들로 규정됩니다. 보픈카는 언제든 신체 자본을 교환 대상으로 활용하고자 '자신의 성적 접근을 쉽게 용인하는 자'라는 의미입니다. 또한 보슬아치는 여성의 성기가 벼슬아치와 같은 가치로 지나치게 상향 평가되어 여성에 의한 남성 착취가 연애나 결혼 시장에서 빈번히 일어나고 있음을 비꼬는 낙인의 이름이기도 합니다. 이처럼, 여성들은 헬조선의 진정한 고통의 주체가 아닌 남성 청년들의 권리를 박탈하는 이기적인 '김치녀'와 '된장녀'로 규정되어 혐오의 대상이 되고 마는 것이지요. 이것은 중식이 밴드에 의해 매우 효과적으로 발화되는데, '선데이 서울', '야동을 보며'의 노래 가사에서 빈곤 남성의 고통 경감을 위한 위안거리로써의 성 구매와 디지털 성범죄 영상 시청이 정당화됩니다. 고통받는 진정한 주체는 '보통 남자' 남성 청년이기 때문입니다. 헬조선의 시민성은 원래 누려야 할 공적·사적 영역에서의 특권 양식이 박탈당한 자들의 억울함과 원한의 메아리로 구성됩니다. 이는 단 한 번도 동일 노동에 동일 임금을 받아본 적 없는 여성 노동자, 가정 내 돌봄 노동과 감정 노동을 비롯한 숱한 노동이 무임금화되어 있어 아무것도 안 하며 기생하는 자 취급을 당해온 여성 개인의 초상을 지워버립니다. 청년 남성들은 자신이 대적할 수 없는 사회구조에 대한 굴욕감을 덜기 위하여 자신이 짓밟을 수 있는 소수자—여성—를 혐오함으로써 통렬한 복수의 서사와 카타르시스를 성취해내는 것입니다.

헬조선론은 부조리의 고리를 끊고 이에 저항하는 분노의 서사가 아닙니다. 약자에 대한 권력 감정이자 부조리를 지속적으로 재생산하는 혐오의 서사라 할 수 있습니다. 그렇다면 헬조선에서 분노의 생산자는 누구일까요? 바로 여성 청년입니다. 불안정 특화 계급의 핵심축인 여성들에 의해 분노가 터져 나오고 있는 것에, 지금 우리는 주목해야 합니다.

뉴페미, 영페미가 아닌 헬페미

한국 사회의 지반을 격동시키고 있는 페미니스트들에게 어떠한 정치역학적 이름을 붙일 수 있을까요? 이들을 '뉴New페미니스트'라는 세대론적 분절 단위로 포박하는 것에 대한 문제 제기부터 해보려 합니다. 2015년 '#나는_페미니스트입니다' 해시태그 선언 이후부터 현재까지 페미니즘 이슈의 생산자들을 뉴페미라고 부르는 명명법은 영young페미니스트, 올드old페미니스트라는 세대론적 순차성을 그대로 따르고 있습니다. 그렇다면 새로운 페미니스트가 나올 때마다 '더 어린', '더 새로운'이라는 형용사적 수사를 남발해야 할까요? 페미니스트 물결 간의 단절점과 계승점이 보다 잘 부각된 페미니즘 계보학을 그려나가기 위해서라도 나이age라는 계급성을 인식론의 한계로 설정해서는 안 됩니다. 각각의 사건성과 특이성에 주목한 명명법이 필요합니다.

저는 2015년 이후 격동을 일으키고 있는 페미니스트들을 세대론적으로 기입하는 것을 거부하고, 이들을 '헬페미'로 명명하고자 합니다. 헬페미니스트Hell Feminist—지옥의 페미니스트—라는 이름은 이미 한국 사회를 격동의 세기로 변환하고 있는 페미니스트들이 스스로 붙이고 부르는 이름이기도 합니다. 권력을 가진 자들에 의해서가 아니라 존재 요동과 사유 파동을 만들어내는 이들이 직접 발명한 이름인 것이죠.

헬페미는 "착한 여자만 천당에 간다"는 가부장제의 명제를 부수는 것부터 시작합니다. 가부장제는 승인된 여성성을 천사다움과 밀접히 연동시키기 때문이죠. 착함의 덫에 걸려든 여성에게 남성 중심적 사회는 숭배의 자리를 제공합니다. '예쁜 것이 바로 착한 것'이라는 농담조의 외모 평가 방식에도 남성이 일방적으로 정한 착함의 가치론이 기입되어 있습니다. 즉 착함 아래로 포섭될 수 있는 여성성이란 '남성의 기분을 한 치도 거스르지 않는 자', '남성의 기를 살려주는 여성', '상식적 통념으로 무장한 개념녀'를 말합니다. 헬페미는 무해한 개념녀라는 천사의 날개를 스스로 부러뜨리고 헬조선이라는 진창으로 추락했습니다. 천사의 날개가 비약과 도약의 에너지원이 아니라 자신의 뼛속과 살덩어리를 파고들어 존재를 축소시켜버리는 코르셋이라는 자기 포박 장치임을 깨달았기 때문입니다. 헬페미는 오빠들이 설치해준 안전지대로서의 천당, 그 환상의 장소를 일그러뜨릴 뿐만 아니라, 헬조선의 지반마저 뚫어버립니다. 또한 헬조선에서 탈각된 여성들의 지옥도를 눈앞에 들이밀며, 새로운 사유와 실천의 지반을 융기시킵니다.

헬페미는 "비범한 혼란"*을 야기하는 자입니다. 안온한 일상을 유지

---

* 자크 랑시에르, 《불화》, 진태원 옮김, 길, 80쪽.

시켰던 전통과 관습의 시간과 공간들을 휘저어 일그러뜨리는 이들이지요. 누군가의 평온과 위안의 장이 다른 이들의 억압을 통해 작동하고 있음을 폭로하며 새로운 일상의 관계성과 친밀성의 구도를 직조할 것을 요구하고, 실천해나가기 때문입니다. 이러한 이들을 '프로불편러'라고 칭하며 별것 아닌 일 혹은 아무 문제가 없는 것을 확대시켜 문제화하는 이들이라 비아냥거리거나, '꼴페미'와 '페미나치'라는 낙인 범주를 부착시키고 있는 현실입니다. 헬페미는 프로불편러가 맞습니다. 다른 이들이 타성에 젖어 스쳐지나간 것, 암묵적으로 동의해버린 문제에 민감하게 접근함으로써 진리와 공리들의 개념 지도를 변화시켜나가기 때문입니다.

헬페미가 꼴페미, 페미나치일 수 없는 이유

프로불편러인 헬페미는 '꼴페미(꼴통페미)'와 '페미나치'라는 낙인과 함께 갈 수 없습니다. 전자가 일상의 관습에 도전하고 문제의식들을 생산해 일상의 가동법과 체제의 규준틀을 삐거덕거리게 하는 자라면 후자는 집단주의적 체제의 규준틀에 매몰되어 아무런 문제의식 없이 살아가는 자를 의미하기 때문입니다. 프로불편러와 꼴페미/페미나치는 일정 부분 유사점을 지닌 교착개념이거나, 같은 위상을 지닌 동위개념이 아니라 대척점을 이루는 개념입니다.

'페미나치'는 형용모순입니다. 페미니즘과 나치즘은 함께 성립될 수 없는 반대 개념이기 때문입니다. 한나 아렌트가《예루살렘의 아이히만》에서 밝혔듯이 가장 철저한 전체주의자인 아이히만을 추동시킨 건 다름 아닌 무無사유성이었습니다. 나치즘은 행위와 사고의 자유가 완전히 박탈된 상태, 표현의 자유와 정치적 자유의 봉쇄를 뜻합니다. 사적 영역조차 완전히 사라져 온전한 지배가 가능한 상태이자 국가와 자신을 완전히 동일시하는 상태가 나치화된 상태입니다.

그러나 페미니즘은 기존의 도덕과 규범의 체제들을 의문에 부쳐버립니다. 전통과 관습의 권위에 매몰당하지 않는 새로운 사유와 실천의 공간이 열리게 되는 것이죠. 페미니즘은 국가와 가족, 정의와 인간 개념 등과 같이 거대한 진리들마저 뒤집어 그 이면을 샅샅이 살펴냅니다. 생동적이고 첨예한 방식으로 또 다른 논리를 생성시키는 것이 헬페미들인 것이죠. 이러한 관점에서 관습과 규범에 매몰되어 무사유성이라는 사고의 자유가 봉쇄된 상태를 일컫는 나치즘은 매번 새롭게 사유를 시작하는 헬페미와 대척점에 서 있는 것입니다.

전략 1. 소비 기부자의 탄생

예전의 페미니즘은 고통과 자기희생의 정서, 진정성, 올바름에의 증명 등으로 페미니즘 수난기를 열거해왔습니다. 그들은 올바른 언어, 정제된 언어, 설득의 언어를 포기하지 않았습니다. 의미 자원으로 발굴 가능한 남성 지식인 계급으로부터 완전히 등을 돌릴 수 없었기 때문이었습니다. 하지만 헬페미들은 그 설득의 언어마저 개념녀의 다른 버전이라는 것을 직시하고, 이전의 페미니즘과 궤를 달리합니다. 남성 지식인 계급과도

전면전을 벌입니다. 한계를 설정하지 않은 만큼 파급력이 엄청납니다. 나아가 페미니즘 프리즘으로 관통해낸 한국 사회의 일상 속에서 놀이와 의미 찾기, 전면전과 쉬어 가기가 모두 가능함을 여러 방식을 통해 보여줍니다.

헬페미들이 구사하는 페미니즘 이슈화의 첫 번째 전략은 소비 기부 문화인 텀블벅tumblbug입니다. 한정된 기간 내에 SNS를 통해 온라인 소액 모금을 받는 형식이지요. 피드백이 즉각적으로 이루어지고, 보상 체계로서의 다양한 굿즈goods가 개발되며, 기부 결과를 단시간 내에 투명하게 확인할 수 있어 신뢰를 준다는 점에서 기존의 기부 문화와 차별됩니다. 기존의 기부 문화가 연민의 감정과 자기희생을 비롯한 시혜적 의미를 강조했다면, 텀블벅 문화는 놀이와 연대, 소비와 기부, 쾌락과 의미를 동시에 강조합니다. 기존의 기부 문화 속 기부자Donator는 선하고 진중함이 넘치는 자이자 자신이 낸 기부금이 어떻게 쓰이는지에 대한 공개조차 요구하지 않는 신뢰를 강요받는 자, 선행을 발설하지 않는 자였습니다. 이에 반해 소비자consummer는 상품 교환을 통해 쾌락을 높이려는 자, 소비 행위의 전시를 통해 사회적 계급의 비천함을 극복하거나 계급적 우위성을 재확인하는 자이죠.

헬페미들은 온전한 소비자도, 온전한 기부자도 아닙니다. 그렇다면 그들은 무엇일까요? 헬페미들은 텀블벅의 적극적 활용을 통해 콘슘도네이터consumdonator —consummer와 donator의 합성어—로 탄생한 것이지요. 콘슘도네이터는 소비 기부자를 의미하는데, 이 용어를 제창한 이유는 다음과 같은 현상들을 읽어내기 위해서입니다. 소셜 미디어에 올리는 소비 기부행위에 대한 인증샷은 참여를 독려하거나 연대를 촉구하는 효과를 낳습니다. 기부자에게 강요되어왔던 침묵의 무게감을 거부하는 행위이지요. 또한 굿즈가 자신이 기부한 돈과 상응하는 교환가치를 가지지 않는다 하더라도 개성 넘치고 특이한 굿즈들—배지badge, 스티커, 보틀, 마그네틱 기념품, 달력, 티셔츠, 에코백 등—을 수집하며 쾌락을 누립니다. 뿐만 아니라, 페미니즘 굿즈를 통해 소비 트렌드를 형성하거나, 기부금이 구체적 결과물들—출판물, 여성 영화 상영관 확보, 페미니즘 캠프 지원, 성폭력 폭로자 소송 대비 기금 마련 등—을 낳는 것을 보면서 스스로에 대한 효용감을 확인하고, 정치적·사회적·문화적 기여를 하고 있다는 의미도 충족합니다. 헬페미의 소비 기부자 문화는 놀이와 의미의 융합물의 지속적 확산입니다.

헬페미들이 채택한 텀블벅이라는 크라우드 펀딩crowd funding—군중과 다수를 의미하는 crowd와 자금 조달을 뜻하는 funding이 합쳐진 용어로 불특정 다수로부터 자금을 조달받는 것—형태를 분석해봅시다. 헬페미들이 진행하는 크라우드 펀딩에서 불특정 다수 무리인 크라우드가 어떻게 다중multitude*이라는 정치적 주체로 변화하게 될까요. 크라우드는 폭동, 무리, 우매한 군중으로 번역되며, 선동당하기 쉬운 존재, 정념에 휘둘리는 이들, 집단주의적 광기에 휩쓸려 통치 가능한 단위라는 부정적 의미를 갖습니다. 무리와 우중愚衆으로서의 크라우드는 파편화된 '특수성'인 동시에 체제에 의해 단일 단위로 묶여 통치 가능한 '일반성'이기도 합니다. 여기서 특수성particularity은 측량화·계량화가 가능한 것이자 교환

---

* '다중' 개념은 정치철학자 네그리(Antonio Negri)와 하트(Michael Hardt)에 의해 제창되었다. 대중의 무리성과 획일성에 대비되는 개념이다.

가치에 의해 언제든지 대체 가능한 것을 말하며, 일반성generality은 국가나 체제라는 하나의 거대한 일자 논리에 의해 수렴·통치될 수 있는 순응적 일원화, 동질화를 말하죠.*

헬페미들이 진행하는 텀블벅으로 모인 이들이 크라우드일까요? 아닙니다. 그들은 네그리가 이야기 한 '다중'***이라는 정치적 주체화 양태에 가깝습니다. 여기서 '다중'이란 체제에 수렴되지 않는, 정치적 행위 구성력을 갖는, 통치 단위로 매끈하게 환원되지 않는 '특이성'과 '다양성'을 생산하는 주체화 양태를 말합니다.*** 여기서 특이성singularity은 고유하고 독특한, 비범한, 반체제적인 것이라면 다양성multiplicity은 일반화되지 않는 복수성을 뜻합니다. 헬페미들은 이 텀블벅이 기발하며 획기적인 콘텐츠인지, 기존의 스토리텔링 방식과 다른 대안적 서사를 구성하고 있는지, 소액 모금을 통한 사회적 기여도는 무엇인지, 어떤 즐거움을 생산할지 등을 고려하면서 참여 여부를 판단합니다. 즉 소비 기부 문화는 끊

---

* 특수성과 일반성에 대한 정의는 질 들뢰즈의 《차이와 반복》에서 논의된 바를 차용했다. 필자는 무리(crowd) 개념을 교환·대체 가능한 특수한 것이자 유사한 것들이 하나의 체제 아래 묶이는 일반적인 것으로 해석해보고자 한다. "일반성은 두 가지 커다란 질서를 거느린다. 그것은 유사성들이라는 질적 질서와 등가성들이라는 양적 질서이다. (⋯) 일반성은 한 항이 다른 한 항과 교환될 수 있고 한 항이 다른 한 항을 대체할 수 있다는 관점을 표현한다. 특수한 것들 사이의 교환과 대체는 일반성에 상응하는 우리의 행동을 정의한다."(질 들뢰즈, 《차이와 반복》, 김상환 옮김, 민음사, 2005년, 25쪽.)

** 무리나 군중은 "스스로 행동할 수 없고 오히려 지도받아야 한다는 의미에서 근본적으로 수동적이다." 이에 반해 다중은 능동성과 자발성으로 특징지어진다.(안토니오 네그리, 《다중》, 서창현 외 옮김, 세종서적, 2008년, 136쪽.)

*** "이와 달리 다중은 통일되어 있지 않으며 복수적이고 다양한 상태로 남아 있다. 정치철학의 지배적 전통에 따르면, 이것이 바로 인민이 주권적 권위로서 지배할 수 있고 다중이 그럴 수 없는 이유이다. 다중은 특이성들의 집합으로 구성되어 있다. 그리고 여기서 특이성은 그 차이가 동일성으로 환원될 수 없는 사회적 주체, 차이로 남아 있는 차이를 뜻한다."(같은 책, 135쪽.)

임없는 상상과 실행을 촉구하는 것이죠. 이를 통해 다중은 수동적이고 무기력한 '무리'와 '군중'을 넘어서게 됩니다. 페미니즘 텀블벅의 대대적 성공은 헬페미들이 제안하는 페미니즘 프리즘이 창의적이고 기발한 콘텐츠로 인정받고 있음을, 현실을 재구성하여 새로운 현실을 기획하는 작은 연대의 방식이 될 수 있음을 입증하고 있습니다. 크라우드 펀딩이 무리에서 벗어나 다중을 생성하는 효과적 경로임이 드러난 것이죠.

그런데 2017년 후반부터 여성 의제의 가시화와 여성주의 출판물의 유통 경로 확보와 확산을 위한 전략이 아닌, 오로지 이익 창출 경로로 대세가 된 페미니즘을 이용하는 경우가 발생하고 있습니다. 이는 페미니즘에 대한 명백한 반동 현상의 하나입니다. 이렇게 될 경우, 여성주의적 전시나 출판물들이 크라우드 펀딩을 통해 세상에 나오게 될 기회들을 잃게 되기 때문입니다.

전략 2. 개념 발굴과 재맥락화

미소지니misogyny, 페미사이드femicide, 젠더사이드gendercide. 2015년, 2016년 한국 사회를 격동시킨 단어들입니다. 헬페미들은 이처럼 페미니스트적 개념들을 재발굴해 한국 사회의 일그러진 정상성의 문화를 보여줍니다. 이를 통해 우리가 디디고 있는 일상의 폭압성을 내보이며 현실 재구성을 촉구합니다. 강남역 여성 살해 사건을 '페미사이드'로 명명하며 이것이 '묻지마 범죄'가 아닌, 여성이라는 사회적 소수자를 겨냥한 영락없는 혐오 범죄임을 드러낸 것이 그 예입니다. 이러한 명명을 통해 미소지니라는 여성 혐오적 사회 문화 지반이 현실 그 자체였음을 폭로하며, 사회에 대한 비판적 문제의식을 지속적으로 생산해내도록 만들었죠.[*]

또한 헬페미들은 스스로를 젠더사이드의 생존자—태아 성 감별에 의한 임신중절수술로부터 살아남은 이들[**]—라고 이야기합니다. 이를 통해 생존 조건의 출발점에서부터 여성과 남성이라는 사회적·문화적 성별에 따른 불평등 구조가 존재함을 적시합니다. 여기서 주목할 것은, 현 사태에 대한 적확하고도 비판적인 진단을 제공하는 이들이 헬페미 자신이라는 점입니다. 여태껏 전문가 집단—학계 페미니스트나 사회학자, 심리학자 등—에 의해 선도되던 사태 진단과 해석의 관행마저 깨뜨린 것입니다. 뿐만 아니라, 페미니즘의 계보학에 위치시킬 사건을 판단·선정해 이슈화하는 전략 또한 매우 뛰어납니다. 바야흐로 지적 에너지와 용맹성을 갖춘 헬페미들에 의해 한국 사회의 모순적 단면들을 망치질할 시간이 도래한 것입니다.

전략 3. 용어 창안

새로운 언어의 창안은 매우 효과적인 인식 전환 장치이지요. 헬페미들

---

[*] 우상의 대상이었던 남자 아이돌의 발언—랩이나 노래 가사, 인터뷰 내용—에 여성 혐오적 측면을 문제 제기하고, 여자 아이돌의 로리타적 퇴행 컨셉의 일반화를 비판하는 의식을 갖게 되었다.
[**] 성별 검사를 통한 여아 살해는 '공식' 통계만으로도 연평균 2만 2000여 건에 달한다. 성 감별 행위 자체가 음성적으로 이루어지기 때문에 정확한 통계를 내기란 사실상 불가능하다.(김은남, 「뱃속 여아 살해… 광란의 유혈, 극성 감별 통한 낙태 상상 초월… 선별 임신법 기승」, 〈시사저널〉, 1998. 11. 12.)

은 기존 용어에 침투해 있는 여성 혐오적 요소들을 파헤친 후, 이를 대체하는 새로운 용어를 제안합니다. 지금까지는 학계 페미니스트들에 의해 이루어져왔고, 제안된 용어들은 아카데미 사회의 승인 절차를 거쳐 입증·확산되었습니다. 그러나 이제 새로운 언어는 헬페미들에 의해 적극적으로 구상되어 전파되고 있습니다. 현실을 인식하는 관점 자체를 변환시킴과 동시에 실천의 장도 넓혀내는 '개념적 상상력'으로 헬조선의 파괴 이후까지 상상해내고 있는 것이죠.

'리벤지포르노'—헤어진 연인이나 부인의 신체, 성행위를 찍은 사진이나 동영상을 여성의 동의 없이 온라인에 유포하는 것—라는 용어에 대한 헬페미들의 비판을 살펴보죠. '리벤지'라는 단어는 사적 영역에서 여성이 저지른 잘못에 대한 남성의 사적 복수, 사적 정의 구현이라는 함의를 가지고 있으며, '포르노'라는 단어는 피해자인 여성을 성적 대상화하는 시선의 연장*이므로 리벤지포르노라는 단어 자체가 남성 중심적인 관점임을 지적합니다.

여기서 우리는 이러한 질문을 할 수 있습니다. 왜 리벤지포르노는 보는 자, 찍는 자, 유포하는 자는 남성, 보여지는 자, 찍히는 자는 여성인 고정된 구조를 갖는 걸까요? 남성 중심적 문화에서 여성을 소유하지 못하는 남성은 강자와 승자로서의 남성성을 충족하지 못한 자를 의미합니다. 이성애자 성인 남성이 독점하고 있는 규범적 남성성이란 여성과 자식, 집을 자산의 단위로 축적하여 이를 효율적으로 통치하는 자를 뜻하죠. 이러한 맥락에서 정상적 남성성의 증거물인 연인이나 부인이 소

---

* 진주원, 「'디지털 성폭력 아웃', 이 싸움에 인생을 걸었습니다」, 〈여성신문〉, 2016. 12. 7.

유 대상에서 이탈된다는 것은 곧 남성성의 타격으로 읽힙니다. 규범적 남성성에 강박적으로 사로잡힌 자는 이러한 타격을 최소화하기 위해 어느 누구도 자신의 소유물이었던 여성을 가질 수 없게 만듭니다. 즉 나의 소유물이 교환의 순환 고리 안으로 다시 들어가지 않게 함으로써 종국에는 아무것도 잃은 게 없다고 자위하는 것입니다. 이는 '소유'란 다른 이의 것을 박탈·탈취하는 행위라는 제로섬zero-sum식의 사고 ― 한 사회의 전체 이익의 총량이 정해져 있어 한쪽이 득을 보면 반드시 다른 한쪽이 손해를 보는 상태 ― 로부터 기인한다고 봅니다.

구조주의 인류학자 레비 스트로스는 여성을 남성들 간의 연대, 문화적 관계의 확장을 위한 교환 기호로 해석했습니다.* 남성과 남성이 각자의 협소한 혈족 관계와 부족 단위로 국한되지 않고 더 넓은 문화적 연결망을 확보하기 위해 여성이라는 자원을 맞바꾼 것이 교환의 기원이었다는 것이죠. 이는 여성의 교환가치를 어디에 둘 것인가는 물론 쓸모를 망쳐버릴 수 있는 결정권 또한 남성이 가지고 있었음을 의미합니다. 여기서 교환exchange은 하나를 선택함으로써 다른 것에 대한 선택이 제한되는 것입니다. 즉 선택과 포기가 동시적으로 이루어져 기회비용이 발생할 수밖에 없는 구조이지요.

그런데 여성의 교환가치를 완전히 망쳐버리고자 하는 남성은 모든 것을 가질 수 없는 기회비용의 특성은 물론 교환의 순환성이 전제하는 '이것 또는 저것'이라는 논리를 묵살해버립니다. 대신 '전부 아니면 무'

---

* "그녀들은 남자들이 교환할 수 있는 기호로 여겨졌다. 자연으로 떨어지지 않기 위해서 사회는 여성들을 교환 가능한 문화적 교환물, 즉 소통의 기호로 변환시켜야 했다."(Frédéric Keck, *Claude lévi strauss, une introduction*, Paris : La découverte, 2005, p. 83.)

를 택해버리는 것이지요. 여성을 자신만의 독점적 소유의 형식 아래 둘수 없다면 여성 신체와 순결에 대한 훼손, 폄하를 통해 교환의 순환성바깥으로 완전히 밀어내버리는 것입니다. 염산 테러, 근친 성폭력, 성관계 영상 유출 등은 이러한 맥락에서 이루어집니다. 자신을 떠난 여성을다른 남성이 가진다면 자신은 잃은 자이고 패배자이지만, 교환가치가없어져 어느 남성도 이 여성을 원하지 않는다면, 자신은 아무것도 잃지 않은 자가 되기 때문이죠. 이처럼 여성이라는 자원의 교환가치를 제거해 남성 연대의 고리마저 끊어버리면 남성 권력이 축소될 것 같지만, 오히려 폐쇄된 고리 안에서 여성에 대한 파괴 권한까지 가지게 되어 남성 권력이 비대해지는 결과를 낳게 됩니다.

때문에 헬페미들은 리벤지포르노란 용어를 파기하고 '디지털 성범죄digital sexual crime'라는 새로운 용어를 제창해 사용하고 있는 것입니다. 피해자가 아닌 가해자의 잘못에 방점을 찍고 이를 사회적 문제로 부상시킴으로써 적극적 해결책을 촉구하는 것이지요. 소라넷 폐쇄를 이끈 DSO(디지털 성범죄 아웃)팀은 영상 유출자만이 아니라 이를 확대·재생산하여 유통시키고 소비하는 자들 역시 디지털 성범죄의 공모자임을 지적합니다. 이러한 범죄적 공모성을 적확히 드러내기 위해 동영상 유포, 재생산 행위를 '유포 강간'으로, 영상 소비 행위를 '시청 강간'으로, 악성 댓글로 조롱·협박하는 것을 '온라인 강간'으로 명명합니다. 강간이라는 의미의 외연을 확장시킴으로써 디지털 성범죄가 어떠한 방식으로 한 사람을 사회적 죽음—사람들의 백안시, 배제, 열외, 비하, 협박에의해 이민을 가거나 직장, 학교를 그만두게 되는 것—은 물론 생물학적죽음—디지털 성범죄 영상 유출 후 자살—으로 내모는지를 드러내는 것이죠. 이러한 작업은 디지털 성범죄가 남성들 간의 유희를 위한 콘텐츠로 간과될 수 없는 것임을 사회적으로 알리고, 제도적 차원의 처벌과 방지를 촉구합니다. 그 일환으로 디지털 성범죄에 대한 정의가 보다 더 세밀화되어, 다른 이에게 찍힌 영상만으로 한정되지 않고 본인이 찍은 영상·사진이라 할지라도 동의 없이 유포할 시에는 사법적 처리 대상이 되도록 하는 성폭력처벌법 개정안이 발의되고 있습니다.* 친밀한 관계 내에서 동의의 구조가 얼마나 복합적인 층위를 갖는지, 동의의 시점을 언제로 봐야하는지, 동의했다 하더라도 동의의 발화에 강요가 없었는지, 남성 쾌락 생산구조가 성행위의 궁극적 목적으로 여겨지는 사회에서 이에 대한 거부권을 갖는다는 것의 정치적 의미는 무엇인지를 논쟁적으로 사유하게 하는 것이지요.

헬페미는 '남아 선호 사상'이라는 용어가 내포한 위선도 폭로합니다. 특정한 젠더를 가진 사람을 선택적으로 죽이는 죽음의 문화가 마치 논리와 이성의 산물인 '사상'인 것처럼 포장된 것을, '여아 살해 풍조'라는 용어로 해체해버립니다. 드디어 한국 사회에서 대대적으로 행해진 젠더사이드에 대한 명명이 등장한 것입니다. 여아 살해는 여성 개인의 선택일 수 없습니다. 부계 혈통을 전수할 도구로 남편의 친족 구조에 편입된 여성에게 여아 살해는 강요된 의무의 결과일 뿐이죠. 헬페미들은 검은 시위** 등을 통해 재생산 권리에 대해 이야기합니다. 여기서 간과하지 말아야 할 것은, 자율적인 임신 선택권이란 자발적인 임신 중단권

---

* 신종철, 「진선미, '리벤지포르노' 성폭력처벌법 개정안… 형량도 상향」, 〈로이슈〉, 2016. 9. 14.
** 2016년 폴란드에서 낙태를 금지하는 법안 추진에 반발해 시작된 낙태죄 폐지를 위한 운동. 생식권 애도의 표시로 검은 옷을 입은 데서 유래한 이름이다.

뿐만 아니라 자발적인 임신 지속권까지 포함한다는 것입니다. 대대적인 젠더사이드가 존재했던 것은 바로 생명을 살릴 권한인 임신 지속권이 여성에게 주어진 적이 없었기 때문인 것이죠.

인간의 생리학적·해부학적 신체 기관을 지칭하는 생물학 용어 역시 부계 혈통 중심 이데올로기로부터 비켜나가지 않습니다. '자궁'이라는 단어를 살펴봅시다. 아들 자子 자에 집 궁宮 자를 쓰고 있지요. 수정과 착상이 이루어지는 생물학적 기관을 아들을 낳기 위한 도구로 인식하고 있는 것입니다. 생물학, 의학 등과 같은 자연과학 분야의 용어에서도 사회·문화적 통념과 도덕관념이 개입해 있음을 확인할 수 있습니다. 이런 맥락에서 헬페미들은 자궁을 '포궁'이라는 단어로 대체할 것을 주장합니다.

포궁은 세포 포胞 자에 집 궁宮 자를 쓰며, "여성의 정관의 일부가 발달하여 된 것으로 태아가 착상하여 자라는 기관"*이라고 정의되어 있습니다. 그런데 여기서 정관精管이라는 의미는 "정소에서 만든 정자를 정낭으로 보내는 관"**을 지칭합니다. 이는 여성의 신체 기관인 포궁을 여전히 남성 중심적 개념틀—남성의 정관, 정소, 정낭—내에서 일대일 대응 구조로 읽어낼 뿐만 아니라 신체성의 표준 모델을 남성으로 설정하고 있다는 점에서 한계가 있습니다. 때문에 저는 포궁이라는 단어의 의미를 여성 정관이 아닌 "포유류의 암컷에서, 수정란이 착상하여 분만 시까지 발육하는 기관"***이라는 사전적 의미로 한정하려 합니다. 이는

*   네이버 국어사전.
**   네이버 국어사전.
*** 다음 한국어 사전.

'비인간-동물'과 '인간-동물' 간의 위계성 역시 비판적으로 들여다보게 합니다. 왜냐하면 인간 중심주의의 핵심적 기제는 남성 중심주의이며 성인 남성, 이성애자, 비장애인, 백인, 엘리트 계급, 기독교인만이 인간 중심주의 속 인간에 해당하기 때문이죠. 이 논리의 연장선에서 여성은 남성에 비해 자연과 더 가깝고 더 동물적인 존재이므로 남성의 여성 착취는 정당하다는 주장이 가능하게 됩니다. 동물이 아닌 고등한 존재인 '인간'이 동물에 가까운 '비인간' 여성을 착취했던 역사는 바로 인간의 동물 착취 정당화와 맥이 닿아 있습니다. 포궁이라는 단어의 명명은 바로 이러한 지점들을 드러내어 보여줍니다.

헬페미들은 '경단녀(경력 단절 여성)'라는 용어도 날카롭게 비판합니다. 이것이 구조적 현상에 대한 사회학적 분석 용어가 아니라, 'ㅇㅇ녀'라는 여성 혐오적 의미 계열에 속하는 것임을 지적하며, 경력 단절 상태를 여성 노동자의 표준형으로 설정할 위험성을 꼬집습니다. 헬페미들은 경단녀라는 용어 대신 '임신·출산 해고 대상자', '육아 해고 대상자'로 명명할 것을 제안합니다. 경력 단절 현상의 젠더화는 여성의 자발적 선택이나 모성 본능에 의한 것이 아니라, 사회적 차원에서의 강요된 선택—사회적 해고—임을 전략적으로 드러내야 한다는 것이죠.

나아가 헬조선의 두드러진 특징 중 하나로 지속적으로 소환되는 '출산율' 저하라는 사회문제가 왜 문제적인 프레임인가를 이야기합니다. 출산율 저하라는 용어는 의무와 본능을 제대로 수행하지 않은 가임기 여성에게 책임을 돌리는 말입니다. 이는 곧 여성을 아이를 낳는 재생산 기계로 한정하려는 여성 혐오적 인식의 전수법이기도 하죠. 이러한 맥락에서, 헬페미들은 출산율이 아닌 '출생률'이라는 용어를 적극적으로 제안합니다. natality rate나 birth rate이라는 단어들이 출생률이 아닌 출산율로 번역되어 사용되어온 것 자체가 임신과 출산·양육의 문제를 여성 개인의 본성과 책임 문제로 돌리는 사회구조를 보여줍니다. 출생률이라는 용어가 도입되어야 비로소 출생률 저하는 곧 태어나는 자의 감소라는 인구학적 현상으로 읽히며, 이 현상을 사회구조적 맥락에서 다각도로 분석하는 것도 가능해집니다.

행정자치부는 이러한 헬페미들에게 '출산 지도'라는 폭탄을 투척했습니다. 여성 혐오의 지도를 펼쳐 보여준 것이죠. 출산 지도는 이 사회가 여성을 임신이라는 생리학적 기능으로 축소해 파악하고 있음을 여실히 보여주었습니다.

출산 지도는 어떠한 의미 경제에 의해 가능했던 것일까요? 첫 번째로 출산 지도에서는 가임기 여성의 수를 등급화하는데, 이때 모든 여성을 이성애자, 결혼하는 자, 아이를 낳는 자로 설정하고 있습니다. 비혼이나 출산 파업, 성 소수자 커플 등과 같은 다양한 삶의 양태를 배격하는 것이죠. 두 번째로 임신과 출산이라는 재생산의 영역에서 남성을 효과적으로 지워냅니다. 오롯이 여성만을 인구학적 감소의 주요 원인 제공자로 지목하여 여성을 향한 혐오와 증오의 정동을 집중화하는 결과를 낳고 있죠. 또 여기서 재미있는 것은 가임기 여성의 연령대입니다. 20세부터 44세까지라는 기준은 자의적 판단에 따른 것입니다. 그리고 가임기 여성이라는 말은 있어도 가임기 남성이라는 말은 없습니다. 왜 그럴까요? 여성은 완경完經과 동시에 생식능력이 종료된다고 여기지만, 남성의 생식능력은 마음먹기에 따라 전능하다는 믿음이 전제되어 있는 것이죠.

다시 말해, 헬조선 존폐론의 하나인 인구 절벽*—소비, 노동, 투자하는 사람들이 사라진 세상—이 도래하는 원인을 아기를 낳지 않는 여성의 이기심 탓으로 돌리고, 이러한 이기심에 고통받고 위협받는 이들의 위치에는 국가와 남성을 놓습니다. 헬조선의 남성들이 나서서 여성을 교정하여 헬조선의 인구존폐론을 극복해야 한다는 맥락에서 출산지도가 나온 것이죠. 통계의 대상은 가임기 여성이었습니다. 가임기 남성의 숫자는 없었죠. 통계의 대상은 통제의 대상이라는 것입니다. 즉 출생률이라는 인구학적 통계 파악 대상을 특정 연령대, 특정 성별의 문제로만 국한하여 여성을 임신해야 하는 자, 남성을 임신시키는 자로 이분화해버리는 것입니다. 결국 이 지도는 가임기 여성의 집중 출몰 지역을 확인하고 이들을 임신시키는 행위가 출산 지도의 궁극적 목적이라는 여성 혐오적 결론으로 귀결될 수 있는 것입니다. 여혐의 생산소인 남초 커뮤니티는 이 기회를 놓치지 않고 '보지몬go', '보지강간지도', '강제임신지도'라는 발언을 서슴지 않았습니다. 출산 지도가 여성 혐오적 조롱과 비하를 확산시키는 기폭제가 되었음을 부인할 수 없게 된 것입니다.

국가와 남성이 어떻게 여성의 몸을 인식하고 있는가가 효과적으로 드러난 것이죠. 여성 개인의 자기 결정권은 지워지고 가임 여부를 결정하는 주체는 국가라는 시선이 지도 한 장에 오롯이 펼쳐진 것입니다. '내가 가축인가?'라는 울부짖음에 가까운 여성들의 반문**이 곳곳에서 터져

---

* 소비지출이 가장 많은 45~49세의 인구가 줄어들면 경제성장이 서서히 둔화되는 현상을 말한다.
** "'내가 가축이 된 것 같다"는 반응도 있었습니다. 자신은 가임기 여성이지만 출산하지 않을 건데, 살처분 대상이냐는 자조적인 푸념도 나왔습니다."(최가영, 「"여성이 공공재인가?" 가임기 여성 표시 지도 논란」, 〈YTN〉, 2016. 12. 39.)

나왔습니다. 이 비명을 통해 여성의 착취 구조에 대한 세밀한 분석이 가능해집니다. 여성은 남성과 대비된 자연이자 동물이라는 인식 속에서 남성에 의한 여성의 착취 구조가 성립되어왔습니다. 이때 '비인간-동물 암컷'과 '인간-동물 여성'이 등치되는 구조를 모욕과 수치심의 지점으로 무조건 배격할 것이 아니라, 그 작동 방식을 들여다 볼 필요가 있습니다. 어떻게 인간-동물인 남성이 자신의 동물성을 철저히 부정하고 배격하면서 '인간-동물 여성'과 '비인간-동물 암컷'을 동시적으로 착취하고 있는가를 비판적으로 읽어내야 한다는 것이지요. 비인간-동물 암컷의 착취 구조에 내재한 인간 중심주의라는 종차별주의와 남성 중심주의라는 젠더 권력 구조가 '생명 정치'의 통치 아래 놓인 여성의 암울한 미래에 대한 날카롭고도 섬뜩한 예측도가 될 수 있기 때문입니다.

미셸 푸코는 생명 정치bio politics를 인구population라는 거시적 통제 단위에 대한 권력의 개입*으로 보았습니다. 푸코에게 있어, 생명 정치의 기술은 개인들에게 행해지는데, 여기서 개인들은 생물학적 실체의 단위로 여겨지는 인구를 의미합니다. 이때에 인구란 "부와 상품들, 다른 개인들을 생산하기 위한 기계"**로서 사용되는 단위입니다. 인구 조절에 국가 권력이 개입하는 것이죠. 즉 출산 지도는 생명 정치의 통치가 여성의 몸 안에 들어왔다는 것이며, 인구라는 거시적 단위의 수량 조절을

---

* "생명 정치는 생물학적 과정의 총체성에 의해 특징지어지는 종인 인류를 대상으로 하는 것이며 개입 대상은 바로 인구이기 때문이다."(Alexandre Macmillan, "La biopolitique et le dressage des populations", *Cultures & Conflits*, n° 78, été 2010, p. 45.)
** "만약 우리가 인구를 부와 상품들, 다른 개인들을 생산하기 위한 기계로 사용하길 원한다면, 푸코가 언급한 것처럼 생명 정치는 생물학적 실체의 단위로서의 개인들에게 적용되어야만 한다."(같은 책, p.46.)

위해 여성을 도구화하는 것이라 할 수 있습니다. 출산 지도는 헬조선의 여성 지옥도를 더욱 심화하는 기제로 작동하게 되는 것입니다.

헬페미들은 여성을 소외·배격·도구화하는 강령으로서의 출산 지도가 아닌 '여성 임금률 지도', '여성 건강율 지도', '여성 취업률 지도'를 요구합니다. 이 지도들은 비대칭적 젠더 체제의 현실을 적시하고 이에 대한 제도적 개선과 사회적 구조 변혁을 위한 논의의 장을 열 것이기 때문입니다. 헬페미들은 사회적 통념과 상식, 관습의 이름으로 당연하게 받아들여져 온 용어들에 내재한 이데올로기를 읽어냅니다. 또한 사회구조적 문제들을 개인의 문제로 축소하여 구조적 변화 가능성을 은폐해버리는 봉합 서사적 용어들도 철저히 해부합니다. 이를 통해, 남근 중심적 언어의 장을 뒤흔들고 새로운 언어를 발명·전파시키는 파란을 일으킵니다. 헬조선의 진창 더미에서 새로운 용어들을 빚어내고 있는 자가 바로 헬페미입니다.

주체에서 변이체로

헬페미의 다각적 전략들은 일반화가 불가능합니다. 헬페미는 하나의 논리 사슬에 의해 매끈하게 꿰매어질 수 없는 이질성과 돌발성, 비예측성의 결을 띤 사건들을 꾸준히 일으키고 있기 때문입니다. 헬페미들을 일컫는 여러 가지 말이 있습니다. '지옥에서 온 페미니스트'도 그중 하나죠. 헬페미는 '지옥에서 온' 페미니스트일까요? 만약 '지옥'이라는 기원적 장소와 본래적 공간을 상정하게 된다면, 헬페미의 지금, 이순간은 지옥과는 다른 장소가 되고 맙니다. 그러나 헬페미는 자신의 기원성과 뿌리를 선언하는 자들이 아니며, 오히려 사회가 정한 규범의 공간을 박차고 나온 이탈자들이죠. 올바름과 착함, 순결함, 성스러움, 부드러움이라는 천사적 무해성을 분쇄하고 현실의 판을 휘저어내는 이 소란은 규범적 공간에 이미 뿌리를 내린 이들에게는 오히려 새로운 지옥의 도입일 것입니다. 그러나 이 '지옥'은 새로운 가치와 윤리 감각의 발명을 통해 열리는 새 시대의 새 땅입니다. 데카당스Decadance라는 퇴락의 과정 없이는 새로운 세기가 불가능하듯이, 헬페미는 헬조선을 철저히 망쳐버림으로써 구원의 길을 개척해냅니다. 때문에 헬페미들을 '지옥에서 온 페미니스트'보다 '지옥의 페미니스트'라 명명하는 것이 더 효과적이라 생각합니다.

지옥의 페미, 헬페미는 '가만히 있으라'는 강령에 순응하지 않습니다. 가만히 있어야 하는 자리는 누가 정의하는가, 그 자리의 본질은 무엇인가를 반문하는 자가 헬페미입니다. 이렇게 안온하게 보장되었던 아버지의 집을 부수는 것입니다. 안온함이 담보된 자리란 사회가 부여한 이름과 역할을 말합니다. 이처럼 순응을 요구하는 이 질서가 바로 주체의 자리를 보장해주는 것이죠. 그렇다면 헬페미는 과연 주체subject라고 할 수 있을까요? 주체 개념은 라틴어 수브엑툼subjectum에서 유래하는 것으로 '아래'를 뜻하는 sub(숩)과 '내던져짐, 내던짐'을 의미하는 jectio(젝시오)의 합성어입니다.* 즉 주체는 거대한 구조 아래로 내던진

---

* 주체는 어떤 것에 대해 복종하는 신민이라는 개념과 맞닿아 있다. 두 번째 의미로는 문법구조 안에서 발화의 주체, 동사를 사용하는 자이며 세 번째 의미로는 주체와 대상이라는 인식론적인 구분에 의해 앎의 대상을 이해하고 포착해내는 주체, 즉 자기 앞에 놓여 있는 것을 가시적이고 가지적(可知的)인 것으로 만드는 의식이라는 뜻이 있다.

것, '아래에 내깔린 것'이라는 의미를 갖습니다. 이처럼 주체 개념에 내재해 있는 예속성은 헬페미의 격동성과 모순을 일으킵니다. 헬페미는 튀어 오르는 자, 봉기하는 자로 변환해나가고 있습니다. 그러기에 아버지의 법질서의 승인이 면면히 배어든 신민성의 자리인 '주체'로는 표식이 불가능합니다.

그렇다면 헬페미는 누구일까요? 저는 헬페미를 기존의 주체 개념에 포획되지 않는 '변이체'로 부르고자 합니다. 변이체metamorphoject는 '변신과 변이'를 뜻하는 metamorphosis(메타모르포시스)와 '내던짐'을 의미하는 jectio(젝시오)의 합성어입니다. 즉 변이체는 '변신과 변이를 향해 스스로를 내던지는 존재'를 뜻하는 것이죠. 헬페미는 끊임없이 스스로를 비판적 물음의 장으로 내던져 생성과 변환의 에너지를 퍼 올리는 이입니다. 이를 통해 자신은 물론 세계를 변신·변형해나갑니다. 또한 변이체는 기존의 주류적 의미망을 벌려놓는 자입니다. 기존의 의미망이 헐거워지는 바로 그 틈과 구멍을 통해 새로운 감각 경험들을 도입함으로써 예전에는 들리지도 않고 보이지도 않던 여성들의 고함과 비명, 웃음과 탄성이 비범한 소란으로 분출되어 나오게 하고 있죠. "쉽게 가자", "좋게 가자"라고 말하는 이들에게 그 쉬움과 좋음이 누구를 위한 것이지를 되묻고 '프로불편러'가 되기를 자청합니다.

헬페미는 여혐주의자들이 구사하는 '팩트 폭력'—부정할 수 없는 사실을 제시하여 상대가 반박할 수 없도록 굴복시키고 제압하는 언어 행위—이 아닌, "사유 작용의 습관적 방향을 역전"*시키는 기술을 쓰

---

* 앙리 베르그손, 《사유와 운동》, 이광래 옮김, 문예출판사, 2001년, 229쪽.

는 이입니다. 이를 혁명적 폭력인 신적 폭력divine violence*의 구사라 할 수 있죠. 반면 팩트 폭력은 사실을 규정하는 과정에서 개입되는 해석의 권력을 간과하고 맙니다. 100퍼센트 중립적인 사실이란 존재하지 않습니다. 소라넷에서 집단 강간을 모의하고 있다고 신고했을 땐 무시당했지만, 워마드에서 '남사친 저수지 살인극'이나 상사의 음료에 부동액을 탔다는 미러링 성격의 허위 글이 올라왔을 땐 즉각적으로 경찰이 개입한 것은 무엇을 의미할까요? 사실과 허위 판단 자체에 이미 판단자의 가치가 개입되어 있다는 것입니다. 이미 팩트에 해석의 권력이 들어가 있는 것이죠. 팩트 폭력은 사실의 장, 정의로움의 장, 올바름의 장, 진리의 장을 남성이 독점할 수 있다는 믿음에서 비롯되었습니다. 결국 남성 중심 질서를 견고화한다는 점에서 발터 벤야민이 말하는 보수적이며 체제 유지적 폭력인 신화적 폭력에 속하는 것입니다. 논쟁의 가능성과 갈등의 분출점을 봉쇄해버림으로써 그 권력치를 최대화하는 것이죠. 변이체는 기득권이 독점한 사실의 제단을 무너뜨리고 사실에 기입되어 있는 해석의 권력을 하나하나 뜯어냅니다. 그리하여 낯선 읽기와 낯선 말하기, 날이 선 감각들을 여는 계기를 지속적으로 발명해냅니다. 이러한 이질적 감각과 통찰의 제공자인 변이체가 헬페미인 것입니다.

---

* 발터 벤야민은 《폭력비판을 위하여》에서 '신화적 폭력'과 '신적 폭력'을 구분하여 전자를 법 제정적·보수적 폭력으로 후자를 법 전복적·혁명적 순수 폭력으로 구분한다.

2장

메갈 사냥

헬조선을 떠도는 메갈이라는 유령

헬조선을 떠도는 유령이 있습니다. 바로 메갈입니다. 메갈megal은 메갈리아megalia의 약어로, 인터넷 사이트인 '디씨인사이드'의 메르스M.E.R.S 갤러리와 게르드 브란튼베르그의 소설《이갈리아의 딸들Egaliàs Daughters》의 합성어입니다. 메갈은 2016년 급진적인 언어 반사경 전술을 통해 헬페미니스트들의 기폭제가 되었지요. 원류로서의 메갈리아 사이트는 그 원형과 진정성을 입증할 수 없는 빈 공간으로 이미 폐허화되었지만 메갈은 여전히 지속적으로 소환되고 있습니다. 이러한 소환이 낙인의 방식이든 연대의 방식이든 간에 왜 메갈이라는 기표는 헬조선의 수많은 의미가 담긴 빈 그릇이 되었을까요? 이에 답하기에 앞서, 있음과 없음의 두 항을 지속적으로 오가는 메갈의 유령성부터 들여다보도록 하죠.

프랑스어로 spectre(스펙트르)는 유령을 의미함과 동시에 스펙트럼을 뜻합니다. 스펙트르의 첫 번째 의미인 유령은 산 자의 공간에 들어온 죽은 자죠. 이처럼 원래 있어야 할 장소에서 벗어나 뜬금없는 장소에 난입한 존재이기에 현실 좌표축 위, 한 점으로 명확히 표식할 수도 없지요. 즉 '다시 오는 자revenant'*로서의 메갈은 있음과 없음, 존재와 무의 이분법적 존재 질서를 뒤흔드는, 완전히 존재하지도 사라지지도 않은 묘한 출몰 방식을 가짐으로써 적확하게 겨냥할 수도 없는 것이 됩니다. 이로써 메갈은 단정적 의미망 역시 비켜갑니다. 그러하기에 메갈은 언제나 여혐주의자들이 겨냥하여 격추시키려는 '그 메갈'이 아닌 것으로 자꾸만 미끄러져 나가는 것입니다. 또한 유령으로서의 메갈은 여러 시간들을 중층적으로 가집니다. 다시 말해, 이미 없어진 과거의 것이자, 지금 있는 것이자, 지속적으로 도래할 것으로서, 과거 현재 미래라는 시간의 범주를 뫼비우스의 띠처럼 맞물리게 하죠. 이러한 맥락에서 메갈은 공터가 되었지만, 여전히 헬페미들이 참조하는 페미니즘 이슈화의 현재성이자 미래를 향한 도약대로 기능하고 있는 것입니다.

스펙트르의 두 번째 의미인 스펙트럼은 '복합적 현상을 분해하기 위한 것'입니다. 스펙트럼으로서의 메갈은 헬조선이라는 복합 현상을 낱낱이 분해해내어 다시 들여다보게 하는 비판적 경로입니다. 메갈은 미러링 전술이라는 급진적이고도 과격한 언어 반사경으로 단기간에 큰 효과를 거두었고, 또 다른 전략을 모색하고 촉진하며 현재적 페미니즘의 간과할 수 없는 궤적을 그려나가고 있습니다. 헬페미들은 포스트 메갈 시대라는 페미니즘 반경 안에 거합니다. 포스트post라는 접두사는 이중적 의미 층위를 가진 것으로, 연속성과 계승의 의미는 물론 '그 전의 것

* 프랑스어 revenant 역시 유령을 뜻한다.

을 넘어선다'는 절연과 불연속의 의미 또한 내포하기 때문이지요. 설령 메갈이 대중들의 비호응과 불유쾌를 불러일으킨다 할지라도, 한국 사회의 기저와 폐부를 찌르는 페미니스트적 발언과 문제의식에서 비롯된 것이기에 이 저항은 지속될 수밖에 없습니다. 메갈의 저항 문법은 페미니스트들의 분노의 지점을 적확히 건드렸고, 여성 혐오 사회에 대한 반문법은 연대의 공간을 마련했기 때문입니다.

낙인의 이름

'메갈'과 '메퇘지'라는 메갈리안을 폄하하는 낙인이 등장했습니다. 그러다 메갈리안이 페미니스트라는 낙인 범주를 대체하는 일반명사로 자리 잡아 버렸습니다. 더 이상 이것이 특정 인터넷 커뮤니티 활동가들을 지칭하는 의미로 국한되지 않고 관습의 체제에 의해 길들여진 현실의 부조리성과 폭압성을 폭로하는 이들을 향한 사회적 죽음—고용 불이익, 해고, SNS 계정을 향한 사이버 테러, 신상 공개, 협박, 조롱, 배제 등—의 선도 방식이 된 것입니다. 이는 메갈리안이 이 사회의 남성 중심적 체제에 대한 위협이 되었고, 전복성의 밀도 또한 높음을 방증합니다.

　페미니스트는 이제 '나는 페미니스트는 아니지만' 대신에 '나는 메갈은 아니지만'이라는 방어적 수사로 말문을 떼야하는 상황에 직면했습니다. 이는 페미니스트로서의 발화가 동물의 음성적 소음—미친 암퇘지의 음성—으로 분류되는 것에 대한 공포에 기반한 것이죠. 페미니스트로 명명되는 것에 대한 공포는 페미니스트라는 자리가 가진 배제성에 대한 공포입니다. 기존의 사유와 언어의 체계가 페미니스트의 발화를 이성적이며 공적인 체계에 부합하지 못하는 목소리, 소음으로 전락시켜왔기 때문이죠. '나는 메갈리안은 아니지만'이나 '나는 페미니스트는 아니지만'이라는 수사의 방식은 자신의 말이 소음으로 휘발되지 않기 위한 생존 전략인 것입니다. 나아가 이성적 말로서 규정되는 방식이 이미 내적 논리에 의해서가 아니라 외부적 상부 심급인 남성들에 의한 승인 효과에 불과하다는 것을 안다는 것이죠. 기존 감각판 위에서 어떠한 것이 존재로 인식되는가, 부정되는가의 문제는 인간과 비인간을 나누는 근거가 되어왔고, 무엇이 들리는가, 들리지 않는가의 문제는 이성적 언어와 동물의 소음을 구획하는 토대가 되어왔지요. 이러한 편파적 감각판 위에서 들리는 것, 말해지는 것, 존재하는 것의 자리를 얻고자 페미니스트나 메갈리안이 아님을 강박적으로 증명하는 것은, 남성 중심적 감각판의 폭력성에 제압되어 통치되고 있음을 증명할 뿐입니다. 앞에서 말했듯이, 이러한 말의 자리란 결국 아버지의 법질서에 뿌리내린 남성 중심적 질서의 판을 강화하는 방식에 불과하기 때문이죠.

왕자가 필요 없는 소녀의 전복성

메갈 사냥의 봉인을 해제한 태풍의 핵에는 '메갈리아 티셔츠 사진 인증'이 있었습니다.[*] 'Girls do not need a prince'라는 문구가 새겨진 티셔

---

[*] 이재훈·현소은, 「넥슨, '메갈리아' 후원 티셔츠 입은 성우 퇴출 논란」, 〈한겨레〉, 2016. 7. 19.

츠는 페미니즘 크라우드 펀딩에 참여한 소비 기부자들이 받는 굿즈 중 하나였지요. 이 굿즈의 '소녀는 더 이상 왕자를 필요로 하지 않는다'라는 문구는 일상에서도 입을 수 있도록 온건하게 선택된 문구였지요. 그럼에도 이 티셔츠는 한국 사회를 뒤집어 엎었습니다. 왜냐하면 '왕자가 필요 없는 소녀'는 소녀라는 유약성, 무해성, 순결성의 거부이자 경제적·정서적·성적 독립선언이기 때문이죠. 소녀성은 남성에 의한 보호와 통제 서사를 위해 구축된 신민적·예속적 여성상입니다. 왕자가 필요 없는 소녀들은 그 자체로 소녀의 전형성을 빗나가버리며 더 이상 오빠들이 원하는 소녀들이 아니게 되는 것이죠. 이러한 소녀성의 재再전유는 남근적 의미 경제에 균열을 일으키며 제도화된 의미의 소녀성을 해체시킴으로써 괴물적 소녀의 도래를 예고했습니다.

예고만으로도 오빠들(?)은 들썩였습니다. 소녀를 잃을 수 없기 때문입니다. 진형적 소녀성은 여성 혐오의 질서에서 숭배와 멸시의 지점이 효과적으로 포개지는 기입면입니다. 소녀는 첫째, 남성의 정복욕을 좌절 없이 성취할 수 있도록 하여 남성의 나르시시즘이 타격받지 않게 하는 대상입니다. 오빠의 요구에 언제나 예스를 외치는 소녀를 통해 남성은 자기애를 강화할 수 있습니다. 이로써 소녀는 이상화됩니다. 소녀는 둘째, 오빠의 경제력에 기생하는 김치녀와 보슬아치라는 낙인과 맞닿아 있으며, 무지하고 감정적이며 어리석기만 해 힐난의 대상이 되어주기도 하지요. 즉 소녀는 이상화된 자리임과 동시에 멸시의 자리인 것이죠. 이 양가적 자리들은 남성의 자의적 기분에 따라 손쉽게 전환됩니다. 그런데 길들여지지 않는 소녀들의 난입은 이런 손쉬운 기입면의 붕괴를 예고하는 것이죠. 이는 남성 중심적 욕망 방식과 의미 질서에 대한 타격일 수밖에 없었습니다.

넥슨 사태

헬페미들은 텀블벅이라는 소비 기부 문화를 통해 다중의 형성 과정을 보여주었습니다. 바야흐로 페미니즘은 숭고하고 엄중한 투쟁 서사의 경직성에서 벗어나 가볍고도 신나는 실천 방식으로 일상 속에 스며들었습니다. 이처럼 놀이와 의미를 동시에 충족시키고 쾌락의 장소이자 연대의 장소를 열었다는 점에서 텀블벅 문화는 주목할 만한 사건입니다. 즉 소비와 기부, 놀이와 연대의 이중적 의미망을 오가는 것이죠. 넥슨이라는 게임 회사의 성우인 김자연 씨가 메갈리아4 페이스북 페이지 후원 티셔츠 인증샷을 올린 이유만으로 부당 해고의 대상이 된 것은 남성 젠더 권력의 카르텔에 의한 소비자 집단주의 때문입니다. 여성 혐오를 기반으로 한 놀이 문화인 게임 회사는 남성 소비자의 집단적 항의를 무비판적으로 수용한 것입니다. 여기서 우리가 주목해야 할 것은 메갈리아 페이지를 일방적으로 제제하고 삭제한 페이스북코리아의 검열 논리가 소비 기부자들을 움직이게 한 원인이었으며, 소비 기부자 개인에게 사회적 해고를 선고한 넥슨 사태도 소비 기부자들의 움직임에 반응해 예스컷운동yes cut이라는 검열주의로 치달았다는 점입니다. 김자연 성우를 옹호 발언한 웹툰 작가와 성우들의 블랙리스트를 만들어, 이들의 작품에 대한 별점 테러와 결제 거부, 웹툰 및 게임 웹사이트 탈퇴 압박을 정부적 차원의 규제와 검열 장치로 도입하려 시도했던 것입니다. 다시 말해, 사건의 시작도 검열이었고 사건의 정점도 검열주의였습니다.

소비 기부자는 사회가 부여한 계급성의 위계와 비대칭성을 뒤흔들고자 하는 자입니다. 소비 기부행위를 통해 사회의 변환을 기획하고 참여하는 자들이죠. 1억 원이 넘는 메갈리아4의 크라우드 펀딩 성공*을 통해 문화의 새로운 장을 연 헬페미 소비 기부자들의 등장은 그 자체로 위협적이었습니다. 남성 중심적 사회에서 여성의 소비는 된장녀의 프레임에 갇힌, 되도록 숨겨야 하는 낭비였으니까요. 여성의 현명한 소비란 자신의 욕망을 지운 채, 감정 노동과 돌봄의 노동을 제공해야 하는 가족 구성원이나 연인을 위한 소비로 제한되었습니다. 그런데 감히 자신들의 소비를 적극적으로 드러내어 설치고 떠들 뿐만 아니라, 여성들의 소비가 세상을 바꾸는 행위임을 보여준 것입니다.

이러한 소비 기부 문화의 성취는 더 이상 소비와 여성의 조합물을 여성 혐오의 재현물로 보게 두지 않겠다는 선언이기도 합니다. 이것은 페미니스트적 이슈를 부적절하고 비도덕적인 발화로 결정하여 삭제하는 페이스북코리아의 남성 중심적 검열 메커니즘에 대한 저항이기도 하지요. '김치녀 페이지'에서 통용되는 여성 혐오적 언어와 강간 에고는 남성들끼리의 장난이나 농담 정도로 용인되어 아무리 신고를 해도 페이스북코리아의 커뮤니티 표준 약관을 위반하지 않는다는 대답만 반복해서 돌아왔습니다. 이에 반해 메갈리아 1, 2, 3 페이스북 페이지는 개설된 지 이주일 만에 연이어 계정 삭제를 당했죠. 이렇게 대비된 판단은 무엇을 의미할까요? 이러한 페이스북코리아의 조치는 남성 중심적 젠더 권력의 비대칭성을 재확인시켜 줍니다.

젠더 권력 체제에서 우위를 누리는 자들에게는 '그럴 수도 있지'라는

---

* 2016년 5월 27일부터 6월 20일까지 열렸으며 총 4,103명의 참여 하에 1억 34,017,726원이 모였다. 이는 목표 금액의 1,448%를 넘어선 액수다.

용인의 폭이 매우 넓으며, 다수자들의 언행은 농담과 장난, 실수라는 표현의 방식으로 항시 수용되어 왔습니다. 다수자를 위한 변명과 자기 정당화의 보루가 이미 사회적으로 마련되어 있는 거죠. 다수자들이 소수자들을 향해 내뱉는 혐오와 적대의 감정은 항시 농담과 장난으로 그 수위가 하향 조정되어 일상에서 통용됩니다. 그러나 소수자들은 '그래도 그러면 안 되지'라는 도덕적 처단과 판단에 끊임없이 내몰리는 이들입니다. 소수자들이 하는 조그마한 실수와 장난, 농담이 용인되는 폭은 매우 좁기 때문이죠. '여자가 그럴 수도 있지', '성 소수자가 그럴 수도 있지'보다도 '남자가 그럴 수도 있지', '어른이 그럴 수도 있지'라는 말에 더 익숙한 이유는, 용인과 방관의 폭이 사회적 권력 지점에 따라 상이하게 배분되고 있기 때문입니다. 즉 소수자들에게는 조금의 헛발질도 용인되지 않지요. 소수자들의 발언 기대 수위는 항시 상향 조정되어 걸핏하면 사회적 위협과 혼란을 조장하는 것으로 낙인찍히고 배격됩니다. 소수자들은 좀 더 부드럽게, 예의 바르게, 설득력 있게 이야기하기를 강요받습니다. 또한 스스로를 감추는 것이 일상의 평온함을 유지하는 방법임을 체화하도록 합니다. 이처럼 발화의 권리가 없는 것뿐만 아니라 내 존재를 지워내야 하는 것, 존재 양식의 폭마저 축소시켜야 하는 것이 이 사회 속 소수자의 위치입니다. 왜냐하면 발화의 양은 물론 발화의 자유, 표현의 한도 역시도 남성 중심적, 다수자 중심적으로 개편되어 있기 때문이죠.

그렇다면 넥슨 사태가 예스컷이라는 검열 기제의 강화로 이어진 것은 무엇을 의미할까요? 헬페미들의 소비 기부 단위가 몇십만 원, 몇백만 원 단위의 금액이었다면 이렇게 집중적인 견제를 당하지는 않았을 것입니다. 하지만 모금액은 일억 원이 넘었고, 결국 남성 젠더 권력 지반에 균열을 일으켰습니다. 이렇게 생겨난 균열을 다시 봉합하고자 소비자 집단주의 행동이 일어난 것이라고 해석됩니다. 즉 남성이라는 성 계급의 집단적 우위성을 보존하고자 소비 결제 행위의 집단적 철회, 환불이나 절독을 비롯한 소비자 집단주의가 발휘된 것이죠. 경제적 불안정 계급이라는 프레카리아트의 취약성은 어쩔 수 없지만, 마지막으로 남은 보루인 성 계급적 우위는 절대 놓을 수 없다는 의지의 표현이기도 합니다. 희소가치 —명예, 부, 권력 —의 재분배판을 짜는 것은 사회·구조적 개혁은 물론 상부 계급성에 대한 봉기와 저항이 요구되므로 엄두가 나지 않지만, 성 계급의 강화를 위한 소비 결제 행위의 집단적 철회는 할 만하다고 판단한 것이죠.

　　여기서 소비자 집단주의는 소비자 불매운동과는 구분됩니다. 소비자 불매운동이라는 보이콧boycott은 임금 착취, 산업재해 은폐, 불공정 거래나 환경오염 등 소수자와 약자에 대한 기업의 억압 관행을 폭로하고 이에 대한 개신을 요구하는 것이라고 할 수 있습니다.* 자본주의 시장에서 강자의 자리를 독점하고 있는 이들에 대항하는 것이죠.

　　이에 반해 소비자 집단주의는 소수자들에 대한 혐오와 적대의 감정을 통해 특정 발화자의 권리를 침묵시켜 단 하나의 발언 양식만 통용되게 하는 검열주의와 연동됩니다. 검열은 "치안police의 질서로서 특정한 형태의 존재 양식과 말하기 양식, 행동의 양식"**을 강제하며 특정 종류

---

* "우리나라에서도 기업이 대리점주에게 횡포를 부린 사건, 고객 개인정보 유출로 논란을 빚은 사건, 영업 사원을 신규 채용하는 과정에서의 문제 발생 등 기업의 비윤리적 사건으로 인하여 소비자 불매운동이 확산되었다."(류미현, 「20~30대 소비자의 불매운동 관련 특성이 온라인 불매운동 의도에 미치는 영향」, 《소비자 정책교육연구》 11권 3호, 2015년, 116쪽.)
** 랑시에르는 치안을 "공동체 내에서 말하고, 존재하고, 행위하는 방식들에 대한 나눔"으로 정의한다.(자크 랑시에르, 《정치적인 것의 가장자리에서》, 양창렬 옮김, 길, 2008년, 17쪽.)

의 인간은 사회에서 보이도록 하고 다른 이들은 사회적 존재가 부정당하도록 기능합니다. 소비자 집단주의는 이처럼 강자와 승자의 논리를 자본의 논리를 통해 전수·강화하고자 하는 방식이며 소비 결제 행위의 철회와 보류를 통해 소수자와 약자에 대한 지지 발언과 소수자들이 스스로를 표현하는 양식이 확대되는 것을 압박하고 억압하는 기제로 작동합니다. 이러한 소비자 집단주의가 남성이라는 젠더 권력의 폐쇄적 카르텔과 만났을 때, 낙인의 이름, 처단의 이름으로 메갈이 소환되어 나온 것이라 할 수 있습니다.

'그 메갈'이 아님을 증명하지 말라

넥슨 사태는 메갈 사냥의 본격적 신호탄이 되어 여성 혐오의 수위를 급박하게 치닫게 했습니다. 페이스북 메갈리아4 페이지가 메갈 사냥의 주된 공격 대상으로 지목되자 이러한 공격의 포탄으로부터 자신을 방어하기 위해 다음과 같은 수사가 구사됩니다.* 메갈리아4는 기존의 메갈리아 사이트라는 원류와 구분된 정제된 곳이며, 미러링 전략을 구사하지 않는 이성적이며 온건한 운동이니 "그 메갈로 치부하지 말라"라는 논지였죠. 이러한 수사의 방식은 이미 주류적 규범이 정한 '올바른 페미니즘'—젠

---

* 메갈리아4는 페이스북 페이지 소개 글에서도 메갈리아 사이트 운영진과 상관없음을 명시하고 있다. "지금까지 여러 번 밝혔듯이, 메갈리아 사이트와 메갈리아4 페이스북 페이지는 직접적인 관련이 없으며, 메갈리아4는 미러링을 하지 않고 페미니즘 이슈를 소개하는 방향성을 가지고 운영되어 왔습니다."(2016년 7월 18일.)

더 체제의 기득권자에게 그 어떤 위협도, 그 어떤 변화도 가져오지 않는 안전한 이야기로서의 페미니즘—이라는 프레임에 갇힐 위험성을 안고 있습니다. 이러한 수사는 메갈이 이 사회에서 혐오와 낙인이 응축된 장소임을 성급히 인정하고, 페미니즘 이슈화에 기폭제로 작동한 미러링 전략을 삭제해버립니다. 이로써, 메갈과 일베의 등치 구조를 인정해버리는 결과를 낳게 됩니다. 이러한 등치 구조는 여성 혐오라는 이 사회의 기저 원리를 지워버리고 남성 혐오라는 허상적 이념을 가시화 하는 것입니다.

또한 '그 메갈' 부인론의 수사학적 구조는 성녀와 창녀의 이원론 구조와 매우 유사하게 작동됩니다. "나는 결코 창녀가 아니며 쟤가 바로 그 창녀다"라는 분할통치의 분열 전략이 메갈리아 운동 안에도 그대로 투사되어 반복되는 것입니다. 여성을 침묵하게 하기 위해 만들어낸 '그 메갈' 이라는 낙인에 대한 공포를 내면화했을 때, "그 메갈이 아님"의 수사가 시작되죠. 만약 '그 메갈'이라는 혐의를 끊어내려 한다면 메갈리아라는 이름의 그늘부터 덜어내야 할 전략적 아포리아에 갇히게 될 가능성이 매우 큽니다. 즉 여성 혐오자들이 던진 이 자승자박의 덫에 걸리지 않으려면 우리는 "그 메퇘지가 아니다"라는 부인의 문장을 구사할 것이 아니라, 이미 온건과 과격, 올바름과 어긋남, 승인과 낙인의 판단 배분판을 남성들이 독점했다는 사실을 폭로해야 합니다.

티셔츠 한 장에 새겨진 'Girls do not need a prince'라는 문구를 이 사회의 안전을 위협하는 페미나치적 선동으로 규정하는 이들에게는 그 어떤 말이나 행동도 이미 과격함 자체이며 그들이 누려온 여성 혐오 사회 일상의 붕괴일 뿐입니다. 그들의 안전과 안정은 숱한 여성들의 침묵과 공포 어린 동조로 이루어져왔습니다. 때문에 좀 더 온건하게 좀 더 올바르게 말하면 승인해줄지도 모른다는 이야기는 여성들의 말하기의 방식을 처단하고 여성들을 침묵시키기 위해 남성들이 만들어낸 환상에 불과한 것입니다.

페미니스트적 발화는 이미 그 자체로 관습의 질서 속에서 특혜를 누려온 이들에게는 위협입니다. 착한 페미니즘은 없습니다. 메갈은 여성 혐오주의자가 겨냥하는 지점을 끊임없이 비껴가며, 여성 혐오주의자가 단정짓는 그 무엇 따위로 축소될 수 없는 역동성 자체이기 때문이죠. 때문에 메갈은 '그 메갈'로 환원될 수 없습니다. 나아가 메갈의 역사성과 운동성은 한국 사회의 페미니즘의 한 획을 그었고 앞으로도 이어 그릴 것이기 때문입니다.

일베의 형제들

메갈리안이 여자 일베라는 주장에서 일베는 낙인의 이름이자 혐오 전선의 극한점으로 전제됩니다. 그런데 이러한 일베의 기본 정서 중 하나인 여성 혐오는 다른 여타의 남초 사이트―오늘의유머, 이종격투기, 클리앙, 루리웹, 디씨인사이드 등―또한 공유하고 있는 정서입니다. 심지어는 진보 정당의 진보 마초들도 나누어 갖는 사회적 감각이지요. 즉 일베뿐만 아니라 남성 젠더 권력 우위의 당위성을 의심하지 않는 모두가 메갈이라는 기표 안에 온갖 반동의 정서를 응축해 넣고 메갈 사냥을 시작한 것입니다.

그럼에도 불구하고 "나는 일베가 아니지만"이란 문장은 여성 혐오라는 혐의로부터 빠져나올 수 있는 면죄부로 작동합니다. 마치 자신이 일상의 운용 원리이자 현실의 기저인 여성 혐오라는 권력 기제로부터 온전히 자유로운 것처럼 오인함으로써 발화의 정당성을 높이는 것이죠. 하지만 "나는 메갈은 아니지만"이란 문장은 발화 정당성의 강화 전략이라기보다 최소한의 발화 권리라도 갖기 위한 생존 전략입니다. 남성 중심적 사회에서 배제당할 것에 대한 공포 속, 자신의 젠더 의식이 기존 질서에 위협적이지 않음을 끊임없이 증명하는 강박적 자기 검열 행위인 것이죠. 이를 통해, 자신이 일베 또는 메갈이 아님에 대한 선언 방식이 정치 역학적 측면에서 얼마나 비대칭적 위상과 무게를 가지는가가 여실히 드러납니다.

메갈을 일베, 나치, IS와 등치하는 낙인적 범주화는 최종적 식민지로서의 여성, 그 마지막 종속의 영토를 잃지 않으려는 방어기제라 할 수 있습니다. 진보와 보수를 막론하고 공적인 영역이자 정치적 영역은 남성들 간의 영역으로 인식되고, 여성이 개입된 영역은 사적 영역으로 격하됩니다. 사적 영역은 비정치적이며 본성적인 것으로 자연화되므로 사적 영역에 내재한 폭력과 불합리는 비가시화되고, 여성 혐오는 정의론의 문제가 아닌 본능의 문제로 치환됩니다. 여성 혐오는 본능적 발동에 의한 것이자 자의적 기분의 영역이며, 이는 개선의 대상이 아닌 확인과 전수의 대상인지라, 결과적으로 남성적 일상의 안온함을 담보합니다.

일베를 철저히 타자화하여 정의의 자리를 쉽게 차지한 진보적 정치 노선 남초 사이트들마저 정작 여성 혐오라는 정서에서는 일베와 형제애적 공동전선을 구축하고 있습니다. 여혐의 보편적 서사를 나눔으로써, 스스로 일베의 변용 버전임을 명쾌하게 증명합니다. 진보적 세계관이

성립되기 위해서는 반드시 계몽의 대상인 자연, 미개성, 동물성, 착취 대상인 자원이 상정되어야 합니다. 그 자원을 여성으로 설정하면, 자연히 이성을 가진 남성이 자연을 착취하고 개발해온 방식으로 여성을 수단화할 수 있게 됩니다. 백인이 식민 제국주의의 역사를 마치 어둠의 대륙에 문명을 전파한 인도주의적 미션으로 포장하는 진보주의적 세계관과 같은 맥락이죠. 종속의 영토로 규정되어왔던 여성이라는 식민지가 지진을 일으키는 행위인 메갈 선언은 남성에게 대재난입니다. 이를 반사회적이라 말하는 것은 '사회적'이란 의미가 이미 남성들 간의 연대에 기반한 배타적 결속체였음을 효과적으로 드러낼 뿐입니다.

#내가_메갈이다

"너 메갈이지?"라는 강제된 호명은 페미니스트라는 이탈자들을 남성 중심적 질서판 위에 소환하는 행위입니다. 왜냐하면 '강요된 답'을 축적하기 위한 질문이기 때문이지요. 메갈이 아님을 전심을 다해 증명해내고, 자기 단속 의지를 보여주길 강요하는 것이죠. 메갈과 메갈 아닌 자라는 가치론적 이분법의 목적은 메갈의 존재를 지워내 메갈 아닌 여성만이 생존하게 하려는 것이죠. 여성들에게 공포와 자책감을 주지시켜 강제된 호명 앞에 스스로 무릎 꿇은 채, 가만히 있는 자, 즉 개념녀의 자리에 재위치시키려는 전략입니다. 그런데 "너 메갈이지?"라는 호명에 "그래, 내가 메갈이다."라고 응수할 때, 이 호명은 철저히 실패합니다. 앞에서 말했다시피 호명의 일차적 목적은 상대를 침묵시키는 데 있는데, "그래, 내가 메갈이다"라는 답은 그것을 불가능하게 만들기 때문이죠.

2016년 7월 24일 트위터를 중심으로 분노의 정치학의 연대체로서 '내가 메갈이다', '나는 메갈이다'라는 해시태그 선언 운동이 일어납니다. 이것은 남성들의 호명 구조 자체를 부수어버리는 것이죠. 또한 여성들 간의 의심과 고발을 멈추고 연대하게 하는 선언이기도 합니다. 메갈 부인론에서 한 발 나아간 것이죠. 여성들은 이 답변을 통해 더 이상 최후의 식민지로 남지 않을 것임을, 침묵과 동조를 거부할 것임을 선언하는 것입니다. 공포와 낙인의 전략이 실패하였음을 알리고, 여성 연대의 장을 열어젖힌 것이지요. 메갈이 특정 인터넷 커뮤니티 활동 구성원이라는 제한적 의미를 넘어 주류 권력을 누려온 다수자, 강자에게 분노하고 저항하는 페미니스트로 부상한 것이죠.

메갈을 남혐으로 몰아세우고 이에 대비된 '착한 페미니즘', '올바른 페미니즘'의 기치를 내세우는 논리 구조를 분석해보겠습니다. 이에 따르면 페미니스트적 발화는 로고스라는 이성적인 언어능력을 갖추지 못한 소음에 불과합니다. 이러한 논리는 다음과 같은 구조에서 작동합니다.

첫 번째로, 로고스라는 근간 원리를 전제하고 있는 남성 중심성과 이성 중심성, 인간 중심성의 질서는 호혜적 차원에서 확장될 수는 있어도 기반 자체가 붕괴될 수는 없다는 것입니다. 즉 여성은 남성 인간이라는 표준형과 얼마나 근접한지를 끊임없이 증명해야만 발언권을 얻을 수 있으며, 비인간 동물은 인간 동물과 같은 삶의 조건 속에서 길들여져야만 돌봄의 대상으로 여겨질 수 있다는 것이죠. 또한 개념틀에 딱 맞지 않는 표현들은 이성적 정제 과정을 통해야만 제대로 된 언어의 자리를 갖게 된다는 것입니다. 이러한 일원화된 표준화가 확장되는 방식은 식민 제국주의 팽창 정책과 그 궤를 같이 합니다. 그러나 페미니즘은 이러한 균질적 동일화의 논리를 부수고 이성 중심성과 인간 중심성, 남성 중심성 자체를 의심에 회부하는 질문의 극한점을 열고 있습니다.

두 번째로, '오빠가 허락한 페미니즘'의 모습은 페미니즘적 사유 진동의 위협성이 삭제된 형태라는 것입니다. 즉 페미니즘이라는 담론과 실천 방식조차도 남성이 개화하고 진두지휘하겠다는 것이죠. 즉 올바른 페미니즘이란 남근적 욕망의 승인 질서 속에 머무르는, 남성의 기분을 거스르지 않는 것이어야 함을 의미합니다. 이 '기분의 수사학'을 살펴볼까요? 남성의 기분은 상대 발화자의 논거 부족의 근거로 통용된다는 점에서 이미 남성 중심적 질서의 일환임이 탄로납니다. 남성들은 성폭력 피해를 당한 피해자의 언어, 페미니스트들의 언어를 향해 부드럽게, 들을 만하게 이야기해보라는 터무니없는 요구를 하고, 네가 그렇게 이야기를 하니 기분이 나빠서 못 들어주겠다고 말합니다. 여성이 자신의 논거나 상대방에 대한 반박 근거로서 기분을 언급할 때에는 편협함의 증거가 되지만 남성은 그렇지 않습니다. 남성은 자신의 기분 거슬림을 논지의 일환으로 당당히 소환합니다. 가정에서 권위적인 아버지가 "기분이 점점 나빠지려고 하는데"라거나, 연애 관계에서 남성이 "오빠 더 이상 못 참겠는데"라고 말하는 순간 여성은 사과를 강요받습니다. 이때 남성의 기분은 객관적인, 사회적 인식과 감각의 표준형입니다. 이로써, 상대 발화자는 자기 단속 의지를 강화하게 됩니다. 여성의 기분과 남성의 기분이 동일한 논거의 무게를 갖지 못하며, 논리적 발화권이 역시 이미 기울어진 판 위에 구성된 것입니다.

세 번째로 소음과 말, 진짜와 가짜, 급진과 온건의 가치판단은 남성에 의해 전유되어왔다는 것입니다. 따라서 말의 자리와 온건의 자리에 들어가려고 안간힘을 쓴다 해도 페미니스트는 절대로 최종 결정권자가 될 수 없습니다. 때문에 남성들이 승인한 올바른 페미니스트라는 규범적 수사에 말려들 필요가 전혀 없습니다.

남성들이 규정한 말의 자리에 적합한 조건들을 내면화한 올바른 페미니즘, 누구에게나 박수 받고 인정받는 착한 페미니즘의 구현은 환상입니다. 헬페미는 착한 페미니즘이라는 기만적 환상을 박차고 나왔습니다. 착함과 올바름이 남성 중심적 가치 질서에 길들여진 감각들의 조직에 불과하다는 사실을 깨달았기 때문이지요. 헬페미들은 표준과 보편에 의문을 던지고 정의와 도덕을 의심하며 낯선 가치를 향해 돌진하고 있는 것입니다. 헬페미는 기존의 의미 체계와 가치 체계, 존재 질서 속에 머물 수 없는 필연적 이탈자들이기 때문입니다.

호명의 발신자 되기

2016년 11월, 송미나 일러스트레이터는 "너 메갈이지?"라는 강제된 호명에 "그럼 넌 한남충이냐?"*라고 응수합니다. 전복입니다. 일방적으로 내리꽂히는 호명에 두려움을 떠는 수신자가 되기보다, 예상치 못한 호명의 발신자가 되었습니다. 여성 혐오주의자들의 낙인 호명 경로를 비틀어버린 것이죠. 메갈이 아님을 적극적으로 증명해내는 대신에, 한남충이라는

* 정민경, 「"너 메갈이지?" 이번엔 일러스트가 삭제됐다」, 〈미디어오늘〉, 2016. 11. 5.

호명을 쏘는 것은, "내가 메갈이다" 선언을 잇는 또 하나의 전복입니다.

그리하여 '데스티니 차일드 게임' 일러스트 중 송민아 작가의 그림이 지워집니다. 왜냐하면 그녀가 사용한 "한남충"이라는 용어가 메갈이라는 확증적 징표로 받아들여져 집중 공격의 대상이 되었기 때문입니다.[*] 넥슨 사태 때와 마찬가지로 남초 커뮤니티들의 소비자 집단주의가 자행되면서, 소강 상태에 접어든 줄 알았던 메갈 사냥이 재점화된 거죠. '김치녀'와 '된장녀'는 남초 커뮤니티가 사이좋게 나누며 확대 재생산하는 공유의 언어이자 대동단결의 언어, 상식과 통념의 언어이자 농담과 쾌락의 언어이지만, '한남'이나 '한남충'은 메갈이라는 기표가 삼켜버리는 금기의 언어, 도전의 언어, 외설의 언어가 되어버리는 것입니다. 여성이 남성을 호명하는 언어 전술 자체가 메갈이라는 위협적 기표에나 어울리는 것이기 때문입니다. 그러하기에 개념녀, 온순한 여성, 착한 여성, 순응하는 여성으로서의 정체성이 강요되는 사회 현실 공간 내에서 메갈이라는 페미니스트의 이름은 삭제되어버리는 것이죠. 성우의 목소리를, 일러스트의 그림을 지운다는 건 무엇을 의미하는 것일까요? 누군가에게 일방적으로 이름을 부여하는 호명이라는 행위는 주체라는 예속적인 자리를 설치하는 일이며, 그 누구든 쉬이 판별할 수 있는 확고한 정체성과 고정점을 부여함을 의미합니다.

그러나 페미니스트는 이러한 호명에 딱 들어맞지 않는 초과성과 과잉성 자체입니다. 사회에서 부여한 여성이라는 자리에 가만히 머물지

* 이제 더 이상 '한남'과 '충(蟲)'자의 조합 없이도 '한남'만으로 여성들의 호명 행위는 남혐의 응축소로 규정된다.

않는 자, 여성이라는 기표의 의미를 지속적으로 되묻는 자가 페미니스트인 것이죠. "여성은 자고로 뭐뭐해야 한다", "어디 여자가?"라는 관습 체제에 도전해 주체의 사회적 윤곽, 그 경계면들을 흐리게 하고 불안하게 만들죠. 즉 안정을 거부하고 종속적 주체의 자리를 이탈해버리는 변이체인 메갈은 아버지의 법질서라는 정제된 시공간을 뒤틀어버릴 수 있습니다. 때문에 편입의 대상이 아닌 제거의 대상이 된 것이죠. 메갈 사냥이 겨냥한 바는 바로 이것이었습니다.

그러나 메갈은 깨끗하게 사라지지 않습니다. 유령은 죽은 듯하지만 살아 있는 자의 공간을 계속 침범하는 존재입니다. 완전히 존재하지도 않지만 완전히 없어지지도 않습니다. 적출이 불가능하며, 말소rature될 뿐입니다. 말소란 프랑스 현대철학자 자크 데리다가 주목한 개념으로, 삭제하고자 하는 글자 위에 줄을 긋는 행위입니다. 즉 "자신이 지워낸 것을 읽을 수 있게 내버려두는"* 이중적이고도 상반된 행위를 뜻합니다. 메갈을 삭제하기 위한 노력이 오히려 메갈이라는 기표를 더 두드러지게 남겨두어 지속적으로 읽히게 만들고 있는 것이죠. 메갈은 존재와 부재의 두 항을 끝없이 오가며 남성 중심적 현실에 균열을 내고 있습니다. 결국 페미니스트의 목소리와 그림을 지우려했던 넥슨도 데스티니 차일드도 여성 혐오 하위문화 콘텐츠의 교두보로 족적을 남겼을 뿐, 메갈의 메

---

* "삭제하기 위해 그은 줄은 자신이 지워낸 것을 읽을 수 있게 내버려두면서 그것을 지운다. 한 단어를 삭제하기 위해 덧입혀진 줄로부터 두 가지 상반된 행위성이 형성되는 것이다. 나는 그것을 사라지게 하기 위해 줄을 긋지만 동시에 나는 그것을 선 아래 읽혀질 수 있도록 내버려두는 것이다."(Olivier Ducharme, "Derrida ou la rayure de l'origine", Mémoire de l'Universitée Laval, Quebec, 2008, p. 121.)

아리와 메갈의 그림자를 온전히 몰아내는 데 실패했습니다.

백래시

메갈이라는 기표는 온갖 적대와 증오, 혐오가 투사된 반동, 백래시backlash의 용광로가 되었습니다. 먼저 백래시의 세 가지 의미 층위부터 탐색해보도록 하겠습니다. 백래시는 첫 번째로 튀어 오르는 것, 어떠한 작용에 대한 반동, 반응을 뜻하고, 두 번째는 반발, 거부라는 반대 입장의 견지를 뜻하며, 세 번째는 한 쌍을 이루는 두 요소들의 접합 부분에 생기는 빈 공간을 뜻합니다.

여혐 사이트에서는 메갈을 비하하기 위해 메퇘지라는 표현을 사용하지요. 그래서 메갈의 출몰에 '쿵쾅쿵쾅'이라는 의태어가 동원되는 것입니다. 왜 하필 '쿵쾅쿵쾅'일까요? 메갈의 출몰이 기존의 평온한 일상에 대한 가격으로 인식되기 때문입니다. 메갈에 의해 현실 지반을 뒤흔드는 충격파가 생산된다는 의미입니다. 이러한 가격에 대한 반응으로 몸의 경직도를 높이고 긴장 상태에 돌입하는 것이 반동입니다. 메갈로 인해 일상의 기저 원리가 여성 혐오임이 폭로되었고 이로 인한 일상의 재구성 의지와 문제 제기가 헬페미들에 의해 점화되었기 때문이지요. 이러한 행위들이 감히 남성을 밟아대는 심리적·물리적 타격으로 해석된 것이죠. 이에 대해 남성 개인이 심리적·신체적 방어기제를 곤추세운 것이 백래시의 첫 번째 의미인 것입니다.

두 번째 의미의 백래시는 메갈에 대한 격렬한 견제 의지가 개인적 몸의 반응에 그치지 않는다는 데에서 출발합니다. 이것은 정치적 반발, 거부라는 역행적 공동 노선의 형성으로 이어지고, 형성된 남성 동맹 전선을 강화하기 위해 이데올로기적 언어를 끌어옵니다. '젠더 이퀼리티'*라는 양성평등 주장과 '역차별逆差別 담론'이 바로 그것이죠. 이를 통해 자신들의 동맹 전선이 신념 체계에서 비롯되었다고 착각하게 합니다. 이데올로기적 언어를 남발하며 메갈에 대한 처단 의지를 당위적 논리로 포장하려 하는 것은 정치적 반동의 특징입니다. 메갈이라는 기표에 경기를 일으키는 반동주의자들은 젠더 이퀼리티와 페미니즘은 다르다는 전제와 역차별론을 동시에 가동시킵니다.

반동주의자들이 주장하는 젠더 이퀼리티와 역차별론을 하나하나 반박해보겠습니다. 먼저 젠더 이퀼리티에서 '이퀼리티equality'라는 평등의 의미를 5 대 5라는 수치적·기계론적 동일성으로 상정한다고 가정해보겠습니다. 어떤가요? 일례로 여성과 남성은 동일 학력, 동일 노동이어도 동일 임금을 못 받습니다. 백분율로 환산하면 여성이 64퍼센트, 남성이 100퍼센트로 불평등한 임금 분배 방식입니다.** 이러한 비대칭적 젠더 체제를 평등하게 개혁하기 위해서는, 즉 젠더 이퀼리티의 이념을 적확히 구현하기 위해서는 남성들이 누려오던 몫에서 36퍼센트를 내놓아야

---

* 여혐주의자들은 '젠더 이퀼리즘'을 사용하였으나 이것은 날조된 용어이기에 '젠더 이퀼리티'로 고쳐 사용하고자 한다.
** "17일 경향신문이 OECD의 「더 탄력적이고 포용적인 노동시장 만들기」 보고서를 입수해 분석한 결과 이같이 나타났다. 보고서를 보면 2013년 기준 한국 여성의 임금은 남성보다 36.6% 적었다. 이는 조사 대상 34개국 중 가장 높은 것으로 OECD 평균(15.3%)의 2배가 넘는다. 2위 그룹인 에스토니아, 일본(26.6%)과 비교해도 격차가 크다."(박병률, 「여성 임금, 남성의 63%… 한국, 남녀 임금격차 '부끄러운 1위」, 〈경향비즈〉, 2016. 1. 17.)

만 합니다. 그래야 비로소 수치적 평등이 가능해집니다. 한국 사회에서 소득과 젠더의 상관관계의 설정 값 자체를 처음부터 5 대 5로 상정하는 오류를 통해, 자신이 마땅히 가져야 할 5를 여성들이 빼앗았다고 착각하는 사태가 벌어지는 것입니다. 이러한 젠더 이퀄리티에 대한 지독한 오독은 역차별 담론과도 즉각 연동됩니다.

역차별이라는 용어는 기나긴 여성 혐오와 젠더 불평등의 역사성을 부정하는 것입니다. 억압받는 이들이 말문을 떼지 못하도록 침묵시키는 것, 차별과 투쟁의 역사를 무화시키는 것이 역차별이라는 단어가 가진 이데올로기적 효과입니다. 뿐만 아니라, 여성에 대한 지나친 특혜가 남성 피해자들을 대대적으로 양산하고 있다는 억측으로 젠더 체제의 현실을 적시하지 못하게 하는 착시 효과—소수자인 여성이 가해자로, 다수자인 남성이 피해자로 전도—를 만들어냅니다. 분배 정의를 실현하기 위해 남성들이 더 누려왔던 몫에서 일부를 내려놓는 것조차 역차별이라고 하죠. 사실상 그들은 젠더 이퀄리티를 구현할 의지가 전혀 없습니다. 이는 현실에서 가동되는 젠더 권력 체제의 실재성을 읽지 않으려는 지적 태만의 산물입니다. 따라서 두 번째 반동의 궁극적 의미는 비대칭적이고 위계적 분배판인 기존 질서의 폐착 구조의 되풀이일 뿐이며, 젠더 이퀄리티와는 아무런 관계가 없습니다.

세 번째로 백래시는 맞물려 있는 두 요소들 간에 들뜸과 틈이 발생함을 의미하는데, 이는 기계의 톱니바퀴가 느슨해지거나 마모되어 삐걱대는 상태 또한 포함합니다. 사회시스템에서 공회전이나 마모 등과 같은 한계상황이 발생할 때에 이를 교착상태—어떠한 공백과 틈, 간극도 허용하지 않고 다 제거하여 단단히 들러붙어 있는 상태—로 돌리는 것을 문제 해결로 오인하는 것이 백래시의 세 번째 효과입니다. 여성 혐오주의자들은 페미니스트들에게 '원래 여성의 자리'로 돌아갈 것을 강요합니다. 여성이라는 종속적 지점으로 돌아가 일상의 평온을 회복하라는 것이죠. 이때 반동주의자들이 말하는 평온이란 남성의 특권에 어떠한 흠집도 나지 않는 상태, 남성 중심의 일상이 아무런 불편 없이 지탱되는 상태를 말합니다. 이 패착 구조에 머무르길 강요하며 어떤 틈이나 균열도 인정하지 않겠다는 이야기는 결국 대안적 미래에 대한 지평 자체를 제거해버리겠다는 것이죠. 접합적 요소들 간에 틈이 존재하지 않으면 기계는 굴러가지 않습니다. 이런 맥락에서 백래시는 일말의 의지도 허용하지 않는 변혁의 거부이며, 미래마저 과거에 협착시켜버리는 폐쇄적 구조의 재설치라고 할 수 있습니다.

일체의 틈도 없이 완전히 맞물려 교착된 상태, 그 폐쇄성을 제대로 된 근본 상태로 여기는 반동주의자들에게, 메갈은 위기와 공포를 유발하는 존재입니다. 끊임없이 현실의 틈을 벌리고 균열을 일으키기 때문이죠. 또한 메갈은 페미니즘 역동체로 끊임없이 변이하는 중이므로 '그 메갈'이라는 하나의 정박점에 닻을 내리지 않습니다. 항상 '그 메갈'이 아닌 다른 것으로 미끄러져버리므로, 포획될 수 없는 빈 기표로 한국 사회를 부유합니다. 이러한 부유의 기표, 빈 의미 그릇으로서의 메갈은 2016년 한국 사회를 뒤흔든 마녀사냥의 기표로 부상하게 됩니다.

안티 페미 매카시즘

2016년 한국의 메갈 사냥 전선을 살펴보기에 앞서, 매카시즘의 원류인 1950년대 미국으로 거슬러 올라가 보겠습니다. 미국의 상원의원 조셉 매카시는 웨스트버지니아에서 205명의 공산주의자 블랙리스트를 언급하며 "미국은 안전하지 않다", "언제 공산주의자들에 의해 격침당할지 모른다"라고 연설해 반공의 공포를 흩뿌립니다.* 반공 색출이 시작되었고, 서로에 대한 의심과 낙인 · 고발로 미국은 아비규환이 됩니다. 즉 빈 기표 안에 온갖 수치와 모욕, 공포와 굴욕감으로 포화가 된 희생양을 구겨 넣고 이 희생양을 내부의 적으로 탈바꿈하는 기제가 매카시즘인 것입니다.

전쟁은 외부의 적을 만들어 내부의 모순을 부차적 요소로 돌려 버립니다. 갈등의 방향을 바깥으로 급전회해 사회를 통합하는 전략인 것이죠. 이에 반해 매카시즘은 색깔 논쟁을 통해 내부의 적을 만들어냅니다. 사회를 효과적으로 분열시킨 후 강제 통합하는 전략이죠. 하나의 담론이나 정치색으로 모아지지 않는 것들은 즉각 처단 당하기 때문에 공포가 발생하고, 희생양이 되지 않기 위해 사상 통제가 일어납니다. 그렇다면 내부의 적을 양산해내는 담론적 · 정치적 구축물인 매카시즘은 어떻

---

* 매카시가 웨스트버지니아에서 한 연설에서의 유명한 문장이 처음으로 언급된 날은 1950년 2월 9일이다. "내 손안에 지금 205명의 이름이 적힌 리스트가 있다. 국무장관이 알았어야 할 리스트, 국무부에서 계속 일하고 있고 국무부의 정치를 기획하고 있는 공산당원의 리스트이다."(Yves Viltard, "Le cas McCarthy. Une construction politique et savante", *Cultures & Conflits* 43, 2001, p. 4.)

게 작동하는 것일까요?

매카시즘의 신호탄은 위험의 산재성에 대한 경고에서 출발합니다. 메갈 사냥도 그렇게 시작되었죠. 여기저기 흩어져 있는 메갈들로부터 개념녀들을 지키기 위해서, 내 누나, 내 여자 친구, 내 동기, 내 후배, 내 선배를 보호하기 위해서 위험을 경고하는 것입니다.

그다음에는 어디에나 있는 위협을 제거하기 위한 색출 작업이 본격화됩니다. 내부의 적으로 지목되지 않기 위한 자기 검열과 타자를 의혹의 사냥감으로 모는 색깔론이 팽배해지는 것이죠. 예스컷운동을 통해 블랙리스트로서의 메갈리스트가 등장합니다. "너 메갈이냐?"라는 강제적 낙인 호명이 한바탕 이 사회를 휩쓸었고, 이는 여전히 잠재하고 있습니다.

낙인 호명에 정해진 답을 명쾌하게 하지 못하면 메갈로 몰려 희생됩니다. 공포의 스펙터클이 펼쳐지는 거죠. 사회적 해고로 즉결 처분이 일어나고, 신상이 털려 온갖 협박과 성폭력적인 인사에 노출됩니다. 대학교 '대나무 숲'에서 익명으로 여성 혐오를 비판하는 글을 적기만 해도 신상이 공개되고 메갈이라는 낙인과 배제가 일어납니다.

결국에는 사상적 통제라는 생각의 단일화를 통해 마치 분열된 것이 하나로 통합된듯한 극적인 효과를 낳습니다. 매카시즘은 "상시적으로 존재하면서 작동하는 특정한 법률이나 제도가 아닌 특정한 이슈에 대한 한 개인이나 그룹의 주장이, 전 사회적으로 확산되어 법률적 기제 없이도 사상적 통제를 가할 수 있는 상황이 조성되는 것"*이기 때문입니다.

---

* 박태균, 「탈냉전 이후 한국적 매카시즘 탄생」, 〈역사와 현실〉 93, 한국역사연구회, 2014년 9월, 179쪽.

이러한 사상적 통제는 기득권 세력에 의해 촉발되며 강제성을 지니지만 정작 합당한 근거와 증거 제시를 통한 절차적 공정성은 전혀 갖추고 있지 않습니다.* 때문에 메갈 사냥을 하는 자의 자의적 마음과 기분에 따라 메갈로 확정되는 근거가 달라집니다. 또한 메갈 아닌 무해한 여성들을 가려내기 위한 통치의 이데올로기로 '올바른 페미니즘'이란 형용 모순적 수사를 동원합니다. 페미니즘의 유구한 역사와 이론적·정치적 배경을 전혀 이해하지 못한 것이죠. 페미니즘은 역사적으로 당대의 올바름, 정의, 선, 인간, 진리 등과 같은 거대 가치들의 협소함과 한계점들을 비판하고 해체하는 작업을 해왔습니다. '올바른 페미니즘'은 여성을 통제하기 위한 수사입니다. 단일한 여성상 안으로 여성들을 포섭하는 것이 메갈과 착한 여성에 대한 분열 통치의 궁극적 목적입니다. 이처럼 메갈 사냥은 매카시즘의 작동 원리를 모두 충족시켜 2016년 이후 한국 사회를 떠도는 마녀 사냥으로 작동해왔습니다.

민주주의 광장 속 여혐

2016, 2017 촛불광장의 혁명 에너지는 정의가 얼마나 강렬한 쾌감을 분출시키는 감각의 장을 형성할 수 있는지를 입증하였습니다. 그곳에

---

* "이러한 상황은 기득권 세력과 같이 사회적인 힘이 있는 세력들에 의해 촉발되며, 여타 사회구성원들에게 강제된다. 사회적 동의로 강제되는 상황에서는 특별한 근거나 증거는 필요 없다. 왜냐하면 위기감이 광범위하게 확산된 상황 속에서 특정한 주장에 대한 검증을 요구할 수 있는 공적 영역(public sphere) 또는 시민사회의 역할이 극도로 제한되기 때문이다."(같은 책, 179쪽.)

서 풍자의 쾌감을 돋우기 위해 권력자를 조롱하기 위한 장치로 욕설들이 소환되었습니다. 이러한 혁명의 흥겨움과 풍자의 감각치를 극적으로 만드는 욕설의 걸쭉함 앞에서 헬페미들은 웃지 못했습니다. 헬페미들은 왜 "흥을 깨는 킬조이kill joy"*로 혁명 광장에 불려왔을까요? 킬조이란 웃음 속 약자에 대한 조롱과 비하를 첨예하게 들여다보는 자, 그리하여 웃음의 폭압성에 제동을 거는 자를 뜻합니다. 헬페미는 광장 공동체에서 이야기하는 혁명이 누구를 소외시키고 배제하는지, 풍자를 통한 웃음이 누구를 짓밟으면서 나오는 것인지를 날카롭게 파헤치죠.

광장의 혁명은 경찰이라는 공권력에 대한 어떠한 폭력적 대응도 취하지 않은 평화 시위의 전례를 남겼습니다. 시민 불복종으로서의 광장 혁명은 합법적 테두리 안 공권력 앞에서 옳은 착한 시민성을 확인하는 장이기도 했습니다. 그런데 이토록 평화로운 광장에 '페미존feminist zone'**이라는 섬과 같은 이실석 발화 공간과 신체 공간이 설치되고 '박.하.여.행(박근혜 하야를 만드는 여성주의 행동)'이라는 유목적 이행자들이 출현하게 된 이유는 무엇일까요? 왜 헬페미들은 광장 시민들과 두루 섞여 "함께 어울림의 기호들"***을 충족시키지 못했을까요?

함께 어울림의 기호들이란 정의의 유대감을 뜻합니다. 정의의 유대감은 "좋은 것이라 여겨지는 어떤 것들을 향해 서로 공유된 지향을 중

---

* 사라 아메드가 다음 책에서 처음으로 사용한 표현이다.(멜리사 그레그, 그레고리 시그워스 편저, 《정동 이론》, 최성희, 김지영, 박혜정 옮김, 갈무리, 2016년, 58쪽.)
** 진주원, 「5차 '페미존' 집회 "10일 4시 30분, 경복궁역 6번 출구로"」, 《여성신문》, 2016. 12. 9.
*** "어떤 몸은 행복의 약속에 방해가 되는 한 나쁜 감정의 기원이 될 것이라고 간주된다. 이런 것을 나는 '함께 어울림'의 기호들을 유지하기 위한 사회적 압력이라고 재서술하고 싶다. 어떤 몸들은 차단점, 즉 원활한 소통이 중단되는 지점이 된다."(멜리사 그레그, 같은 책, 75쪽.)

심으로 응집하면서, 다른 것이 아닌 그것들만을 기쁨의 원인으로 취급"* 함으로써 발생합니다. 즉 기쁨과 흥을 촉발하는 대상들은 다른 것이 아닌 오직 그것이어야만 하는 배타성과 독점성을 갖는 것이죠. 이것은 광장의 혁명 모델에 의해 이미 정해져 있습니다. 권력자를 조롱거리로 만들어 폭압의 역사성을 뒤집는 것이 그것입니다. 권력자의 부조리를 조롱거리, 웃음거리로 전환하면서 감정적 해소와 응어리의 터짐을 집단적으로 경험하게 되지요. 헬페미들은 이러한 집단적 흥의 경험이 공유되는 축제의 공간에 적응하지 못하고, 광장의 이방인으로 이질적 공간을 설치합니다. 이 공간에서 욕설의 정치경제학에 입각한 언어적 설치 규범—여성 혐오, 장애인 혐오, 비인간-동물 멸시 등—에 대항하는 것이죠. 또한 이질적 신체 공간으로서의 페미존은 여성 시위자의 신체에 난입하는 시위자들의 폭압적 접근—엉덩이와 가슴을 만지는 성폭력**, 어리고 예쁘고 기특한 여성으로 추켜 세워줌과 동시에 시위 주체인 남성 시위자들의 치어리더가 되라는 강요***—을 향한 경고의 메시지이기도 한 것입니다. 즉 페미존은 대항 공간입니다. 광장에서 여성들에게 행해져 온 성폭력적 언사—그것이 칭찬이든 욕설이든 간에—와 성적 폭력 행위—신체 접촉, 관음증적 시선—에 대해 대항하는 공동 매뉴얼을 만들어 실행하고, 오빠들의 보호를 거부하고 스스로를 방어하며 여성 혐오에 적극적으로 저항한 행동이었기 때문입니다.

그렇다면 이질적 발화 공간은 어떻게 만들어졌을까요? 박근혜를 풍

---

* 멜리사 그레그, 같은 책, 68쪽.
** 박동해, 「촛불집회서 20대 여성 성추행한 남성, 불구속 입건」, 〈뉴스1〉, 2016. 12. 19.
*** 강푸름, 「집회서 성추행·외모 품평… 여성들에겐 평화 시위 아니었다」, 〈여성신문〉, 2016. 11. 17.

자적으로 규탄하기 위해 어떤 욕설들이 쓰였는지를 살펴보겠습니다. 잡년, 병신년, 정신병자, 닭년, 근본 없는 저잣거리 아녀자兒女子, 미스 박 등이 그것이었죠. 욕설은 표준형에서 벗어난 인간을 겨냥합니다. 순혈이 아닌 잡종, 비장애인이 아닌 신체적·정신적 장애를 겪는 자, 비인간-동물(생물)의 미개성을 가진 자, 아이와 마찬가지의 미성숙한 상태인 여성, 성인 남성에 의해 보호·통제받아야하는 자, 혼인 제도를 통해 부모가 되지 않은 사회 부적응자, 재생산 본능의 미수행자들이 광장으로 끌려나와 패대기쳐집니다. 인간 표준형 모델인 성인, 남자, 이성애자, 비장애인, 아버지, 순혈, 내국인은 그 자체로 욕설의 대상이 되지 않습니다. 욕설의 대상이 되기 위해선 '한남+충'이라는 비인간-생물인 벌레와 조합되어야 하며, '남자+새끼'라는 성인이 아닌 어린이, 청소년, 미성년 상태와 결합해야 합니다. 다시 말해, 욕설의 정치경제학에서 욕설은 인간 표준형에서 밀려난 자들을 가리키는 기나긴 배제의 계보학인 것이죠. 이러한 배제의 계보학에서 여성형 욕설은 가장 심한 멸칭의 형태이자 짙은 여성 혐오의 역사를 드리운 중층적 낙인의 이름입니다. 자신보다 강자와 권력자를 향한 풍자라는 고도의 언어적 전략이 아이러니컬하게도 사회에서 배제된 소수자들에 대한 조롱과 비하로 점철되어 있는 것이죠. 강자에 대한 욕설이 도리어 약자를 짓밟으면서 자신의 우위를 확인하는 일종의 권력욕은 아니었는가 하고 헬페미들은 되묻습니다. 소수자들이 놀림과 짓밟힘의 대상이 되어도 통쾌한 촛불광장, 그 "정동적 공동체 바깥"*으로 헬페미들은 자꾸만 내몰립니다. 하지만 이러한 내몰림

---

* 멜리사 그레그, 같은 책, 71~72쪽.

을 겪으며 융기한 광장의 섬, 페미존을 통해 욕설의 권력성이 읽히기 시작한 것이죠. 그리하여 헬페미들은 광장을 향해 '아니오', '여성 혐오와 민주주의는 함께 갈 수 없다', '그것은 여성 혐오입니다'라고 이야기하는 이질적 발화 공간을 만들었습니다.

박근혜의 부정부패를 여성 특유의 문제이자 여성 정치의 실패로 읽어내려는 시도는 박근혜가 박정희라는 강력한 아버지, 그 상징적 남근을 계승하는 자라는 사실을 지워버립니다. 즉 박근혜가 아버지라는 부권 권력이 응집된 남성 카르텔의 산물임을 은폐하는 것이지요. 이러한 남성 카르텔의 구조물을 은폐하기 위해, 박근혜 역시도 "여성의 사생활"*이라는 수사를 씀으로써 자신의 부정부패를 여성의 특수적 영역, 보호받아야 할 영역으로 밀어냄으로써 공적 담화의 응답 대상이 아님을 명시하려 합니다. 이러한 수사는 박근혜 보톡스, 미용 주사, 세월호 7시간 동안 머리 손질, 섹스비디오 등 사생활 폭로성 보도로 증폭되어 여성 혐오의 잔디밭을 이뤘죠.

이러한 맥락에서, 킬조이 헬페미들은 '수취인 분명'이라는 여성 혐오의 흥을 돋우려는 DJ DOC무대에 반대했습니다. 촛불광장마저 여성 혐오의 장이 되어, 무개념녀 박근혜가 개념녀들에 의해 처단되는 이분법적 분열 통치 서사—여성들이 서로를 적대하도록 하는 논리—를 분쇄하고자 한 것이죠. '수취인 분명'이라는 노래의 수신자는 확실합니다. 그 노래의 가사는 여성들의 온몸에 비수처럼 박히죠. 미스Miss나 미세스Mrs라는 두 호명은 처녀와 아줌마를 가르는 표현과 맥을 같이 합니다. 여성

---

* 허진무·남지원, 「여성 더 분노케 한 대통령의 "여성 사생활"」, 〈경향신문〉, 2016. 11. 16.

의 결혼 여부가 미스와 미세스로 나누어진다는 것은 미스일 때는 아버지의 성씨를 따르며 아버지에 귀속된 자라면 미세스일 때는 남편의 성씨를 가진 아이를 낳아주는 자, 남편에게 귀속된 자라는 의미이기 때문입니다. 즉 이것은 가부장제에서의 여성의 의존적 위치를 명시하는 것이죠. 이미 이러한 가부장적 호명법인 미스와 미세스의 차별성이 널리 인식되어 미즈Ms라는 호칭—결혼 여부와 상관없는 호칭—이 사용되고 있는 실정입니다. 미스 박이 차별적 용어가 아니라 말하는 것은 아버지에게서 남편에게로 양도되는 사유물로서의 여성 지위가 미스와 미세스라는 용어에 내포되어 있음을 부정하는 행위입니다.

또한 미스 김이나 미스 박은 70, 80년대에 커피를 타고 잔심부름을 하던 결혼 전의 여성들, 결혼을 하자마자 해고되거나 승진 체계에서 열외된 여성들을 가리키는 멸칭의 용어였습니다. 박근혜 게이트의 원인을 아이를 낳아보시 않아 미완성의 상태에 있기 때문에 발생한 일로 규정하는 것이 미스 박의 함의이기도 하죠. 이러한 맥락에서 미스 박은 여성 혐오가 중층적으로 쌓여 있는 언어인 것입니다. 즉 헬페미들은 촛불 광장이 확산·전파하고 있는 여성 혐오적 언어가 혁명의 언어로 오인되지 않도록 DJ DOC의 '수취인 분명' 공연 취소를 이끌어낸 것이지요. 이를 통해, 대항 공간으로서의 이질적 발화 공간과 신체 공간이 촛불혁명이라는 균질적 공간성을 교란시킨 것이라 할 수 있습니다.

정의의 모델이 남성, 내국인, 아버지, 비장애인, 이성애자로 개편된 광장에서 울려 퍼지는 노래와 구호는 오직 오빠들을 위한 것입니다. 그러니 미스 박이 여험이 아닌 통상적 용어로 받아들여지는 것이지요. 욕설로 인한 상흔으로부터 둔감할 수 있다는 것, 그러한 둔감성이야말로 특권적 권력의 양식이기도 합니다. 이러한 둔감성은 DJ DOC가 겨냥하는 수취인이라는 욕설의 자리로부터 안전거리가 보장되어 있기에 가능한 것입니다. 이처럼 욕설의 낙인에 단 한 번도 관통된 적이 없던 남성의 관점에서 서술된 혁명의 구호는 소수자들의 살갗을 베며 온몸을 관통합니다. 정작 상처를 입은 당사자가 고통을 이야기하는데 가해자가 이를 '별것 아닌 것'으로 규정함으로써 혐오의 구조 자체가 부정되어버리기 일쑤입니다. 직접적 공격의 의미가 아니라 본래적 의미가 희석되어 상용화될 수 있는 일반적 용례라는 결정을 내려버리는 것이죠. 이것은 수신자가 입은 상처의 크기와 강도를 발신자가 대신 판단하는 행위입니다. 나아가 이는 권력 비대칭의 관계성을 재생산하는 신화적 폭력의 단면이기도 합니다. 피해자는 상처의 크기와 깊이를 서사화할 권리, 욕설의 배제적 폭력성과 혐오 언어로서의 기능을 폭로할 인식론적 특권을 지닙니다.

소수자들을 짓이기는 욕설의 정치경제학에서, 자신은 배제의 대상이 되지 않을 것이라는 오만이 혐오할 수 있는 권력을 낳지요. 여성 혐오와 장애인 혐오, 비혼주의자 혐오, 비인간-동물 멸시, 청소년 혐오 등을 동원해 광장의 웃음, 이완, 카타르시스가 도출된다면, 이는 강자와 권력자를 향한 풍자가 아닙니다. 그저 권력자에게 짓밟힌 자신들의 자존심을 회복하기 위해 소수자 혐오를 동원하는 전략일 뿐입니다.

혁명의 노래가 강자를 향한 비판과 풍자가 되기 위해서는 혐오가 아닌 분노의 욕설을 새로이 고안해야 합니다. 그런데 그 지난한 발명의 몫을 헬페미들에게 모두 전가하는 것은 완결된 해결책 없이는 어떠한 문제 제기도 하지 못하게 하는 원천 봉쇄의 반동 논리일 뿐입니다. 최저임금을 요구하고 부당 해고에 저항하는 알바 노조원들에게 경제 상황의 악화, 내수 축소 등과 같은 구조적 문제에 대한 해결책을 내놓아야만 노동조건을 개선시켜줄 수 있다는 말과 같은 맥락인 것이죠. 비판하는 자에게 완결된 답까지 내놓으라는 것은 입을 떼지도 말라는 침묵에의 강요입니다. 새로운 욕설의 정치경제학이 소수자에 대한 배제의 계보학이 되지 않기 위해서는, 헬페미들의 새로운 윤리적 감각이 담긴 문제 제기들을 새겨들어야 합니다. 비판적 성찰을 적극적으로 떠안고, 새로운 분노의 욕설에 대해 깊은 고뇌와 번민의 시간을 가져야 할 이들은 바로 혐오의 욕설을 혁명의 언어로 오인한 이들입니다.

고체 연대에서 유체 연대로

그렇다고 헬페미들을 촛불에 찬물을 끼얹는 자, 친박 페미니스트, 혁명 전선의 내부적 대동단결에 균열 일으키는 자로 규정하고 공격하는 수사들은 대체 무슨 의미일까요? 이는 기존의 연대 개념인 고체적 연대solidarity에 입각한 논리입니다. 솔리더리티는 어원학적으로 이미 고체solid의 견고성과 응결성들을 강조하고 있죠. 고체는 경계의 면이 명확한 것으로 응결의 축으로서의 단일성, 통일성, 총체성 등을 중시합니다. 솔리더리티 역시 안과 바깥, 동지와 적, 선과 악, 진리와 허위, 원인과 결과, 중심과 주변, 궁극적인 것과 부차적인 것이라는 이분법적 구획성이 전제되어 있습니다. 단일화된 혁명 모델을 중심으로 주변적인 것들이 정렬되어야만 고체적 연대의 효율성이 올라간다고 보기 때문이지요. 즉 장애인 혐오, 여성 혐오, 청소년 혐오 등을 비롯한 내부적 모순들은 부차적인 것에 불과하기에 그저 묵과하며 넘어가야 한다고 여기게 되는 것입니다. 왜냐하면 적의 공격을 받지 않으려면 내부적 동일성과 균질성, 통일성을 유지해야만 한다는 강박이 고체적 연대 개념을 떠받치고 있기 때문인 거죠.

이러한 고체적 연대의 개념의 한계를 넘어서기 위해 유체적 연대로서 플루이더리티fluidarity 개념을 제창하려 합니다. 플루이더리티는 플루이드fluid라는 기체와 액체의 상태를 기반으로 한 유체적 연대를 뜻합니다. 이것은 유연성과 침투성, 스며듦의 에너지를 강조하죠. 이에 반해, 중심축을 설정해두고 균질성, 통일성을 강조하는 솔리더리티는 해체라는 비판적 분석을 견뎌낼 수 없습니다. 스스로를 옳음으로 규정하고 있으므로 내부의 비판에 취약해 비판자를 적으로 규정해 축출해버리고 말지요. 그러나 유체적 연대로서의 플루이더리티는 응집의 단위이자 중심축으로 기능하는 기존 정체성 개념을 끊임없이 해체해버립니다. 확고히 나누어지는 정체성의 영역이라 여겨지는 적과 아군, 바깥과 안, 수단과 목적이라는 항들의 경계들에 의문을 제기하죠. 그렇다면 이러한 정체성 개념의 해체는 무엇을 기획하는 것일까요. 주디스 버틀러의 말처럼 정체성의 해체는 정치성의 해체가 아니라, 정체성이 구성되는 그 관점의 정치성 자체를 폭로하는 것입니다.* 이를 통해, 혁명의 단일한 모델이 누구의 배제와 소외를 통해 이루어진 폭력의 양식인가를 효과적으로 들여다보게 합니다.

* 주디스 버틀러, 《젠더 트러블》, 조현준 옮김, 문학동네, 2008년, 363쪽.

플루이더리티는 결과와 업적 중심주의적 세계관에서 벗어나 과정 중심적 세계관을 제시합니다. 구성과 재구성, 해체와 창조의 지점들을 활짝 열어됬습니다. 유체적 연대는 거대한 저항의 귀결점을 완전한 해방으로 미리 상정해 놓고 기존 권력 구도의 조직화와 성과주의에 함몰되지 않기 때문입니다. 또한 플루이더리티는 과정적 운동성에 열려 있으며 어떻게 미시적이고 일상적 차원에서 주체가 아닌 변이체로 구성되는가에 주목합니다. 이를 위해, 사소한 일상에 미시적으로 침투해 있는 혐오의 관습들을 낱낱이 해체하여 새로운 분노의 정치학을 열어나가는 것이지요. 미스 박이라는 용어의 여성 혐오적 측면이 사회·문화적 맥락상에서 유래한 것은 맞지만, 흥을 깨지 말고 좀 더 신중해질 필요가 있다는 것은 광장 혁명 논리 속 여혐 분쇄 전략이 혁명의 흐름을 끊을 수 있음에 대한 우려이기도 합니다. 즉 고체적 연대의 관점에서는 박근혜 탄핵이라는 전면전을 위해서 일상의 미시적 요소들은 대강 넘어가야 한다는 것이죠. 그러나 소수자 혐오를 지반으로 한 혁명은 지속되어야 할 것이 아니라 교란되어야 할 것입니다. 헬페미는 혁명을 혁명하는 자입니다. 그들은 유체적 연대의 고리, 그 과정적 역동성 안에서 비판적 분석력을 가동시켜 혁명을 재사유하고 혁명의 공간과 문법을 재발명했습니다. 이것이 바로 포스트 메갈 헬페미들이 현재적 지평 위에서 미래를 약동시키는 방식입니다.

3장

폭로와 상상

문명, 누구를 미치광이로 만드는가?

안온해 보이던 문명의 질서, 그 매끈한 판이 요동치고 구부러졌습니다. 가족이라는 친족 제도, 문화 예술계, 종교계, 교육계라는 고고한 문명성이 어떠한 폭력의 이음새로 이뤄졌는가가 여성들의 신음과 고함의 진동에 의해 드러났기 때문이지요.* 이러한 폭로의 진동이 벌려놓은 감각판 위로 새로운 터가 생겨나고 있습니다.

프로이트에 의하면 문명은 승화sublimation 작용의 결과입니다.** 승화란

---

* 2016년 10월 17일 트위터에서 #오타쿠_내_성폭력 해시태그 선언을 시작으로 #문화계_내_성폭력 #운동권_내_성폭력 #영화계_내_성폭력 #문단_내_성폭력 #교회_내_성폭력 #가족_내_성폭력 #대학_내_성폭력 #스포츠계_내_성폭력 #예술계_내_성폭력 #교육계_내_성폭력 #공연계_내_성폭력 등이 이어지고 있다.

** "승화는 문명 획득을 위한 가장 중요한 요소들 중 하나를 구성한다."(S. Freud, *Trois essais sur la théorie de la sexualité*, Traduit de l'allemand par B. Reverchon—Jouve, Paris : Editions Gallimard, 1962, p. 70.)

욕망의 즉각적 해소를 지연하고 연기하는 것을 말하지요. 모든 아이—여아, 남아, 인터섹스 등—의 첫 욕망의 대상은 어머니로 상정됩니다. 가부장제 사회에서 돌봄 노동과 생존을 책임지는 주 양육자가 어머니이기 때문이죠. 이 욕망을 다른 대상으로 전환하거나 성적이지 않은 활동으로 변환해나가는 일련의 고도의 억압 절차를 가리켜 승화라고 하는 것이죠. 이러한 억압의 결과물들이 바로 종교와 문화, 예술, 교육입니다. 즉 이것은 인간-동물의 동물성을 은폐하고 부인하는 방식으로 기능하였으며 인간의 고등함의 징표가 되어왔습니다. 그러나 남성 중심적 문명 질서에서 남성들은 욕망을 지연하기보다 즉각 충족하고, 욕망 대상을 축적하는 과정을 통해 자기과시를 하며, 이를 상호 확인합니다. 남성들은 문명의 판 위에서 승화라는 억압 절차보다는 탈승화라는 억압의 해제, 성욕동 li bido의 방출을 용인받고 있는 것이죠. 저는 이처럼 프로이트가 전제한 승화 작용으로서의 문명이라는 정의 방식 자체를 해체하려 합니다. "적지 않은 여성들이 아버지에게 강간당하는 것은 가부장제를 조금도 위협하지 않는 사건이지만, 아들(자식)과 어머니의 관계는 강간이든 상간이든 사회적 추방을 의미"*하는 비대칭적 결과에 대한 의문에서 시작해보겠습니다.

욕망의 첫 번째 대상인 어머니가 아이와 지나친 밀착과 유착을 거쳐 성적 접근에까지 도달하면 친자에 의한 아버지 살해 가능성이 높아집니다. 이러한 일이 일어나지 못하도록 견제하는 장치가 바로 승화입니다. 왜냐하면 엄마와 아이 간의 성적 접근은 아버지라는 상징적·사회적 권

* 정희진, 《페미니즘의 도전》, 교양인, 2013년, 64쪽.

위와 힘을 가진 이를 철저히 열외로 해버리는 사건이기 때문입니다. 이는 아버지의 법질서를 폐기하고 배제*하는 위협의 극점에 위치해 있습니다. 때문에 아버지의 법질서를 전복할 수 있는 엄마와 아이 간의 성적 접근을 남근 질서 내의 최대 금기로 설정한 것입니다. 이러한 금기의 위반은 정신증이라는 비인간의 지점, 즉 광기로의 추락과 맞닿아 있지요. 추락을 통해 문명 질서에서 철저하게 배제되는 결과가 수반됩니다. 아버지의 열외를 가져오는 친족 간의 성적 접근은 철저한 처단의 대상으로 욕망 제어장치의 회로 안에 반드시 기입해야 하는 것이었죠.

이에 반해, 친족 구조 내에서 아버지라는 상징적 권위를 가진 이에 의해서 일어나는 근친 간 성적 접근의 강제성은 오히려 남근 질서의 위계를 존속시키는 규범의 일부가 되어 있습니다. 가족 내 친족 성폭력이 아버지, 오빠, 삼촌, 할아버지를 비롯한 성 계급적, 나이 계급적, 사회 계급적 상부자에 의해 일어나는 경우는 비일비재합니다. 그런데 승화라고 하는 고도의 억압 절차가 가족 구성원이라는 제도 안에서 남성들에게 적용되어 왔을까요? 친족 성폭력 가해자가 사회적 열외의 대상으로, 문명의 파괴자로 처단되거나, 미치광이로 규정되어 돌이킬 수 없는 배제의 대상이 되어왔을까요? 아닙니다. 오히려 자신이 친족 성폭력의 피해자임을 발설하는 여성이나 아이, 노인이라는 취약 계급이 가족이라는 이상적 공간을 교란하여 파괴하는 미치광이, 거짓말쟁이로 규정되어 배제되어버

---

* "정신병(psychose)이란 현실과의 모든 연결 고리가 끊겨진 상태로서 폐제(forclusion)라는 부정의 형식을 가진다. 정신병은 아버지의 이름/아버지에 의한 금지의 폐제로서, 엄마가 아빠라는 제3자의 역할을 소환하지 않을 때 발생하는 것이기도 하다."(윤지영, 「주체의 해석학으로서의 정신분석학」, 〈시대와 철학〉 제 24권 3호, 2013년, 285쪽.)

리고 마는 전도 현상이 빈번히 일어나고 있습니다. 이러한 욕망의 제어와 변환, 억압 장치로서의 승화 작용이 젠더적 우위성을 가진 남성들에게는 제대로 적용되지 않는 일이 친족 구조에서는 물론, 학계와 종교계, 문화 예술계에서도 지속적으로 나타나고 있는 것입니다. 즉 남근 질서에 속하는 문명의 판은 이미 남성들에게 있어 탈승화라는 욕망 방출의 영역이자 강간 문화로 구조화되어 있는 것입니다.

이렇게 질문할 수 있겠죠. 강간 문화는 형용모순 아닌가요? 어떻게 '강간'이라는 흉물스런 폭력과 '문화'라는 고고한 장이 조합될 수 있나요? 문화의 개념에 대한 설명으로 대답을 대신하겠습니다. 문화는 자연과 야만, 미개성의 영역을 설정해야만 존립 가능한 개념입니다. 즉 문화의 타자들에 대한 조작, 이용, 착취, 통제, 정복 행위가 문명화라고 불리는 것이죠. 문화란 타자에 대한 폭력의 이름인 것입니다. 남성들 간의 결속체로 이루어진 문화가 타자로 설정하고 있는 대상 중 하나가 바로 여성인 것이지요.

이러한 도전적 "문제 제기는 단순한 발견이 아닙니다. 이것은 발명입니다. 발견은 이미 존재하는 것과 관계하지만 발명은 존재하지 않았던 것에 존재를 부여하는 것입니다."* 문명의 잔혹성에 대한 문제 제기는, 그 내부의 폭력을 들춰내고 찾아내는 발견만이 아니라 새로운 문명을 발명해내고자 하는 창조적 행위라 할 수 있습니다. 그렇다면 이러한 창조의 단계로 도약하기 전, 헬페미들이 발견한 폭력의 지도부터 펼쳐보도록 하죠.

* 앙리 베르그손, 《사유와 운동》, 이광래 옮김, 문예출판사, 2001년, 61쪽.

유리구두와 유리천장

폭력의 지도 위에, 여성들은 어떻게 배치되는 걸까요. 이것은 여성이 헬조선이란 시간과 공간에 기입되는 방식을 탐색하는 일이기도 하죠. 첫 번째로 여성은 신데렐라의 '유리구두'라는 사적 영역에서의 환상적 구원 서사를 통해, 두 번째로 '유리천장'이라는 공적 영역에서 배제되는 현실을 통해 헬조선 위에 거처하게 됩니다. 그렇다면 이 두 가지 방식이 여성의 공간 이동과 사유의 지평을 어떻게 제한하는지 살펴보도록 하겠습니다.

우선 유리구두glass shoes는 물리적 이동 거리의 제한을 위해 만들어진 장치입니다. 차디차며 매우 딱딱한 질감의 유리로 만든 구두는 사용자에게 이물감을 안길 뿐만 아니라, 통각 때문에 수평적 공간 이동의 제한을 가져오죠. 이는 선택할 수 있는 직업군과 여행, 유학을 비롯한 경험 양식의 제한으로 이어지죠. 다시 말해, 신데렐라의 유리구두는 수평적 지평선의 제한과 확장 가능성의 한계를 상징합니다. 또한 신데렐라의 유리구두는 왕자에 의해 비로소 온전한 한 켤레로 완성됩니다. 유리구두의 완결 서사 역시 남성 의존적 구도를 띠죠. 왜냐하면 유리구두의 환상 서사는 왕자에 의해 여성이 가정이라는 사적 영역에 유폐되는 것을 구원의 일환으로 주지시키는 것을 목적으로 하기 때문입니다.

오늘날의 여성들은 신데렐라의 유리구두를 벗어던진 것 같아 보입니다. 자유롭게 이동하고 원하는 직업군을 선택할 수 있는 세기에 사는 듯하죠. 이러한 수평적 반경의 한계가 깨진 세상은 마치 모든 금기가 사라지고 매우 자유롭고 평등한 사회가 도래한 듯한 착시를 냅니다.

유리구두가 수평적 반경을 제한하는 것이었다면 유리천장glass ceiling은 높이와 고도altitude의 제한을 의미합니다. 즉 여성의 직업군 선택 폭이 확장되고 각계 분야에서 진출의 기회가 평등하다는 인식이 환상에 불과함을 지적하는 개념입니다. 유리천장이란 표현은 메릴린 로든의 「여성의 잠재성 인식하기」*라는 글에서 최초로 고안되어 사용되었으며 1986년 미국 〈월 스트리트 저널〉에서 인용하여 널리 쓰이게 된 개념입니다. 이것의 의미는 '눈에 보이지는 않지만 결코 깨트리기 어려운 장벽'을 가리키며, 차별을 당하는 사람만이 느낄 수 있도록 정상성과 효율성의 이름으로 실행되는 구조적 열외와 배제의 관행을 뜻합니다. "경력이나 능력 면에서 남성보다 뛰어난 실력을 갖추었음에도 불구하고 관행처럼 굳어진 여성에 대한 부정적 인식으로 인해 고위직으로의 승진이 어려운 상황을 비판적으로 표현한 것입니다."**

의사 결정직이나, 최고 권위자를 비롯한 정점 구도에서 여성들이 지속적이고 체계적으로 배제되는 구조적 현상이 유리천장입니다. 유리구두가 수평적 지평의 제한이었다면, 유리천장은 고도의 제한입니다. 내가 선택한 직업군에서 의사 반영과 정책 결정, 조직 문화의 개혁 등과 같은 구조적 영향력을 미칠 수 없음을 뜻하는 것이죠. 유리천장은 여성들이 직업군의 선택이라는 수평적 공간은 확보한 듯 보이나, 책임자로서의 직무 역할이나 희소가치를 재분배할 수 있는 고도에는 가닿지 못하는 현실을 폭로하고 있습니다.

---

* Marilyn Loden, "Recognozing women's potential : No longer business as usual", *Management Review*, New York 76(12) 1987, p. 44.
** 장정순·신황용·김연희·이희선, 「조직 내 네트워킹 행동과 유리천장이 조직 몰입에 미치는 영향―직무 만족의 매개 효과를 중심으로」, 한국 사회와 행정연구 26(3), 2015년 11월, 331쪽.

유리천장은 안온한 보호막으로서의 온실green house일까요, 아니면 여성을 속박하고 포박하는 새장, 우리cage일까요. 남성 역차별 서사가 활발히 수사학적으로 소환되는 시대에 유리천장은, 치열한 경쟁 구도에서 벗어나 언제든 가정이라는 보루로 숨어들 수 있는, 남성에게는 없고 여성만이 누릴 수 있는 선택지인 것처럼 여겨집니다. 처절한 승자 독식 구조에서 강력한 의지와 공격성을 탑재할 필요 없이, 주 부양자인 남성 월급에 얼마를 더 보태주는 보조적 역할을 하며 안온하게 살아갈 수 있는 호혜적 위치를 차지한 것처럼 여성 젠더의 불평등 현실을 온실로 포장하는 것입니다.

유리천장은 온실이 결코 아닙니다. "2015년 3월, 영국 경제 주간지 〈이코노미스트〉가 3월 8일 세계 여성의 날을 앞두고 고등교육 격차와 경제활동 참여 비율, 남녀 임금격차, 여성 기업 임원 비율과 여성 국회의원 비율, 남녀 육아휴직 비율 등의 지표들을 종합해 측정한 '유리천장 지수'에서 한국은 100점 만점에 25.6점으로 OECD 회원국 가운데 최하위인 28위를 기록했습니다."* 그럼에도 불구하고 많은 남초 사이트에서는 여성들을 무임승차자라고 하고 있는 것이죠.

유리천장은 여성들을 개개인으로 파편화하여 여성의 불평등한 상황을 각개전투 속 개인의 의지와 능력 부족 탓으로 돌리거나 여성이라는 선천적 본성에 의한 한계로 체념하게 합니다. 여성들은 육아 핑계를 대는, 조직 내에서 분란만 일으키는, 회식에서 2, 3차까지 충실하게 임하지 않는 존재라고 이야기하면서 말입니다. 유리천장은 이러한 열패감을 내면화하게 하는 심리적 장치로 기능하고 있습니다. 열패감의 내면화는

---

* 이재훈, 「국가별 '유리천장 지수' 발표… "한국 최하위"」, 〈한겨레〉, 2016. 3. 7.

여성 스스로에 대한 자기혐오로서의 여성 혐오를 강화하며 '여성의 적은 여성'이라는 상상적 적대 관계를 형성해 여성들 간의 연대를 불가능하게 하죠. 조직 내 영향력을 확보할 수 없으므로 희소적인 자리를 두고 여성들끼리 싸우게 만드는 것입니다. 유리천장은 온실 장치가 아니라, 도약의 날개를 꺾는 유리 새장입니다. 이 사회의 강자와 승자의 자리를 남성의 자리로 본질화하고 정당화하게 하는 구조적 문제인 것입니다.

강간 문화

이러한 유리천장 문화는 강간 문화와 밀접한 연관성을 가집니다. 강간 문화란 용어는 1970년대 2세대 페미니스트에 의해 제창된 것으로 노린 코넬과 카산드라 윌슨이 공저한 《강간》에서 처음으로 사용했습니다.* 그들은 강간 문화를 크게 세 가지 범주로 나누어 설명하는데, 강간이 일어난 사실에 대한 부정이나 축소, 강간 피해자의 저항과 거부 의사에 대한 부정, 피해자에 대한 인신공격이 그 세 가지입니다. 강간 문화는 통제 불가능한 남성의 공격적 성 본능을 규범으로 여겨 사회·문화적으로 용인하도록 하는 것을 의미합니다. 정치, 문화, 미디어 전반에 일상화되어 있습니다. 그런데 강간 문화라는 개념은 성적인 것sexual의 의미를 '성기 삽입'이라는 남성 중심적 섹슈얼리티의 관점으로 한정해버리는 한계를 가

---

* Noreen Connell et Cassandra Wilson, *Rape: the first sourcebook for women*, New American Library, 1974, p. 105.

집니다. 저는 강간 문화를 유리천장과 연관시켜 분석해봄으로써 이것이 다각적 권력 기제가 중첩된 현상임을 드러내어 성기 중심적 의미 경제를 넘어서보려 합니다.

저는 강간 문화라는 개념을 다음과 같이 재정의하고자 합니다. 강간 문화란 사회 문화 전반의 결정권자와 권위자의 자리가 남성 중심적으로 개편되어 있는 남성 연대적 사회에서 소수자로서의 여성들은 체계적 통제와 배제의 대상이자 포식과 착취의 대상으로 규정되어온 것을 말한다고 말입니다. 유리천장에 의해 의사 결정권을 점유하지 못하고 하부 위치에 제한되어 있는 여성을, 공적 영역의 동료이자 선후배라는 협업과 의사 조율의 대상이 아닌 성적 접근이 용이한 사적 관계의 대상으로 축소해버리면서, 공적 영역에서 여성의 열외를 가속화하고 정당화하는 것이 강간 문화의 요체인 것이죠. 즉 강간 문화란 남성 권력의 실행 방식이자 폭력의 제노화를 뜻합니다.

강간 문화는 아무리 직급이 높거나 엘리트라 하더라도 여성이라는 성별 계급성이 가장 취약한 착취의 근간이자 최종적 억압의 물적 토대임을 드러냅니다. 反성폭력 운동의 최대 문제점이 여성 피해자와 남성 가해자의 대결 구도로 보는 것이라는 입장과, 여성이라는 성별 정체성의 동질화에만 집중한다는 견해에 저는 비판적입니다. 왜냐하면, 여성을 성별 정체성으로 환원하여 동질적 존재로 만든 것은 강간 문화에서 성폭력을 저지르며 여성을 포식 대상으로 보는 남성들이지, 자신의 성폭력 피해 경험을 발화하고 이로부터 연대의 지점과 운동의 최소 조건인 공통성의 지점을 도출해 대항하는 이들이 아니기 때문입니다.

나이와 직급, 학력, 고용 형태, 국적에 따른 성 착취와 성폭력의 경험은 완전히 동일하지 않으며 그 억압의 강도 역시 차이의 경험을 구성할 것입니다. 다시 말해, 강간 문화는 '모든 여성의 경험이 한 치의 오차 없이 똑같다'라는 이야기가 아니라, 다양한 사회적 위치점을 지닌 여성들이 경험하고 있는 보편성의 구조로서의 성폭력을 제도적 폭력으로 공론화하고 이를 바탕으로 어떻게 연대를 구성할 수 있는가에 대해 주목하고자 하는 것입니다.

여성은 승자 독식 구조에서 하부 계급자들은 상부자에 의해 이용되어야 할 자원으로 여겨집니다. 이를 통해 심리적·물리적 착취를 당하는 구조가 반복되는 것이죠. 물론 하부 계급성은 여성뿐만 아니라 남성에게도 존재합니다. 상부 계급자에게 하부 계급자는 이용할 수 있는 자원이므로 마음대로 착취합니다. 그런데 여성이 하부 계급에 위치할 때에는 착취 양식이 심리적·물리적인 것은 물론 성적인 것까지 확대 적용됩니다. 이것이 강간 문화입니다. 이때에 성적인 것이란 성기 삽입만이 아니라, 여성에 대한 성적 객체화, 농담을 통한 대상화, 동의 없는 신체 접촉과 접근, 남성 놀이 문화의 폭력성 등을 포함하는 것이죠. 왜냐하면 성적인 것이란 "폭력의 장소이자 대상"*을 의미하기 때문입니다.

남성 중심적 문명은 여성에 대한 야만을 통해 남성들 간의 내부 결속력을 강화하고 여성이라는 포식 대상과 변별되는 강자와 포식자로서의 정체성을 상호 확인하는 구조로 작동합니다. 착취의 대상인 여성들은 심리적·정신적 착취는 물론 성적·신체적 착취의 이중 부과를 통해 스스로에 대한 모멸감과 자책감, 압박감을 축적하여 남성 중심적 사회에서 스스로 물러나게 됩니다. 이런 방식으로 강간 문화의 견고성이 유지되어온

* 변혜정, 「성폭력 개념에 대한 비판적 성찰」, 한국여성학, 20(2), 한국여성학회, 2004년, 47쪽.

것입니다.

다시 돌아가, 유리천장은 이 사회의 결정권자와 권위자의 자리를 남성이 독점하도록 허용해온 페니스 카르텔의 강화 양식입니다. 페니스 카르텔은 강간 문화를 통해 여성을 다층적 착취 대상이자 성적 착취의 특권화된 대상으로 축소시켜 여성들을 효과적으로 소외하고 배제시킵니다. 성적 착취와 폭력이 일어났을 때 이를 사적 사고나 스캔들로 규정해버림으로써 공적 문화의 개선 자체가 차단되는 것이죠. 우리는 여기서 공적 영역과 사적 영역의 구분점이 어떻게 설치되고 있는가를 비판적으로 들여다볼 필요가 있습니다. 회사의 2차, 3차 회식은 남성들 간의 공적 업무로 분류되지만, 회사 회식에서 여자 동료를 얼싸안고 블루스를 추는 것은 두 남녀 간의 개인적 일로 치부됩니다. 남성들끼리의 단합 행위는 공적 영역을 구성하는 요소로 남성 연대의 일환이지만 여기에 여성이 끼어들면 그 사안의 공식성이 희석되어, 사적 영역으로 밀려나는 것이죠. 남성이 아닌 타자가 들어왔을 때 벌어지는 일에 대해, 그것을 사적인 것, 별로 중요하지 않은 것, 직장 문화에 속하지 않는 것으로 정의해버립니다. 페니스 카르텔의 협소한 관점이 여태껏 공적 영역과 사적 영역을 구분하는 규준점이 되어온 것입니다. 이러한 편향적 규준점을 통해 여성들은 이 사회에서 효과적으로 열외되어왔습니다. 이러한 열외 문화는 여성들을 침묵시키고 스스로에 대한 자책을 각인시키는 방식을 통해 지탱되어온 것입니다.

고백의 값

지금 여성들은 분노의 아우성을 통해 일상의 지각판 자체를 무너뜨리고 있습니다. 지각판의 균열은 트위터 '#_내 성폭력' 폭로 선언을 통해 촉발되었습니다. 이제 여성들은 여성 열외 문화의 하나인 유리천장이 부과한 강간 문화 앞에서 더 이상 침묵하고 동조하지 않습니다. 지금까지와는 다른 몸의 습속과 말의 양식을 선택하고 있는 것이죠. 우리는 헬페미들이 기존의 피해자적 서사 방식인 '고백'이 아닌 다른 발화 전략을 구사하고 있음에 주목해야 합니다.

그렇다면 고백confession이라는 담론 장치는 어떻게 가동되는 것일까요. 푸코가 《비정상인들》이라는 저서에서 설명한 바와 같이, 고백은 과오가 새겨진 '육체'를 통제, 조작 가능한 '살'로 바꾸는 작용입니다.* 육체가 유동적, 비예측적 요소이자 언어화의 실패 지점이라면 살은 객관화가 가능하며 발화와 명명의 대상이 될 수 있는 것, 즉 언어 작용이 덧입혀지는 표면입니다. 따라서 여성들이 고백 서사를 쓰게 된다면, 여성의 "삶 전체는 시험과 분석, 담론이라는 여과 장치를 통과해야만 합니다."** 날것이어선 안 되며 적절한 수위 내에서 통제되어 순화된 것이어야 하고, 들을 만한 것, 남근적 언어의 장에 이물감을 주지 않는 것이어야 하죠. 고백 서

---

* "중세의 고행적 수행과 신학에 의해 그저 단순한 죄악의 근원으로 여겨졌던 육체적 물질성으로서의 몸이 이제 권력 행사의 영역이며 객관화의 영역인 살이라는 복합적이고도 유동적인 영역으로 분리된 것을 의미한다."(미셸 푸코, 《비정상인들》, 박정자 옮김, 동문선, 2001년, 241쪽.)
** 같은 책, 242쪽.

사는 "수사적으로 넌지시 에둘러 말하는 방식"*을 택함으로써 듣는 이에게 당혹감과 거부감을 최소화하는 목적을 지니기 때문입니다. "억제된 진술의 형태를 통해 모든 것을 말하되 가능한 한 적게 말하는"*** 겸손한 포지션으로 듣는 자의 피로도와 기분을 배려하는 것이 고백 서사의 양식인 것입니다. 그러니까, 말하는 자를 위한 것이 아닌, 듣는 이를 위한 서사적 배치법입니다. 여성의 경우에는 자신의 과오를 육체 위에 적절히 배치하고, 권력 기제가 침투 가능한 살이라는 객관적 대상으로 스스로를 정제해냄으로써 비로소 고백의 장 안에 들어설 수 있게 되지요. 이와 같이, 고백은 자기 과오에 대한 인정과 자책의 구도를 명시적으로 설정해야 합니다. 그렇다면 트위터 '#○○_내 성폭력' 선언은 이러한 고백이라는 담론 장치에 포섭되는 것일까요. 자신의 과오를 언어적으로 배치하고, 자신의 발화를 심문과 판단의 대상으로 정제하는 것일까요? 아닙니다. 트위터 속 비명의 발화는 고백의 서사에 부합하지 않는 이물감, 흉물성, 날이 선 가시들로 언어적 여과 장치의 거름망을 찢어버립니다. 이것이 트위터에서의 강간 문화에 대한 발화를 고백 서사라 할 수 없는 첫 번째 이유입니다.

고백은 발화의 기술이되 이것을 듣는 자는 단 한 사람으로 제한되는 독점성의 규칙이 전제되어야 합니다.*** 오직 한 사람에게만 청자이자 심판관의 특권적 위상을 부과함으로써 고백은 드러냄과 은폐의 이중 기술

---

* 같은 책, 261쪽.
** 같은 책, 262쪽.
*** "모든 것을 오직 그에게만 이야기하는 철저성과 독점성의 규칙을 따라야 한다는 것이다."(같은 책, 242쪽.)

을 구사하게 되죠. 다시 말해, 고백은 언어적 장이라는 아버지의 법질서를 따르는 것이어야 할 뿐만 아니라, 만인을 향한 외침이 아닌 죄스러운 속삭임이어야 합니다. 고백이라는 장치 자체가 비밀의 발설 기제이자 비밀의 유지 기제이기 때문입니다. 그러나 트위터에서의 강간 문화 발화는 만인을 향한 외침이므로 어느 누구도 특화된 청자의 위상을 점유할 수 없습니다. 청자로부터 판관, 치료자, 구원자의 역할을 박탈해버리는 것입니다. 고백 서사라는 통제 반경을 넘어서 버리는 것이죠. 이것이 트위터 성폭력 해시태그 운동이 고백 담론일 수 없는 두 번째 이유입니다.

고백은 자신의 죄를 인지함과 동시에 죄책감에 얼룩진 자기 열등화 상태를 호소하는 정제된 서사 양식을 구사하는 것입니다. 스스로를 진정성 넘치는 연민의 대상으로 위치시키고, 자신을 구원해줄 구원자적 남성성—신이든 판관이든 의사든—을 반대항에 설치해야 하죠. 다시 말해, 고백은 자신의 과오와 잘못, 죄를 듣고 심문과 판단은 물론 구원해주는 초월적 승인 심급을 전제하는 발화 양식인 것입니다. 그러나 트위터에서의 강간 문화 말하기는 어떠한 경우에도 구원자적 남성을 설정하지 않으며 구원 서사의 프레임 안에 들어오지 않습니다. 이것이 마지막 이유입니다.

위와 같은 세 가지 측면에서, 트위터에서의 강간 문화 발화는 고백 서사로 환원될 수 없습니다. 그렇다면 이러한 발화 양태를 무엇이라 불러야 할까요?

해방의 언어, 폭로

바로 폭로divulgation입니다. 폭로는 비밀을 드러내어 전파함을 뜻합니다. 이것은 자기만족적 독백이 아니며 공동체의 구성원들을 불러모아 듣게 하고 행동하게 하는 것입니다. 또한 폭로는 기득권이 누려온 특혜의 양식이 누구를 짓밟은 대가로 이루어져 있는가를 누설하는 행위이자 가부장제의 웅장하고도 비루한 배수관, 그 의미와 가치의 회로에 누수漏水를 일으키는 행위입니다. 기존 가치 체계와 의미 체계에 편입되지 않는 새로운 가치의 들끓음이 촉발되는 양식인 것이죠. 이것은 세련된 몸짓보다 난장판을 벌이는 일에 가깝고 시끄러운 울음소리, 비명과도 같습니다. 고백 서사와는 다르게 비밀을 들을 수 있는 자의 특권적 자리를 박탈하고, 듣는 이가 일방적으로 정한 서사의 문법 자체를 넘어서버리기 때문입니다.

피해자적 고백 서사는 구원자적 승인 심급으로서의 정의로운 남성과 가해자 남성 간의 이분법적 구분점을 명확히 설치합니다. 정의로운 남성들이 진정성을 인정한 피해자만이 구원받죠. 즉 고백의 값이란 고백을 듣는 남성에 의해 일방적으로 결정되는 구조인 것입니다. 이에 반해, 폭로는 정의로운 남성성의 자리를 남겨두지 않고 모두 진창으로 끌고갑니다. 트위터 성폭력 폭로 행위자들은 강간 문화 속 '알지 않아도 될 무지의 권력성'을 누리며 여성 포식 구조를 유지·보존·방관해온 남성들에게도 비판의 활시위를 겨누기 때문이지요. 여기서 무지의 권력이란 여성을 향한 폭력이 폭력으로 인식조차 되지 않는 것, 폭력에 대한 정의 방식마저 남성이 독점하고 있는 상황을 말합니다. 그렇다면 이러한 둔감성의 특혜를 확산·유지하는 기제는 무엇일까요. 저는 그것을 '맨박스'라고 봅니다. 토니 포터에 의해 고안된 맨박스manbox란 용어는 남성들이 규범적·주류적 남성성에 갇히는 방식을 일컫지요. 남성 젠더를 규범적 틀 안에 공간적으로 배치하는 장치라 할 수 있습니다. 그렇다면 맨박스는 유리천장과 같은 효과를 낼까요? 이 두 가지가 여성과 남성에게 똑같은 강도의 억압 장치로 기능하고 있다고 할 수 있을까요?

맨박스와 유리천장은 제한적 공간이라는 점에서 동일한 장치입니다. 맨박스가 전형적 남성성의 틀에 가둬버리는 정제 장치라면, 유리천장은 상승의 고도를 제한하는 배제 장치죠. 맨박스는 남성의 감정 통제, 자신의 신체에 대한 관심 축소, 타인에 대한 배려보다는 무시의 기술 습득, 나약함에 대한 혐오, 우월성에 대한 강박* 등으로 이루어져 있습니다. 맨박스는 여성화된 신체성과 감정에 대한 통제술이자 승자와 강자로서의 남성성에 포박당하는 기술로 기능합니다. 그러나 맨박스를 장착한 이들, 이 틀에 갇히게 된 남성들은 유리천장에 갇힌 여성들과 같이 이 사회에서 배제당하지 않습니다. 남성들에 대한 억압 기제로만 기능하지 않는다는 것이죠. 오히려 맨박스는 남성들의 특권 구조의 일부를 구성하고 있습니다. 맨박스의 궁극적 목적은 자신을 방어하고 여성을 공격하는 갑옷

---

* 필자의 이러한 관점은 토니 포터의 다음 주장과 연동된다. "맨박스는 남성들이 자신의 감정의 가드를 한껏 올리게 만든다. 가드를 내려놓고 감정에 충실하면 자신을 제대로 통제하지 못한다는 의미로 받아들여지기 때문이다. 감정에 충실하다는 건 위험을 무릅쓸 배짱이 없음을 의미한다. 감정을 통제하도록 강요받고, 도움을 요청하는 것이 나약함의 증거라고 배운 남성들은 자존감과 성취도가 낮아지면 힘들어한다. 이 상황에서 가장 비극적인 점은 시간이 지나면서 애초에 그들을 이런 상황으로 몰아넣은 맨박스에 더욱 의존하게 된다는 것이다. 이런 악순환의 굴레를 누군가의 도움 없이 벗어나기란 불가능에 가깝다."(토니 포터,《맨박스》, 김영진 옮김, 한빛비즈, 2016년, 131쪽.)

으로서의 폭력 장치로 내면화되는 것이기 때문입니다. 맨박스의 장착이라는 자기 정제 행위는 그 반대급부로 남성에게 더 많은 자유로움과 힘, 권위를 선사합니다. 이를 통해 규범적 남성성의 확보가 공적·사적 영역을 남성들의 활주로로 변환해나가는 행위임을 깨닫게 하죠. 맨박스를 장착할 때, 그제야 남성들은 이 사회에서 무궁무진하게 누비고 다닐 수 있는 공간의 확장을 약속받게 되는 것입니다.

맨박스의 장착은 자기애라는 나르시시즘이 비대해지는 장치로도 기능합니다. 맨박스를 장착했을 때, 불이익의 양보다 취득할 수 있는 이득이 확대됩니다. 자연스럽게 그 안에 편승하게 되는 포섭 장치가 되는 것이죠. 맨박스에 갇힌 자는 남성 중심적 사회가 벌이는 폭력의 양상에 익숙해져 이를 남성성의 표출로 당연하게 여기고, 소수자들에게 행해지는 폭력에 무관심해집니다.* 이를 여성들의 사적인 일, 별것 아닌 일, 어쩔 수 없는 일로 치부하며 방관하죠.** 주류적 남성성에 진입한 이들은 폭력의 화살이 자신을 향하지 않을 것이라는 확신 속에서 폭력에 대한 감각을 잃어갑니다. 또한 소수자들에게 일어나는 폭력을 남성성의 개인적 확보로 읽어냅니다. 억압과 폭력을 당하는 자가 아니라 이를 수행하는 자가 되는 것이 강자가 되는 길이라고 인식하기 때문입니다. 그리고 결국

---

* "현실에서 벌어지고 있는 문제와 자신은 별개라는 생각으로 자아 성찰을 거부할 때 사회구조적 차별의 본질을 파악할 수 있는 기회조차 외면하게 된다. 어떤 기득권층이나 지배적 집단을 보아도 현실의 문제를 남의 문제로만 치부하며 대응을 회피하는 사고방식을 관찰할 수 있다."(같은 책, 151쪽.)

** "남자들은 지금껏 가정 폭력, 성폭력 그리고 여성 학대와 같은 범죄들이 그저 '여자들의' 문제라고 배웠다. 그렇기에 이 문제에 대한 논의가 필요하다는 인식조차 없었다. 남성들은 여성 폭력 문제를 남성 중심주의 관점에서 바라보기 때문에 자신 또는 다른 남성들에게 책임을 묻지 않는다."(같은 책, 20쪽.)

소수자들에게 일어나는 폭력을 지나치게 사적인 것, 부수적인 것, 가치가 없는 것으로 추락시켜버립니다. 이를 통해 남성적 가치는 소수자들에 대한 억압과 그들의 서사를 집어삼키는 것임을, 그러한 확장성과 폭압성의 역사임을 의식적·무의식적으로 아로새기게 됩니다. 무지의 권력성은 이렇게 태어납니다.

이에 반해 유리천장은 수직적 확장성과 발화 장악력을 축소시키고 제거시켜버림으로써 여성의 자기애를 약화시키며 여성에게 누비고 다닐 공간이 거의 없음을 확인시켜주는 기제입니다. 유리천장이라는 고도의 상실은 여성에게 이 사회 전체가 여성 열외의 문화로 이루어져 있음을 온몸에 각인케 하는 배제적 공간화 장치이기 때문이죠. 유리천장 안에 갇힐수록, 더욱더 자신을 혐오하게 되며 아무것도 해낼 수 없음을, 그저 강간 문화에 노출된 자로 남기 십상임을 체득하면서 자기애에 타격을 받게 됩니다. 이러한 위험들을 피하기 위해선 스스로를 감금하고 유폐하는 것 외에는 다른 방도가 없다고 체념하고 자책하게 하는 자기 축소술의 기제가 유리천장입니다. 맨박스와 유리천장은 동일한 공간화 기제라고 할 수 없는 것이죠.

폭로라는 발화 양식은 맨박스를 장착한 남성들이 어떻게 여성 포식 구조를 방관·묵인·강화하고 있는가를 드러내어 버렸습니다. 이를 통해, 어느 누구도 여성 포식 구조에서 자유로울 수 없음을 직시하도록 촉구했습니다. 폭로는 우리 모두를 뒤흔들면서 일상의 평온함을 박살내고 있습니다. 그 일상의 평온함이란 여성들에게 신체적·심리적 고통들—생리통이든 출산이나 육아의 고통이든 성폭력의 고통이든—을 무작정 견뎌낼 것을 강요하며 유지되어온 것입니다. 사소하게는, 생리통이라는 고통에 대해 이야기하지 않는 것을 에티켓이라 하고, 생리통 때문에 먹는 진통제가 몸에 좋지 않으니 먹지 말라는 소리도 합니다. 나아가 무통분만을 하면 자연분만의 고통을 느끼지 못해 모성이 생기지 않을 것이라는 말도 합니다. 자신의 고통에 대한 발화의 권리는 물론 자신의 몸에 대한 판단 방식, 진단 양식마저 박탈당해온 것입니다. 육아의 고통에 대해 토로하면 모성을 의심받으며 비난의 대상이 되므로 독박 육아마저 본성인 것처럼 군말 없이 해내야 하지요. 이처럼 여성들이 겪는 모든 고통에 대한 발화는 철저하게 차단됩니다. 마치 고통이 존재하지 않는 것처럼 행동하기를 강요받죠. 고통에 대한 함구와 인내를 숭고한 여성성으로 가치화하여 여성들을 침묵으로 몰아넣었으며 이러한 침묵은 곧 여성의 동조로 읽혀져 왔습니다. 이를 통해 여성의 자책감만을 강화하며 지켜져온 것이 바로 일상의 평온입니다.

그러나 이제 여성들은 비린내 나는 고통의 일상들과 피 흘리는 그들의 내장을 꺼내들고 말하기 시작했습니다. 더 이상 자기 단속 구조에 갇혀 '내 탓이오'를 외치며 착한 죄인으로 고백의 값을 받아내고자 하지 않습니다. 폭로는 기존의 착함과 유약함의 가치 속에 발화 여성을 재편입시켜 남성 중심적 규범 체계를 보존하기 위한 언어가 아니며 사회 정화를 위한 언어도 결코 아닙니다. 이것은 보존되고 정화되어야 할 사회와 규범, 문화의 판 자체가 여성을 위한 문명이 아니었음을 처절히 직시해내는 행위이자 여성 혐오적 현실 지각판 자체에 대한 와해 의지입니다.

그러하기에 폭로 행위자들이 자신이 느꼈던 바가 무엇인지 그 고통의 강도가 어떠한 것인지에 오롯이 집중하며 말하는 것만으로도 이미 이 세상은 폭발하고 있습니다.* 이것은 여성 혐오 사회의 긴 터널을 무너뜨리는 다이너마이트이자 새로운 사회를 상상해내는 폭죽입니다. 이미 폭로가 바로 해방의 언어 그 자체인 것입니다.

폭로와 알레테이아

폭로는 그것만으로는 불충분한 것으로 늘 의심당해왔습니다. 폭로가 무엇인가에 의해 보충되어야 할 것으로 단정짓는 이들에게 폭로의 충만함과 탁월성을 철학적으로 논증해보려 합니다. 폭로에 대한 의심은 곧 이러한 말하기 양식을 채택한 여성들에 대한 의심으로 이어져왔습니다. 가장 빈번한 공격은 '더 정제된 용어로 덜 감정적이게, 덜 사납게, 덜 거부감 느끼게 말하라'이죠. 그들이 여성의 폭로적 발화 양식을 비논리적이며 무모하기 짝이 없고 정념에 매몰된 것이라 판단하는 이유는 이것이 남근적 질서가 구축한 진리의 양식과 거리가 멀기 때문입니다.

하이데거는 그리스어 aletheia(알레테이아)를 탈은폐**로 번역하며 '진리'를 어두움과 불투명함의 장막을 걷어내는 일, 봉인된 것을 해제하는 일로 해석했습니다. 진리는 즉, 가려져 있는 것을 드러내는 것, 불투명성

---

* "만약 한 여성이 자신의 삶에 대해 진실을 털어놓는다면 어떻게 될까? 아마 세상은 터져버릴 것이다."_뮤리엘 루카이저의 시, '카테 콜비츠'에서.
** 마르틴 하이데거는 통상적으로 '진리'로 번역되는 그리스어 알레테이아를 '탈은폐'라고 해석한다.(Alessandro Garcea, *Consule ueritatem: Cicéron, Varron et un chapitre de l'histoire de la vérité à Rome*, Revue de méaphysique et de morale 2008/1 (n° 57), p. 93.)

을 투명성으로 전환하는 일이자 "덮여져 있던 것을 발굴·발견"*해내는 일, "망각과 비밀이 더 이상 아니게 하기"**를 의미합니다. 없는 것을 있도록 하는 것이 아니라, 있던 것을 둘러싼 견고한 껍질을 뜯어내는 분쇄의 작용이라는 것이죠. 발굴이라는 탈봉합의 행위이자 보고 싶지 않아 봉합해두었던 것을 다시 눈앞에 들이미는 섬뜩함이기도 합니다. 또한 진리는 견고한 자리, 본질의 영역에 굳건하게 뿌리내린 것이 아니라 은폐와 탈은폐, "진리와 비진리라는 추 운동"***이 가진 역동성과 둘 간의 투쟁이라는 긴장성 속에서 구성·재구성되는 것입니다.

뿐만 아니라, 알레테이아는 가시 범위를 넘어서 있던 것을 다시 감각판 위에 들여오는 것이기에 기존의 감각판 자체를 변형시킵니다. 탈은폐는 보이지 않던 것을 보이는 곳으로 안전하게 옮기는 단순 운반 작업이 아니므로 이것은 결국 감각판의 지형 변형을 불러올 수밖에 없습니다. 페미니즘은 귀를 간질이는 깃털이 아니라 성화된 고막을 찢는 비수입니다. 밀봉되어 있었던 이야기들, 비명들이 폭로라는 탈은폐 작용에 의해

---

* 알레테이아를 '발견'으로 번역하기도 한다. "하이데거가 긴 시간 동안 주석을 달고 번역한 진리에 해당하는 그리스어 알레테이아는 '발견' 또는 '탈은폐'이다."(Géard Leclerc, "Histoire de la vérité gééologie de l'autorité", *Cahiers internationaux de sociologie*, Presses Universitaires de France, 2001/2 (n° 111), pp. 208~209. (pages 205 à231))
** "우리는 하이데거가 그리스어 알레테이아의 의미—부정적 의미의 알파와 망각과 비밀을 뜻하는 레테—를 가지고 유희했다는 것을 안다."(Yves Delèue, "Mallarmé les philosophes et les gestes de la philosophie", *Romantisme*, Armand Colin, 2004/2 (n° 124), p. 137. (pages 127 à139))
*** 필자는 다음 논문에서 알레테이아 개념의 운동성을 참조하였다. "아리스토텔레스를 비롯한 그리스 철학자들에게 알레테이아는 진리의 과학이었다. 하이데거는 이를 진리와 비진리 간의 투쟁이자 가리는 것과 드러내는 것 간의 이중적 운동으로 해석한다."(Mehdi Belhaj Kacem, "Le devenir: aléheiologique de la transparence", Lignes, 1999/1 (n° 36), p. 117. (117~137))

터져 나오고 있습니다. 감히 드러낼 수 없었던 핏물 어린 발화가 일상의 지각판을 뒤흔들며 침묵의 두터운 장막을 뚫고서 우리에게로 돌진하고 있는 것이죠. 이로 인해, 우리의 가청 범위라는 감각판의 변형은 규범적 말하기 양식은 물론 규범적 듣기 양식마저 뒤흔들어 버립니다. 피해자들에게 강요되었던 제대로 말하라는 요구에 대해 제대로 들으라는 고함으로 맞대응하는 것이죠. 헬페미들은 청각적 한계-경험으로서의 탈은폐라는 진리를 도입해버린 것입니다.

그런데 이러한 폭로의 발화 양식을 비진리non truth라고 규정하는 것은 진리를 은폐의 역사 안에 다시 가두기 위함입니다. 또한 감각의 판에 어떠한 요철이나 요동도 일어나지 못하도록 봉쇄하는 행위이죠. 침묵의 장막 아래, 조용히 묻혀 있을 것을, 가만히 있을 것을 강요하며 은폐를 진리 값으로 설정하는 행위는 뒤늦은 반동일 뿐입니다.

폭로와 파르헤지아

폭로는 두려움 없이 말하기, "진실의 용기"*라 할 수 있습니다. 폭로는 푸코가 재발굴해 낸 파르헤지아parrhesia 개념**과 연동됩니다. 파르헤지아란

---

* "푸코는 1981년에서 1984년에 걸쳐 파르헤지아에 대해 강연했다. 그는 이 강연들을 '진실의 용기'라 명명"한다.(프레드릭 그로외,《미셸 푸코 진실의 용기》, 심세광 외 옮김, 길, 2006년, 193쪽.)
** 고대 그리스 사회에서 파르헤지아 개념이 어떻게 변화되었는지에 대한 계보학적 추적은 다음을 참조하라. 김선희, 「비판, 파르헤지아 그리고 아이러니」, 〈인문과학연구〉 17, 강원대 인문과학연구소, 2007년, 245쪽.

'두려움 없이 말하기'로서 진리를 향한 고된 여정이자 진리에의 "끝없는 노동"*을 의미하지요. 삶을 건 모험적 발화인 폭로는 자신은 물론 세계에 파장을 던져주는 사건이기 때문이죠. 또한 이것은 "자기와 자기 자신 간의 진리 놀이"**를 감행하는 철저함이라 할 수 있습니다. 이때에 자기 자신이란 고정된 동일자로서의 실체가 아닙니다. 자기와의 진리 놀이라는 실험의 팽팽한 긴장을 견뎌내려면 끊임없는 자기 변형과 변이라는 생성의 장에 내던져져야 하기 때문입니다. 자신에 대한 앎과 말하기의 생산은 고질적 습관의 변경, 편견의 폐기, 태도의 전환 없이는 불가능합니다. 이러한 변신의 에너지가 부재한 자기 자신에 대한 말하기란 동어 반복적 나열에 불과하며 자신에 대한 신앙을 간증하는 행위일 뿐입니다.

말해져야 할 자기 자신이란 유폐적인 단위가 아니라 세계와 타자에 연결되어 있는 존재입니다. 자신과 세계에 대한 변형과 변이를 감행하지 않고서는 진리 놀이는 추동될 수 없습니다. '자기 자신과의 진리 놀이'는 변이의 궤적이자 자신과 세계에 대한 조형력造形力—형태를 구상하고 조각하는 실험 능력—을 확인하는 것이기 때문이죠.

폭로가 두려움 없이 말하기 양식인 이유는 이것이 자아 담론이 아닌 자기의 변신 이야기이기 때문입니다. 헬페미들은 폭로를 통해 자책감에 침잠된 자아를 건져 올려 세계로 내보내는 실험을 감행했죠. 여기서 '자아'와 '자기'는 구분되어야 합니다. '자아'는 영어로 ego(에고)이자 프랑

---

* "진실 말하기라는 과제는 하나의 끝없는 노동이다."(M. Foucault, The concern for truth, Lawrence D. Kritwman ed., *Politics, Philosophy, Culture; Interviews and Other Writings, 1977~1984*, New York : Routledge Press, 1988, p. 267.)
** 김선희, 같은 글, 248쪽.

스어로 moi(무아)에 해당합니다. 자아는 합일과 일치가 담보된 장이자 고정적 실체로서의 단위를 뜻하며 고백 서사가 겨냥하는 바이기도 합니다. 고백은 합일된 순응적 자아의 서사 장치이기 때문입니다. 순응을 통해 요동과 변화를 제거하여 고정불변인 진리의 실체로 회귀하는 것이 고백 서사의 진정성 어린 자아 담론이 겨냥하는 바입니다. 통합 서사로서의 자아 담론은 세계와 자기 자신 중 어느 것도 흔들지 않고, 미리 설정된 단 하나의 안전한 자아로 복귀하는 것이므로 보수적 담론일 수밖에 없습니다.

반면 '자기'는 영어의 self(셀프)이자 프랑스어의 soi(스와)에 해당합니다. 이것은 변신의 에너지에 열린 과정적 양태를 의미하죠. 헬페미들은 고백 서사의 유폐적 자아에서 벗어나 있습니다. 폭로라는 두려움 없이 말하기, 진리에의 용기를 통해 진정성 넘치는 피해자로 더 이상 남지 않겠다고 외치죠. 순수한 피해자, 불쌍한 피해자, 약한 피해자만 가시화되어온 기존의 남성 중심 사회의 발화 구조 자체를 박살내는 것입니다. 진정성이 듣는 자의 가청 범위에 부합하는 언어를 구사했을 때만 갖는 말의 자리라면 그런 자리는 필요 없다고 선언합니다. 끊임없는 변신의 에너지로 기존의 말하기의 좌표마저 좌초시켜버리는 것이죠. 헬페미들은 자기 자신은 물론 세계의 한계를 터뜨리면서 전진하고 있습니다.

폭로가 두려움 없이 말하기인 또 다른 이유는 고백 서사와 같이 안전한 보루를 남겨둔 말의 교환 행위가 아니라는 점입니다. 고백은 고백의 값을 챙기기 위해 억제와 정제의 진술 문법을 따르는, 속죄와 사죄, 구원을 담보로 한 계산된 말하기이기 때문입니다. 고백은 안전 확보를 위해 비밀을 드러냄과 동시에 감추는 말하기 방식을 채택해왔습니다. 그러나 폭로는 불특정 다수를 향해 비밀을 외쳐버리는 무모함으로 인해 자기 자신의 안전한 보루마저 없애버립니다. 고백의 목적이 비밀 보장을 전제로 한 한정된 소통이라면, 폭로의 목적은 탈은폐로서의 진리를 널리 확산시키고 전파시켜나가는 것이기 때문입니다. 이러한 위험한 말하기로서의 폭로는 자신의 모든 것을 걸고 '전부 아니면 무'를 향해 자신을 내던지는 양식이기에 진리의 용기가 더욱 요구되는 것이죠.

또한 폭로는 죄책감에 갇힌 발화 양식이 아닙니다. 고백은 '내 탓이오'를 외치는 자책을 통한 순응화 기제이자 자기혐오의 방식입니다. 그러나 폭로는 자기 단속에서 벗어나 자기 자신에 대한 성찰과 세계에 대한 비판적 질문을 길어내는 작업입니다. 강간한 자에게는 면죄부를 주고 오히려 강간을 당한 자를 힐난하는 강간 문화를 향해 그것이야말로 잔혹한 폭력이 아니냐고 반문합니다. 가해자, 방관자, 묵인자들에게 소리 높여 성찰을 요구하죠. 때문에 폭로는 두려움 없이 말하기가 가진 세계 변형력과 맞닿을 수밖에 없는 것입니다.

폭로의 목적은 자기 배려에 있습니다. 고백 서사의 말하기 문법이 에둘러 말하기와 억제된 진술 형태에 국한된 것은, 청자의 승인을 얻어내기 위해서죠. 그러나 폭로는 듣는 자의 승인 여부에 전전긍긍하지 않고, 오롯이 자신이 느끼고 감각하며 생각하는 바에 집중합니다. 들을 만하게 걸러진 이야기가 아닌, 날것으로서의 생생하고도 피비린내 나는 말하기 양식은 말하는 자와 듣는 자의 통각을 최대화하죠. 안온한 가청 범위 안에서 둔감성의 특혜를 누려오던 청자의 특권적 위상마저 교란시켜 버립니다.

이제까지 말하는 자의 언어 구사력이나 어조, 진정성 등이 문제시되어왔다면, 이제부터는 듣는 자의 가청 능력이 문제시되어야 합니다. 단한 번도 제대로 들을 준비조차 해본 적 없었던 게으른 청자의 특권적 자리는 보존이 아닌 박탈의 대상이 되어야 합니다. 즉 말하는 자의 준비성 문제가 아니라, 가청 범위가 너무 협소한 듣는 자의 문제라는 것입니다. 우리는 이제 질문 자체를 바꿔야 합니다. 피해자들에게 '제대로 말하라'를 강요할 것이 아니라, 가해자와 그들을 방관한 이들에게 '제대로 들어라'를 사회적으로 요구하고 강제해야 하는 것입니다.

자기 자신을 배려하는 일이 왜 타인을 배려하는 것보다 급진적일까요? 파르헤지아의 자기 배려, 즉 자기 자신으로 시선 돌리기는 타자의 시선으로부터의 해방을 의미하기 때문입니다.[*] 남성 중심적 사회에서 강자와 승자에 굴종하기를 멈추겠다는 것이죠. 이러한 관점에서 두려움 없이 말하기는 권력의 지배 기술에 포섭당하지 않는 저항의 기술입니다.[**] 타자의 욕망 구조에 충실한 이는 순응적·예속적 주체에 머물지만 자기 자신에 대한 배려라는 새로운 관계성을 상상하고 실현해내는 이는 변이체가 됩니다. 더 이상 타자의 욕망 구조에 내깔리지 않는 새로운 대항-공간으로서의 자기를 창조해내는 것이죠.

폭로라는 두려움 없이 말하기는 자기 자신에 대한 배려임은 물론, 권력의 두 가지 지배 기술—규율이라는 미시적 권력 기제와 생명 정치라

---

[*] Michel Foucault, *The Hermeneutics of the Subject*. Ed. Frederic Gros, Trans. Graham Burchell, New York : Picador. 2005, p. 254.

[**] "푸코는 그리스, 로마적 윤리에 대한 수업에서 자기와 자기 자신에 대한 관계성이 통치성에 대해 저항하는 능력 안에 거한다고 지적한 바 있다."(Colin Gordon, "Le possible : alors et maintenant. Comment penser avec et sans Foucault autour du droit péal et du droit public", *Cultures & Conflits*, 94~95~96, été—automne—hiver 2014, p. 131.)

는 거시적 권력 기제―을 분쇄하는 저항의 정치학입니다. 폭로는 스스로를 단련시켜 성장해나가는 자기 통치술로 기존의 통치술에 포섭되지 않습니다.* 위의 논증들을 통해, 폭로라는 발화 양식이 부족함과 결핍의 지점이 아닌, 자기 변형과 세계 변형의 가능성마저 내포한 창조성의 지대임이 입증됩니다. 폭로는 그 자체로 진리의 양식인 것입니다.

폭로의 계보학

폭로가 발화점에 도달한 것이 2016년 사건 한 번일까요? 그렇지 않습니다. "2000년 12월 '운동 사회 성폭력 뿌리 뽑기 100인 위원회(이하 100인위)'가 16건의 성폭력 사례를 가해자 실명 공개 형식으로 발표한"** 폭로적 발화 양식이 있었습니다. 폭로라는 발화는 돌발성만으로 이루어진 것이 아니라는 것이죠. 과거, 현재, 미래의 지평에서 조우할 수 있는 공명의 발화입니다. 이러한 관점에서, 역사적 연결 고리 안에서 지속적으로 박동하고 있는 폭로라는 발화 양식의 계보학을 그려나가 보려 합니다.

　　100인위 운동은 2000년 12월 11일 진보 운동 인터넷 네트워크인 '참세상(http://go.jinbo.net)'에 운동 사회 성폭력 사건이 폭로되면서 시작

---

* "푸코에 따르면, 파르헤지아는 사법적인 절차(judical procedure) 즉, 평결을 기다리는 죄인처럼 자신을 고백하는 법정(court) 절차의 이미지가 아니라, 스스로의 관리자로서 자신을 단련하는 관리적인 이미지(administrative scene)라고 말한다."(김경희, 「미셸 푸코의 '진실의 용기'에 대한 소고」, 〈여성연구논집〉 26, 신라대학교 여성문제연구소, 2015년, 28쪽.)
** 엄혜진, 「운동 사회 성폭력 의제화의 의의와 쟁점―'100인위' 운동의 수용과 현재적 착종」, 〈페미니즘연구〉, 제9권 1호, 한국여성연구소, 2009년, 32쪽.

되었습니다. 즉 두 폭로 운동 모두 인터넷이라는 넷net 공간에서 점화·증폭되었던 것이죠. 왜 인터넷 공간이었을까요. 물리적 거리의 제한성이 없는 인터넷에서의 폭로는 강한 전파력과 확산성을 가지며, 폐쇄적 공동체에서의 내부 해결이 갖는 제약성들을 넘어설 수 있기 때문입니다. 또한 폭로의 파급력과 영향력이 사이버 공간에 국한된 것이 아니라, 오프라인 공간에까지 확장되어 변형과 성찰의 기폭제로 작동했습니다.* 그런데 이러한 폭로를 넷페미net feminist의 행위로 한정해 해석하려는 시도들이 있었습니다. 이는 이미 현실이라는 공간의 실재성을 넷 바깥으로 한정하고, 넷 공간을 현실 함량 밀도가 떨어지는 가짜로 이분화하는 관점의 투영이죠.

폭로는 가짜 공간과 진짜 공간에 대한 규정권을 누가 갖고 있는가를 철저히 되묻는 작업입니다. 이로써 현실과 사회라는 실재성과 실체성을 담보한 공간 개념의 남성 중심성을 드러내어 버립니다. 남성 중심적 사회에서는 남성들만이 공적인 장과 진짜 현실을 독점해왔습니다. 여성들이 개입된 사안은 사적 영역, 진짜 현실이 아닌 것, 진짜 사회가 아닌 것으로 치부되어 젠더 위계 폭력의 상황이 지속·반복되어온 것입니다. 따라서 공간 배분법에 대한 급진적 질문이 반드시 필요합니다. 폭로가 그 역할을 수행하고 있죠. 폭로는 현실과 사회라는 공간 개념의 편향적 분배판을 뒤흔들면서, 공동체의 장, 공적인 장을 재정의하는데 적극적으로

---

* "운동 사회가 내부의 성폭력 문제를 진지하게 성찰해야 한다는 내외적 비판이 100인위 운동을 계기로 전면화하게 되었다. 결과적으로 성폭력 사건들과 이에 대한 문제 제기가 본격적으로 터져 나오기 시작했으며, 100인위가 제기한 바대로 운동 사회는 이에 대한 조직적인 대응과 공동체 문제로서의 해결을 강제받게 되었다."(엄혜진, 같은 글, 50쪽.)

개입하고 있는 것입니다.

폭로의 계보학적 매듭은 진보와 문명의 이념이 보편성의 의제가 아닌 배제의 장치임이 폭로를 통해 확연히 드러났다는 데에 있습니다. "진보 진영의 정치·사회·문화적 세력장場"[*]으로 정의되어오던 운동 사회가 "남성만을 운동 주체"[**]로 제한해버림으로써 불합리한 젠더 체제의 강화 구조로 기능해온 것이 100인위에 의해 폭로된 것이지요. 진보의 가치가 지워버린 여성의 자리를 융기시켜 드러내 보임으로써, 이러한 배제적 집단이 공동체일 수 있는가, 진보와 해방은 대체 누구를 위한 것인가를 질문하게 했습니다. "진보 운동의 몰성적 이념 체계"[***]가 은폐해왔을 뿐, 진보 공동체는 남성 중심적 체제의 또 다른 이름이었던 것입니다.

트위터의 폭로 운동 역시 제도화된 친밀성의 양식인 가족 관계가 남성 중심적으로 개편된 공동체일 때에, 폭력이 어떻게 은폐될 수 있는지를 주시하게 합니다. 또한 문화 예술계라는 고고한 문명의 장이 최하위 계급을 구성하는 여성들에게 어떻게 폭력의 양식으로 작용하는가를 철저히 해부해냄으로써, 문명의 판 자체의 지각변동을 예고합니다. 강간 문화는 국지적으로 나타나는 것이 아니라 문명의 연쇄적인 현상이라는 것을 직시하게 한 것이지요. 이를 통해, 진보와 문명의 이념이 남성을 위

---

[*] 엄혜진, 같은 글, 40쪽.

[**] "actwo(운동 사회 내 가부장성과 권위주의 철폐를 위한 여성 활동가 모임)는 1999년 민주노총 노동절 포스터에 대한 온라인 항의 시위를 계기로 만들어졌다. 해당 포스터는 남성 노동자가 투쟁에 나서고 뒤편에는 그의 부인이 아이를 안고 남편을 배웅하는 이미지를 담아냄으로써, 남성 노동자를 가족 부양자이자 투쟁의 주체로 삼고, 여성을 의존자로 구성하는 가족 임금제의 신화를 반영하고 있었다."(엄혜진, 같은 글, 41쪽.)

[***] 엄혜진, 같은 글, 40쪽.

한 보루이자 기반이 되어온 역사를 비판적으로 해체합니다.

또 다른 계보학적 연결성은 두 폭로 운동 모두 가해자를 전면적으로 가시화하는 방식을 채택함으로써 피해자에 대한 낙인 구조를 분쇄하고자 했다는 점입니다. 대부분의 성폭력 피해 사례는 피해자의 이름으로 기억되어왔습니다. 이러한 구조는 피해자 책임론으로 이어졌습니다. 이러한 관행적 인식을 벗어나기 위한 전략이 가해자 전면화이며, 이것은 가해자가 바로 성폭력의 원인이자 처벌과 견제의 대상임을 강조하는 효과를 낳았습니다. 그런데 이 두 폭로 운동은 폭로 주체에서 차이를 보입니다. 100인위의 폭로 주체는 피해자가 아닌 활동가였고,* 트위터 폭로 주체는 피해자 당사자였습니다. 이것은 고소라는 반동의 공격들이 100인위에서는 활동가들에게로, 트위터 폭로 운동에서는 피해자들과 그들의 연대 지지자들에게로 들어왔다는 차이로도 이어집니다. 이에 대항하여 전자는 일일주점을 열어 법적 대응 기금 마련을 했다면, 후자는 '푸시텔' 텀블벅이나 '참고문헌 없음' 텀블벅을 통해 법적 대응 기금과 의료 지원비 마련을 도모하는 양식적 차이를 낳기도 했죠.

여기서 우리가 주목해야 할 것은 아군과 적, 내부와 외부, 정의와 불의라는 이분법적 경계가 명확한 고체적 연대로 이루어진 운동권 조직 문화는 "100인위 운동에 대한 대대적 반동 전선"**을 구축했다는 점입니다. 이

---

* "100인위는 피해자가 꺼려할 경우 사건을 공개하지 않는 것을 원칙으로 삼아왔던 기존 반성폭력 운동의 피해자 중심주의를 소극적인 것으로 판단하고, 피해자의 동의 없이도 성폭력 사건 공개가 가능하다는 주장을 하면서 이미 언론에 다뤄진 바 있는 사건을 취합해 피해자의 의사 타진 없이 공개해 비판을 사기도 했다."(엄혜진, 같은 글, 45쪽.)
** 김홍미리 외,《페미니스트 모먼트》, 그린비, 2017년, 182쪽.

것은 피해자와 활동가 간의 분열 전략과 고강도의 힐난과 조직 내의 압박 구도, 법적 고소를 통해 100인위 폭로 운동 자체를 결함과 실패의 역사로 몰고 가게 했지요. 재서사화와 기록의 가능성을 원천 봉쇄하고자 했으며 마치 이것이 100인위 폭로 행위가 가진 결함에서 기인하는 것으로 착각하도록 했던 것입니다. 때문에 100인위에 대한 연구 논문도 매우 적으며 이것을 다시 기억하고 서사화하는 것을 "얼음판 위의 곡예"[*]로 여기게 합니다. 이는 침묵의 강령이자 조직 문화에 균열을 내고자 했던 이들을 다시 봉합의 질서 안에 가두는 행위이기도 하지요. 100인위 운동을 다시 수면 위에 길어내는 것조차 경고의 대상이 되는 것은 진리의 용기를 들을 의지조차 없었던 조직 문화의 역행적 반동 전선이 원하는 바이기도 합니다.

이처럼 100인위에 의해 시도되었던 폭로의 전투들이 있었기에 트위터 폭로 운동에서 들을 자들의 가청 범위가 확장된 것입니다. 운동권이라는 특정한 조직 문화에 한정되지 않는 트위터에서 일으킨 폭로 운동의 확산적 충격파들은 폭로자들은 물론 듣는 자들 간의 유체적 연대를 촉진했지요. 지속적 효과와 변화를 일으키고 있는 것입니다. 100인위와 트위터 폭로 운동은 폭로하는 이들이 구사한 발화 형식이나 내용의 차이, 전술의 세련도, 정치적 올바름의 여부가 아니라 폭로 운동에 대한 반동 전선의 구축 여부와 반동의 강도, 폭로에 대한 수용 능력, 가청 능력에서 차이를 보인다고 할 수 있습니다.

각각의 폭로 운동마다 인식론적, 실천적 가치를 지닌 특화 개념들이

---

[*] 같은 책, 226쪽.

제시되었다는 점도 연결 지점입니다. 100인위 사건에서는 성폭력이라는 개념이 부상했다면, 트위터 폭로에서는 강간 문화라는 개념이 떠올랐습니다. 성폭력은 젠더 위계 폭력의 현실을 인식하게 하는 효과적 개념으로 기능했으며 "피해자 중심주의와 성적 자기 결정권"*이라는 하위 개념들 역시 동시적으로 가동하게 했죠. 그러나 성적 자기 결정권을 가진 여성 주체가 왜 피해자의 위상에만 머무는가라는 모순에 대한 제대로 된 분석이 이루어지지 않았습니다. 여성이 성적 자기 결정권을 가진 주체로 상정될 때에 성폭력적 상황은 대등한 개인 대 개인의 문제가 되어버려 결국 여성의 탓을 하게 되는 모순에 빠지게 됩니다.** 또한 피해자로서 고백의 값을 받아내고자 할 때에 피해자는 스스로를 성적 자기 결정권이 전혀 없는 자로 위치시켜야만 하죠.*** 때문에 성적 자기 결정권이 박탈된 자가 피해자라면, 피해자는 주체의 자리를 가질 수 있는가 하는 질문을 남겼죠.

이러한 모순 구조에 대한 분석은 강간 문화라는 개념을 가져오면 비로소 설명이 가능해집니다. 이 개념은 트위터 폭로 운동에서 적극적으로 사용된 의미 자원입니다. 이 사회의 여성들이 태어나면서부터 순결 이데

* 엄혜진, 같은 글, 38쪽.
** 이러한 관점은 다음 주장과 연동된다. "여성이 성적인 권리를 스스로 결정·선택해야 한다는 논리에서는, 성폭력 피해의 책임 역시 여성이 지게 된다. 이때 성폭력은 (본래) 성적 자기 결정권을 가진 남성과 (투쟁으로 획득한) 성적 자기 결정권을 가진 여성, 두 사람 사이에서 발생한 개인적인 문제가 된다."(정희진, 《페미니즘의 도전》, 177쪽.)
*** "특히 100인위 관련 논쟁이 성적 자유주의와의 논쟁으로 치우치면서 성폭력 피해 경험자가 순진하고 나약한 피해자라는 수동적 지위로 쉽게 환원되는 현상을 방어할 수 없었다. 우리 사회에서 '성폭력 피해자'로 인정받을 수 있는 주체는 성적으로 자유롭고 자신의 신체와 성적인 삶의 문제를 스스로 결정하는 '성적으로 자율적인 여성'이란 주체성과 양립하지 못하기 때문이다(신상숙, 2001)."(엄혜진, 같은 글, 49쪽.)

올로기와 창녀 혐오를 주입받는다면, 남성들은 성적 공격성을 남성 본능이자 규범적 남성성으로 여기게 됩니다. 이런 이중적 성규범 사회에서 여성의 성적 자기 결정권은 남성과 같은 무게로 발휘될 수 없는 것입니다. 이 사회에서 성적 자기 결정권 모델의 표준값 역시 남성으로 설정되어 있을 뿐만 아니라 이것은 결국 남성의 특권적 권력 양식이 되어오고 있기 때문입니다. 남성은 여성을 계속해서 육체라는 자원으로 환원해 착취하는 것을 자신의 성적 자기 결정권이 발휘, 실행되는 방식이라고 여깁니다. 나아가 "여성 역시도 자신의 몸을 소유 가능한 자원"*으로 인식하게 되는 남성 중심적 의식의 지평에 편입되고 말지요. 즉 남성이 여성을 육체라는 자원으로 환원해 소유하거나 사용하려고 한 것과 마찬가지로 여성도 자기 자신과의 관계에서 몸을 소유해야 할 자원, 복원해야 할 소유권, 지배권을 회복해야 할 대상으로 상정하는 것입니다.

그러나 강간 문화는 여성의 가치가 몸으로 낮임없이 축소되지만 여성은 정작 자신의 몸에 대한 권리마저 박탈당하는 이중 현상을 소유의 논리가 아닌 다른 개념 구조인 여성 열외 문화로 설명해내고자 합니다. 왜냐하면 몸은 자유로운 개인의 단독적 장소도 아니며, 권력 기제에 무조건적 복종을 실행하는 지대도 아니기 때문입니다. 몸은 사회구조적 위계질서가 끊임없이 기입되는 권력의 대상이자 이에 대항하는 저항의 기술들이 고안되는 격돌의 장입니다. 몸은 자유로운 개인이 소유하는 영토가 아니라, 순응과 저항의 구성단위인 존재가 변신하는 장이라는 인식론적

---

* 이러한 견해는 다음의 논지와 맥을 같이 한다. "성적 자기 결정권이 주창한 급진주의 페미니즘은 성폭력이 사적인 피해라는 자유주의 이론 비판에서 출발했지만, 몸을 주체의 소유물, 주체의 재산으로 간주하는 근대 자유주의 철학의 연장선상에 있었다."(정희진, 같은 책, 178쪽.)

단절이 필요한 것입니다. 이러한 관점에서야 비로소 강간 문화 속 여성에 대한 폭력의 제도화가 대등한 개인 대 개인의 문제가 아닌 구조적 모순임을 효과적으로 드러낼 수 있는 것입니다. 나아가 강간 문화를 폭로하는 여성들의 행위가 성적 자기 결정권이 완전히 박탈당한 고백 담론이 아닌, 정치적 역량을 지닌 저항 행위로 적확히 읽혀질 수 있는 것이지요. 각각의 폭로 운동들이 발굴해낸 의미 자원은 차이와 한계점을 통해 각각의 특이성을 풍부하게 공명해냅니다.

폭로의 계보학적 매듭은 100인위 운동과 트위터 폭로 운동 모두 시의성과 지속성을 가진 의제로 토론의 환기점이자 지속적 참조점으로 기능할 것이라는 데에 있습니다. 다시 말해, 이 두 폭로 운동은 폭발적 연소 이후 사그라지고 말 한시적 스캔들이 결코 아닙니다. 2003년 백서 발간을 끝으로 공식적인 활동이 종료되었음에도 불구하고, 진보 진영 내부에서 100인위 운동은 단순한 사건으로 고정되어 있다기보다는 여전히 참조되고 토론되는 동태적인 의제입니다. 트위터 폭로 운동 역시 젠더적, 경제 계급적, 나이 계급적 하부 위치에 있는 여성에 대한 폭력의 제도화가 어떠한 방식으로 묵과되어 확산되는가에 대한 문제의식을 첨예화하여 강간 문화라는 새로운 인식의 장을 도입했습니다. 두 폭로 운동은 현실과 미래의 사유 지평 속에서 조우하고 있는 것입니다. 뿐만 아니라, 이 두 폭로 운동은 공동체와 문명이 구성되는 방식 자체에 대한 재고와 새로운 공동체에 대한 상상과 기획에 대한 담론적, 실천적 근거로 지속적으로 소환되어 다시 생생하게 현재에 개입하고 있으며 미래의 감각들을 열어나갈 것입니다.

기록과 해석의 공동체

폭로하는 자들은 홀로 말하지 않았습니다. 폭로는 '이어 말하기'라는 발화의 연대 양식을 촉발하여 해시태그 선언의 물결을 일으킨 것입니다. 선언의 연속성을 통해 젠더 권력의 비대칭적 구조가 지닌 기나긴 역사성과 시대성을 보여준 것이지요. 즉 이것이 개인적 스캔들이 아닌, 한국 사회의 보편적 체제로 작동하고 있는 강간 문화의 지속적·공통적 문제임을 선연히 드러낸 것입니다. 헬페미들이 일으킨 이 걷잡을 수 없는 해일은 한국 사회의 표층과 심층부 곳곳을 휩쓸고 지나가며 남성 중심적 지각판에 균열을 내고 있습니다.

이어 말하기는 '겹쳐 말하기'라는 다층적 발화 양식도 낳았습니다. 겹쳐 말하기란 해시태그 선언에 대한 다각적 해석과 비판적 성찰이 아로새겨지고 공명되는 발화법이라 할 수 있죠. 이어 말하기가 강간 문화의 일상성과 보편성을 추출해내도록 사건들을 열거하고 서술하는 행위라면, 겹쳐 말하기는 이러한 사건의 연속성에 내재한 의미 지형을 융기시키는 해석의 행위입니다. 기록의 역사는 기록할 만한 가치를 지닌 것에 대한 판단을 통해 시작됩니다. 따라서 기록은 이미 해석이며, 기술적descriptive·記述的 열거와 서술 행위, 그에 대한 판단과 해석, 의미 부여의 행위는 모두 연동되어 있는 것입니다.

기록과 해석의 공동체를 구축한다는 것은, 아카이빙이라는 기록 서사의 선점과 보존을 위한 싸움을 예고합니다. 이러한 맥락에서 아름드리 위키*,

---

* 나무위키의 여성 혐오적 성향을 견제하기 위한 페미니스트적 기록 공동체 중 하나.

페미위키*와 같이 페미니스트적 관점을 갖고 운영되던 대안적 플랫폼들이 트위터의 폭로 운동에 대한 기록과 서사 양식을 생산하기 시작한 것입니다.** 이뿐만 아니라, 페미라이터, 셰도우 핀즈, 찍는 페미, 참고문헌 없음 등 새롭게 구성된 기록과 해석의 대항 공동체들이 생겨남으로써 폭로 운동이 개별화되어 파편화되는 것을 막고 있죠. 즉 폭로 운동이 개별적 사례로 분해되어 사라져버리지 않고 이 시대의 의미 지형 안에 각인되도록 행동하고 있는 것입니다. 또한 기록과 해석은 미래의 페미니스트들을 향한 메시지의 발송이기도 합니다. 폭로 운동이 다시금 촉발될 수밖에 없는 상황에 대한 문제의식이 어떠한 층위를 가지고 있는가를 지금 이 기록과 해석을 통해 가늠할 수 있을 것입니다. 기록과 해석의 공동체를 위한 싸움은 미래의 페미니스트를 부르는 언어이자 현재적 투쟁의 지평에서 가치를 새롭게 조형해내는 일인 것입니다. 기록하고 해석하는 행위는 전형적 서사 문법에서 벗어나 새로운 언어를 생산해냅니다. 분절화·추상화된 언어의 장에서 배제되어왔던 여성들의 비명과 울음, 고통이 오롯이 이야기될 수 있는 장이 열렸기 때문입니다. 비명만으로도 남성 중심적 문명을 향한 비판이 될 수 있음이 실천되고 있는 것입니다. 분

* "페미위키는 현재 인터넷의 정보가 남성 중심적이고 소수자 감수성이 부족하며, 여성 혐오적이라는 문제의식에서 출발했다. 이곳에는 방송계의 여혐 논란도 정리돼 있다. 페미위키 운영자 탕수육(필명, 프로그래머) 씨는 "위키는 다수의 편집자가 참여해 객관적일 것이라는 인식이 견고하다. 하지만 사회적이고 구조적인 편견, 혐오, 차별, 선입견이 존재하는 한 오히려 사회적 강자, 다수, 억압자의 논리를 반복할 뿐이다"라고 페미위키를 만든 이유를 설명했다."(정민경, 「여성 혐오 없는 위키… 아무나 와서 쓰라, 분탕질도 좋다, [인터뷰] 여성주의 백과사전 '페미위키' 만드는 사람들 "참여와 토론, 중재, 선순환 구조 필요"」, 〈미디어오늘〉, 2016. 12. 4.)
** 심혜리, 「쏟아지는 성폭력·여혐 문제 제기… '아카이빙'으로 잊지 않도록」, 〈경향신문〉, 2016. 10. 27.

노의 시학은 폭로 그 자체가 진리의 작업이자 진실에의 용기임을 입증하며 기존의 진리 개념의 남근성마저 털어내어 버립니다. 뿐만 아니라, 폭로자들의 서사 아카이빙이 남성 중심적 사회의 검열 기제에 부딪혀 중단되지 않도록 법률 자문 비용 마련 텀블벅이 페미위키에서 진행되기도 했습니다.* 이를 통해 기록과 해석의 역사를 구성한다는 것이 여성을 예속화된 자리에 포박시키려는 치안의 질서에 대항한 정치의 발명 행위임을 소비 기부 문화를 통해 공론화한 것입니다. 또한 푸시텔에서 개최한 커넥위드 텀블벅은 폭로자들에게 가해지는 억압과 압박의 기제인 고소에 대항하기 위한 법률 대응 기금을 모았습니다.** 참고문헌 없음 역시 폭로 행위자들의 법률, 의료 지원비를 위한 텀블벅을 진행했고 반나절 만에 목표액을 달성하기도 했지요.*** 기나긴 싸움의 고비마다 혼자가 아님을, 함께 연결되어 있음을 상기시키며 투쟁의 역사 안으로 걸어 들어올 수 있도록 서로를 격려합니다.

헬페미들은 균질적 통치 대상인 대중이 아니라, 페미니스트 다중입니다. 하나의 중심축으로 수렴될 수 없는 이질성과 복수성, 다각성으로 일상에 내재한 관습의 뿌리들을 사방에서 도려내고 있죠. 엘리트 페미니

---

* 페미위키는 2016년 11월 19일~29일 사이 "우리의 언어 그리고 기록을 위한 페미위키 굿즈, 페미위키의 테크놀로지 프로젝트" 텀블벅으로 목표 3,500,000원 중 146%를 달성하여 5,141,000원을 모았다.(https://tumblbug.com/femiwiki)
** 푸시텔은 2016년 12월 23일부터 2017년 1월 22일까지 "#○○계_내_성폭력 피해자들을 위한, 커넥위드"로 목표 10,000,000원 중 109%를 달성하여 10,956,000원을 모았다.(https://tumblbug.com/connectwithpussytel)
*** 2017년 2월 20일부터 3월 20일까지 참고문헌 없음 텀블벅을 통해 "#문단 내 성폭력, 우리가 쓰기 시작했다" 프로젝트는 목표 20,000,000원 중 309%를 달성하여 61,831,507원을 모았다.(https://tumblbug.com/baumealame4)

스트에 의해 일방향적으로 선도, 계몽될 수 있는 대상도 아닙니다. 사방에 분산되어 있지만 유체적 연대를 통한 체온의 교류도 서슴지 않습니다. 이들은 다양한 플랫폼들과 매체들을 스스로 생산해내어 운동의 가시성과 전파력을 최대화하는 속도의 기술을 구사합니다. 뿐만 아니라, 대안적 매체를 통해 비판적 언어를 유통시키는 깊이의 기술 또한 생산해냅니다. 페미니스트 다중이 부상시킨 페미니즘 이슈들은 한국 사회의 변화 동력이자 낡디 낡은 관습의 격추 미사일이 되고 있죠. 이처럼 단일한 축에 의해 개편될 수 없는 유체적 연대 방식은 여성들의 비명과 고함이 갖는 역동적 전복성의 수송체가 되어 일상의 지반을 요동치게 하고 있습니다.

폭로 운동을 지지하는 기록과 해석의 공동체는 곧 헬페미들에 의해 다시 쓰이는 역사와 문화의 페이지들이기도 합니다. 페니스 카르텔로 축소되지 않는 기록과 해석의 공동체는 새로운 지식의 형태와 새로운 일상성을 생산해내고 있습니다. 나아가 여성 배제적 역사의 기본값이 치명적 오류임을 드러내며, 아직까지 도래하지 않은 가치들의 발명을 촉진합니다. 이처럼 새로운 역사와 새로운 문명의 지도를 구상하는 역사적·실천적·개념적 상상력을 페미니스트 다중, 헬페미들이 매순간 실행하고 있는 것입니다. 헬페미들은 한국 사회를 격동시키는 혁명의 분화구입니다.

4장

통감하라!

포스트잇 정치학

형형색색의 포스트잇들로 강남역 10번 출구는 분노의 도면이 되었습니다. 성추행과 인어폭력, 신체적·심리적 폭력의 기억을 불유쾌하거나 운 나쁜 사고 정도로 꾹꾹 눌러 잠가놓았던 유폐된 밀실closet*을 열고서, 여성들은 이제 거리로 쏟아져 나왔습니다. 분노의 아우성이 터져 나오기 시작한 것이지요. 밀실은 한국 사회에서 빈번하게 혐오의 대상으로 소환되는 여성들의 일상적 공간이자 안전하다고 여겨왔던 공간을 뜻합니다. 그렇다면 여성들은 왜 안전해 보이는 공간에서 벗어나 거리로 뛰쳐나왔을까요?

* closet은 '벽장'이나 '밀실'로 번역되며 이러한 유폐의 장소는 이성애 중심적 사회로부터 성 소수자들이 격리, 배제, 비가시화되는 방식으로 알려져 있다. 필자는 closet이라는 유폐의 공간화가 어떻게 여성이라는 젠더에게 부과되어왔는지를 혐오라는 감정의 국면을 통해 드러내 보고자 한다.

본격적으로 시작하기에 앞서, 저는 혐오와 분노를 정동情動*의 "두 가지 색조"**로 정의해보려 합니다. 정동은 몸과 몸의 마주침을 통한 힘의 증가와 감소인데, 여기서 힘이란 행위를 구성하는 능력과 존재를 변화시키는 역량을 의미합니다.

분노는 '아직 아님'***이라는 예측할 수 없는 행위 가능성에 대한 기대와 '아직 알지 못함'이라는 예단의 거부, 판단 중지를 통해 작동합니다. 승자 독식 구조가 모든 현실의 장악 논리가 아님을, 이것이 현실의 유일한 단층면이 아님을 사유와 실천의 지평 확장을 통해 입증해내고자 하는 것입니다. 또한 분노가 기획해낼 수 있는 변이의 선율에 대해 우리가 아직 다 알고 있지 못함을 인정해 부조리한 현실의 바닥을 치고 미래를 향해 솟아오를 수 있게 합니다. 도전을 지속적으로 촉발하고 생성의 속도를 높이면서, 비예측적 행위능력을 증가시키는 분노는 정동의 일환이라 할 수 있죠.

이와는 다르게 혐오는 예측된 반경 내에서, 도전적 행위 구성력을 최

---

* 필자는 정서(emotion)와 정동(affect)을 구분해서 논의할 필요성을 느끼며, 질 들뢰즈의 개념틀을 차용하고자 한다. 들뢰즈는 전자를 순간적인 단면에 고정된 상태이자 이행과 변화를 봉인해버리는 것, 재현 질서에 들어가 있어 규정 가능한 것으로, 후자를 끊임없이 이행하고 변이하는 것, 봉인의 해제이자 재현 질서를 찢어버리고 마는 것으로 정의한다.(질 들뢰즈·안토니오 네그리 외,《비물질 노동과 다중》, 서창현 외 옮김, 갈무리, 2005년, 83~94쪽.)
** 들뢰즈는 슬픔과 기쁨을 정동의 커다란 두 가지 색조로 정의했다면, 필자는 혐오와 분노를 정동의 두 색조로 재정의하고자 한다.
*** "이는 바로 스피노자의 아직 아님이 표방하는 지칠 줄 모르는 도전에 해당하는 것이다. 그 누구도 결코 "자, 여기 있다. 우리는 하나의 몸이 할 수 있는 것을 전부 알게 되었다. 그러니 이제 이것으로 끝내자!"라는 식으로 마지막 선언을 할 수 없을 것이다. (…) 정동이 무엇을 하는지를 아직 알지 못함에 의해 영원히 갱신되는" 것이다.(멜리사 그레그, 그레고리 시그워스 편저,《정동 이론》, 최성희·김지영·박혜정 옮김, 갈무리, 2015년, 19쪽.)

소화하는 것입니다. 혐오는 분노의 '아직 아님'과 '아직 알지 못함'에 대응하는 '이미 ~임'과 '전부 알고 있음'*에 의해 작동합니다. 혐오는 이미 이 세상이 강자와 승자에 의한 포식 구조라고 단정하면서, '체제에 순응하는 것 외에는 다른 방도가 없다는 것을 이미 알고 있다'는 굴종적인 예단을 지식의 형태로 전환해냅니다. 즉 혐오는 도전적 행위능력의 축소이자 존재 변이 능력의 제한과 감소라 할 수 있죠. 이러한 관점에서, 혐오는 변이의 리듬을 끊고 생성의 속도를 제한하는 행위능력의 감소라는 정동의 일환이 됩니다.

그렇다면 이제 혐오를 떠받치는 두 가지 하위 감정을 살펴볼까요. 혐오는 소수자들을 열등화하여 통치, 배제하는 관리 방식으로 두 가지 하위 감정을 통해 통치의 효율성을 극대화하고 있습니다. 혐오의 첫 번째 통치법은 낙인찍힌 '소수자'**들에게 죄책감을 주지하는 것입니다. 여기서 소수자는 기존의 주류적 질서 속에서 억압받는 사, 주류적 가치와 규범 질서에 비판적 거리를 두고 저항하는 자라는 두 가지 의미 층위를 가집니다. 여기서 혐오의 통치 대상이 되는 소수자는 첫 번째 정의에 한정하도록 하겠습니다.

소수자는 자신의 삶의 조건이 매우 불안정하고 불합리하다고 느낍니

---

* 그레고리 시그워스와 멜리사 그레그는 《정동 이론》에서 정동을 행위능력 증대의 측면에서만 한정해버리고 있다. 그러나 들뢰즈는 1978년에 있었던 뱅센느 대학 강의에서 슬픔이라는 행위능력의 축소 역시 정동의 한 가지 일환으로 명시적으로 정의한 바 있다.
** 필자는 소수자(minority)를 크게 두 가지로 정의 내리는데, 혐오의 통치법에 가로놓인 소수자를 첫 번째 정의 방식에 한정시키고자 한다. 또한 필자는 분노라는 정동의 역학 속에 소수자의 두 번째 국면을 위치시키고 있으며 이에 대한 심화된 설명은 이 글에서 지속적으로 다뤄질 것이다. 이러한 관점에서 필자는 피지배자인 동시에 저항자라는 중층적 의미 스펙트럼 속에서 소수자를 읽어내고자 한다.

다. 그러나 그들은 그것이 사회구조적 문제가 아닌 개인의 노력 부족과 능력 미달임을 계속해서 주입받죠. 혐오의 첫 번째 통치법인 죄책감의 전술을 통해 소수자는 무기력과 자기 비하, 자책의 늪에 빠져 순응적인 인간이 됩니다. 일상의 모든 불합리에 대해 개인이 책임을 떠안음으로써 저항적 행위마저 불가능해지는 것이죠. 이 사회의 젠더 체제에서 소수자인 여성은 남성 중심적 사회의 강령들, 규범들, 폭력의 양상들이 주입되는 공간이 되어 내사introjection라는 심리학적 현상을 보이게 됩니다. "내사란 외부의 대상을 자신의 내부로 받아들여 자신의 일부로 동화시키는 것으로 외부적 현실에 의해 촉발된 분노를 배출하지 못하는 상황일 때에 이 분노를 자신에 대한 힐난과 자책으로 전환하는 심리 구조를 의미합니다"* 대표적으로 "내가 말대꾸를 하는 바람에 기분이 상해서 남편이 때리는 것이다", "내가 살이 찌고 못나서 남자 친구가 바람을 피우는 것이다", "내가 부적절한 시간과 공간대에 있어서 성폭력에 노출된 것이다", "내가 소극적이어서 일자리를 구하기 어려운 것이다"라는 말하기 방식을 여성적 말하기 문법으로 사회로부터 주지 당함과 동시에 이를 자책의 지점으로 전환하게 되는 것이지요.

혐오의 두 번째 통치법은 공포입니다. 자신들이 한 번도 정해본 적 없는 이 사회의 규범과 의미 체계들을 조금이라도 넘어서려 하면 사회적 죽음은 물론 생물학적 죽음에 이를 수 있음에 대한 인식 행위라고 할 수 있겠죠. 이는 상부 계급자와 '다수자'들의 혐오와 위협에 대한 일종의 생

---

* 윤지영, 「전복적 반사경으로서의 메갈리안 논쟁—남성 혐오는 가능한가?」, 〈한국여성철학〉 24집, 2015년, 15쪽.

존의 감정이라 할 수 있습니다. 여기서 다수자란 두 가지 의미 충위를 갖는데, 그 첫 번째가 기존의 권력 체제와 의미화 질서에서 특권과 수혜를 누리는 자이고, 두 번째가 주류적 가치와 규범들을 무비판적으로 수용하며 순응하는 자를 의미합니다. 혐오의 발산자로서의 다수자란 이 두 의미 충위 모두를 아우르고 있죠. 즉 공포라는 감정은 다수자 중심으로 개편된 일상에서 이탈할 때 닥칠 위험에 대한 철저한 각인입니다. 이러한 일상을 구성하는 자책과 공포의 정서들은 침묵과 동조라는 말하기 방식과 몸의 양식을 여성들에게 강요해왔습니다.

그러나 5·17 페미사이드 이후 여성들은 분노하기 시작했습니다. 분노라는 정동은 여성을 어떻게 재구성하고 있을까요? 페미사이드라는 용어의 정치 역학성에서 그 실마리를 찾아보도록 하겠습니다. 이 단어는 라틴어 femina(페미나)와 cædo(카이도)의 합성어로서 '여성'을 지칭하는 femina와 '베다, 패다, 토막내다'를 지칭하는 cædo가 합쳐져 축지적으로 여성 살해(자)를 뜻합니다. 저는 최근 페미사이드라는 개념이 부상하면서 지금껏 사용해왔던 homicide(허미사이드)라는 용어의 편향성이 효과적으로 드러난다고 봅니다. 인간 살해를 지칭하는 단어인 homicide는 '남성이자 인간 일반'을 지칭하는 homo와 '살해'를 뜻하는 cædo의 합성어로 인간 일반의 대표성을 남성이 전유하고 있음을 드러내는 단어이기 때문이죠.

페미사이드는 다이애나 러셀이 제창한 용어입니다. 그는 이 용어를 "여성들에 대한 증오 경멸, 쾌락 또는 숭배관에 따른 동기를 가진 남성들에 의한 성차별적 테러리즘의 가장 극단적 형태"에서 "여성들에 대한 남성들의 여성 혐오적 살인"으로 재정의하였다가 2001년에는 "여자라는 이유로 남자들이 여자들을 살해한 것"*으로 수정했습니다. 페미사이드에 내재해 있는 미소지니 개념은 헬페미들에 의해 재개념화되어 포스트잇 애도 정치를 통해 한국 사회의 정치 문화적 맥락 안에서 생동하게 되었습니다.

흥미로운 것은 분노의 도면을 구성한 것이 하필 파편화되어 있고, 언제든 제거가 가능한 포스트잇이었다는 점입니다. 그간의 운동적 메시지는 대자보 속 완결된 선동, 선언문들로 구성되어 있었죠. 이에 반해 강남역에 붙여진 메시지들은 작은 낙서와도 같은 끄적임이었습니다. 단독자에 의한 것이 아니라 한국 사회를 살아가고 있는 수많은 이들에 의해 이루어진 복수형plural의 글쓰기였죠. 이러한 특징들 덕분에 사회에 대한 비판 어린 목소리들이 퍼즐처럼 맞춰지면서 이 사회의 일상성을 지탱하는 것이 바로 여성 혐오였음이 폭로되고 말았습니다. 저항의 파노라마가 펼쳐진 것이죠. 여기서 주목해야 할 것은 한국 사회의 정상성이 토대로 하고 있는 바를 적확히 진단해낸 이는 학계 페미니스트 이론가도 사회학자도 아니었습니다. 바로 여성 혐오적 일상을 매순간 마주하고 있는 여성들이었죠. 5·17 페미사이드를 두고 '묻지마 범죄'라고 일컫는 언론을 비판하며 여성 혐오 사례라고 목소리를 높인 것은 바로 그들이었습니다. 현 사회의 폐부를 찌르는 통찰의 키워드는 이렇게 떠올랐습니다. 훼손의 대상이 될 수 있는 대자보와는 달리, 그 간편성에 의해 훼손의 대상조차 되지 못한 포스트잇들은 5·17 페미사이드에 대한 추모 행위이자 저항

---

* 페미사이드에 대한 논의는 다이에나 러셀의 페미사이드 개념을 번역, 정리한 황주영의 글을 참조하라. 황주영, 「페미사이드」, 《여/성이론》 제28집, 여성문화이론연구소, 2013년, 196~197쪽.

행위의 기록으로서 역사가 되었습니다.*

이와 같은 지적 급박함과 감각적 전율은 여성 혐오라는 폭력을 담론화하는데 커다란 역량으로 작용할 것입니다. 여성 혐오라는 폭력은 관습과 미풍양속의 이름으로 정상의 기제 안에서 모두를 길들여왔기 때문이죠. 우리는 어떻게 축적된 폭력, 관습화된 폭력에 대항할 수 있을까요? 폭력에 대한 일방적인 정의 방식을 탈취하여 폭력의 메커니즘을 가시화해야 합니다. 나아가 여성 혐오라는 일상의 얼굴에 폭력이라는 이름을 되돌려줄 때에, 이 견고한 일상에 파열점을 낼 수 있을 것입니다. 여기서 미소지니라는 개념을 재맥락화하는 이유는 이 사회의 문제점을 통찰하고 질문을 생산하기 위함이지, 이 개념을 문제의 해제와 종료를 위한 완결 지점으로 재정초하고자 함이 아님을 밝혀둡니다.

여성 혐오

프랑스 정치철학자 에티엔 발리바르Etienne Balibar는《폭력과 시민다움Violence et civilité》이라는 저서에서 극단적 폭력의 양태를 크게 세 가지로 나눕니다. 여성 혐오는 이러한 극단적 폭력의 스펙트럼 중 어디쯤에 위치하

---

* "강남역 10번 출구를 빼곡히 채웠던 강남역 인근 주점 화장실 살인 사건 피해자 추모 쪽지가 보존을 위해 자발적으로 철거됐다. (…) 서울시는 강남역 10번 출구 추모 쪽지들을 보존하기로 결정했으며, 현재 서울시 여성가족재단에 보존하는 방안을 논의 중이라고 전했다. 추모 쪽지는 서울뿐 아니라 대전, 대구, 부산, 전주 등 전국에 나붙었는데 이곳에 붙은 쪽지도 함께 서울시로 옮겨 함께 보존하는 방안이 고려되고 있다."(설승은, 「강남역 10번 출구 추모 쪽지 보존 위해 자발적 철거」, 〈연합뉴스〉, 2016. 5. 23.)

고 있을까요?

　발리바르가 정의내리는 극단적 폭력은 갈등을 적출시키는 것을 목적으로 합니다. 아직 도래하지 않은 정치와 사유의 가능성/불가능성에 대한 기획들을 경합시켜 미래의 지평을 여는 계기가 바로 갈등이라고 설명합니다. 이런 해방의 고리인 갈등을 지워내는 것이야말로 극단적 폭력을 특징짓는 것이라고 이야기하죠.* 여성 혐오라는 개념을 통해 일상이 구성되는 방식 자체를 문제시하며 이를 해체하고 재구성하려는 이들에게 갈등과 분쟁 조장자라 힐난하며 예전의 평화로운(?) 상태로 되돌아갈 것을 강요하는 것**이야말로 발리바르가 비판하는 극단적 폭력이 실체화되는 방식입니다. 극단적 폭력은 평화의 수사학을 통해 다음과 같이 재생산됩니다. 강남역 추모 행사에 나타난 핑크 코끼리나 일베 회원들은 "여혐, 남혐 나빠요. 예전처럼 사이좋게 지내요." 라는 구호를 통해 갈등을 제거해야 할 것으로 단정해버리죠. 예전과 같은 평화의 상태란 다름 아

* "극단적 폭력의 고유성은 아마도 평화를 파괴하거나 불가능하게 만든다는 점이 아니라, 갈등으로부터 모든 역사성과 불확실성을 박탈하는 과도한 무력을 갈등에 강제함으로써 갈등 자체를 소멸시킨다는 점일 것이다."(에티엔 발리바르, 《폭력과 시민다움》, 진태원 옮김, 난장, 2012년, 145쪽.)

** "이날 강남역 10번 출구에 수십 명의 남성들이 등장했다. 마스크와 선글라스를 낀 이들은 "남성들을 잠재적 가해자로 보지 말자"는 주장을 했다. 이들은 "혐오는 절대 해결책이 되지 않습니다", "남성과 여성의 편 가르기로 변질되고 있어 안타깝습니다. 사이좋게 지내요" 등의 문구를 들었다"(김진원, 「강남역 살인 사건⋯지금 화장실에선③ 여혐 vs 남혐⋯ 혼돈의 강남역 10번 출구」, 〈헤럴드 경제〉, 2016. 5. 23.) "한 온라인 커뮤니티에는 지난 20일 한 사람이 핑크 코끼리 탈을 쓰고 강남역 10번 출구에 나타났다는 게시글이 올라왔다. 게시글 속 사진에는 핑크 코끼리 탈을 쓴 사람이 '육식동물이 나쁜 게 아니라 범죄를 저지르는 동물이 나쁜 겁니다'라며 "선입견 없는, 편견 없는 주토피아 대한민국. 현재 세계 치안 1위지만 더 안전한 대한민국 남·여 함께 만들어요"란 내용의 피켓을 들고 있다."(신지수, 「강남역 추모현장에 핑크 코끼리 논란, 피켓에는⋯」, 〈머니 투데이〉, 2016. 5. 21.)

통감하라!

닌 여성 종속과 착취의 역사에 다시 침묵하고 동조하는 예속의 상태를 말합니다. 그러나 발리바르에게 있어 정치란 갈등의 점화가 제거되는 장이 결코 아닙니다. 정치는 "우발적인 방식으로 스스로를 재구성하거나 재발명할 수 있는 열림"*의 계기로서 끊임없는 불화와 계쟁이 점화되는 장입니다. 정치의 소멸에서 오는 것이 극단적인 폭력이며, 이를 통해 갈등의 장이 열릴 수 없게 되었을 때 정치의 종언이 도래하는 것입니다. 이러한 관점에서, 여성 혐오에 대한 진단과 통찰은 역동적 갈등의 분화구들을 발명해내는 방식이자 극단적 폭력을 멈추기 위한 정치적 전략인 것입니다.

다시 발리바르의 극단적 폭력**의 스펙트럼 속으로 돌아가 보도록 하죠. 극단적 폭력의 첫 번째 형태는 난데없는 것, 돌발적인 것으로 누구나 폭력으로 인식할 수 있는 것입니다. 전쟁, 인종 학살, 강제 이주 등 인간에 의한 침사와 홍수, 지진, 해일, 기근 등 자연에 의한 재해가 이에 속합니다. 이는 단시간 내에 인간의 유약함을 드러내면서 폭력으로 명확히 식별되죠. 두 번째로는 일상과 역사의 면면에 녹아 있는 고질적 폭력의 양태가 있습니다. 이것은 몇천 년의 관습과 전통, 미덕, 습관과 성향, 본성과 기질의 얼굴을 하고 있어 아예 폭력으로 인식조차 되지 않습니다. 이것은 인간의 존엄성과 가능성에 지속적으로 상처를 입히는 예속화 기제를 통해 일상에서 계속적으로 재생산되죠. 세 번째로는 정상화, 인간화 메커니즘이 낳는 배제의 기제가 있습니다. 정상성의 집단에 들어오지

---

* 에티엔 발리바르, 《폭력과 시민다움》, 137쪽.
** 극단적 폭력(violence extrême)에 대한 발리바르의 개념화 작업은 《폭력과 시민다움》의 국역본 99쪽과 101쪽에 걸쳐 매우 상세하게 서술되고 있다.

못하는 사회의 외부자들, 타자들을 끊임없이 양산해내는 것이죠. 즉 첫 번째는 폭력의 파괴성을 두 번째는 폭력의 관습성을 세 번째는 폭력의 배제성을 드러낸다고 할 수 있겠습니다.

발리바르는 여성의 예속화를 극단적 폭력의 두 번째 형태로 명시합니다. 그러나 저는 여성 혐오라는 극단적 폭력을 두 번째와 세 번째 폭력의 양태가 결합된 것으로 분석하려 합니다. 우선 극단적 폭력의 두 번째 양태로서의 여성 혐오는 "사회와 문화의 토대와 일체화"*되어 있는 것입니다. 이는 구조적, 제도적으로 용인되어 규범으로 자리잡고 있기 때문에 사회 내에서 "폭력으로 가시화되지도 않고 더 이상 폭력으로 식별되지도 않"***습니다. 이것은 우리가 아는 폭력의 지평에서 감쪽같이 사라져버리기 일쑤이죠. 이렇듯 여성 혐오는 정상화의 기제로 우리를 길들여왔습니다. 따라서 "고질적인 지배 현상"****인 여성 혐오의 구조적 폭력성의 실체를 드러내고 해체하는 것은 정상성에 도전하는 일이자 나의 삶의 지반 자체를 거꾸러뜨리는 무모하고도 전복적인 행위가 될 수 있는 것입니다.

나아가 여성 혐오는 극단적 폭력의 세 번째 형태인 배제의 폭력성을 통해 가동됩니다. 정상화의 기제에서 표준형은 성인, 남성, 이성애자, 내국인, 비장애인으로 설정됩니다. 이에 속하지 않는 여성은 감정적, 신체적, 심리적, 정신적 열등한 존재로 규정되는 것이죠. 여성을 남성에 비해

---

* 같은 책, 100쪽.
** "극한적으로 이런 지배는 사회나 문화의 토대와 일체화되어 있기에 폭력으로 보이지 않거나 식별되지도 않는다(특히 여성이 열등하게 취급받고 가정에서 노예적 상황에 처한 경우를 생각해 볼 수 있다)."(같은 책, 100~101쪽.)
*** "모종의 고질적인 지배가 무한정 반복되는 데도 극단적 폭력이 존재한다."(같은 책, 100쪽.)

미성숙한 어린아이의 상태에 가깝다고 보거나 여성의 신체 자체를 일종의 장애로 인식합니다. 생리를 하는 몸, 성관계 이후에 임신의 공포를 느끼는 몸을 불리한 장애를 지닌 몸으로 규정하는 것이죠. 때문에 남성 어른―아버지나 남편, 남자 친구나 오빠―에 의해 보호받아야 할 존재, 소유물로 여겨지는 것입니다. 이러한 관점은 여성 배제를 정당화하죠. 다시 말해 배제의 폭력성은 발리바르가 언급하는 정신증 환자와 성적 일탈자만이 아니라 여성에게도 적용되고 있는 것입니다.

뿐만 아니라, 인류를 의미하는 mankind(맨카인드)라는 영어 단어나 Homme(옴므)라는 프랑스어 단어는 이미 인류의 대표성을 남성으로 설정한 편향성을 드러냅니다. 정상화의 기제는 생산성의 논리를 통해 여성들을 덜 유용한 존재로 규정하고 있습니다. 여성의 노동 역시 남성의 노동보다 덜 효율적이고 덜 가치 있는 것으로 인식됨으로써, 동일 학력, 동일 노동임에도 불구하고 여성들은 남성과 동일 임금을 받지 못하는 것입니다. 34퍼센트의 성별 임금격차는 지금도 계속되고 있죠. 여초女超 현상이 뚜렷한 직업군인 교사, 간호사 등과 같은 직업은 임금의 정도나 그 직업군에 대해 갖는 인식, 명예의 정도에 대한 평가가 남초 현상이 뚜렷한 직업군보다 하향 가치화되어 있습니다. 이뿐만 아니라, 여성 노동자들이 생산 인구로 (재)유입되는 불안정 고용 형태를 마치 여성 노동자 특유의 노동 형태로 여기도록 합니다. 여성 노동자들이 임신과 출산을 하게 되면 퇴사 위험이 높아지는데 이는 독박 육아 때문입니다. 아이가 어느 정도 자라면 여성들은 생산 인구로 재유입되는데 그들이 갈 수 있는 곳은 비정규직, 아르바이트 등의 일자리밖에 없습니다. 이것이 마치 여성 노동자 스스로 선택한 결과로 단정지으면서 임신, 출산, 육아 등의 핑계로 승진에서 열외시키거나 고용을 보장해주지 않는 것이죠. 또한 이 사회의 정치, 사회, 경제, 문화 전반의 주요 분야에서 두드러지는 남초 현상은 정상적인 것으로 여기지만 초중등 교육계*에서의 여초 현상은 교정해야 할 병리적 현상으로 진단합니다. 배제의 계보학이 정신 병동이나 감옥, 병원에서만 적용되는 것이 아니라, 바로 우리가 발 딛고 있는 일상성의 장을 촘촘히 장악하고 있는 것이죠.

미소지니 가루내기

여성 혐오 개념에 대한 어원학적 분석으로 이행할까요. 미소지니는 어원학적으로 희랍어 misos(미조스)와 gyné(기네)의 합성어에서 기인합니다. 즉 미조스가 '혐오, 증오'의 감정을 나타낸다면 기네는 '여성'을 의미하는 것으로 축자적으로 여성에 대한 혐오를 뜻하죠. 여성 혐오는 유구한 역사를 자랑합니다.

미소지니는 서구 전통 형이상학 전반을 지탱하는 사상적 토대이자 그리스도교 문명의 기반이었습니다. 형이상학은 존재의 궁극적 원리에 대

---

* "이렇게 '교단 여초(女超) 현상'이 심각해지면서 교사 임용 때 일정 비율은 남자를 뽑아야 한다는 주장이 제기되고 있는 것이다. (…) 이미 초등 교사를 양성하는 교대에서 신입생을 뽑을 때 남자 할당제를 하고 있는데, 임용에까지 남성 할당제를 도입하는 것은 지나친 특혜라는 주장도 있다. 현재 대부분 교대들은 특정 성(性)이 75~80% 이상 넘지 않도록 제한하고 있다. 교육부 관계자는 "2000년대 초반 교사 여초 현상 문제가 사회적으로 지적되자 교대들 가운데 많게는 40%까지 남성을 뽑았다"며 "하지만 입학 때 할당을 하더라도 임용 시험에서 여성들이 워낙 강하다 보니 여교사 비율은 계속 늘어나고 있는 것"이라고 말했다."(김연주, 「교사 66%가 여성, 남녀 임용 균형 맞추자는데…」, 〈조선닷컴〉, 2015. 7. 20.)

해 탐구하는 제1철학으로 무엇을 '있음'으로 볼 것인가를 결정하는 존재론이자 어떤 것을 알 수 있는가를 규정하는 인식론, 어떠한 것이 가치 있는가를 판단하는 가치론으로 작동합니다. 서구 전통 형이상학은 로고스logos라는 이성적 담화 능력, 이성적 목소리의 집약소였죠. 이때의 목소리란 다름 아닌 팔루스phallus의 목소리입니다. 즉 상징적 남근의 목소리로서의 철학은 팔루스와 로고스 간의 친연 관계, 남근 이성 중심주의phal-logocentrisme에 의해 성립된 것이죠.

그러하기에 궁극적인 것은 불변, 불멸의 신이나 정신, 영혼으로 규정되고 이러한 진리의 자리는 남성적인 것으로 여겨지며 항구적인 실체로 규정됩니다. 반면, 여성이나 몸, 욕망 등은 가변적이고 우연적인 것이자 비본질적인 것, 부차적인 것으로 분류되죠. 즉 여성과 몸, 욕망 등은 형이상학의 존재론에서 비본질적인 것으로 내몰려 타자화되었고, 인식의 장에서 알 수 없는 것으로 여겨져 사유의 바깥으로 배제되었으며 열등한 것으로 하향 가치화되었습니다. 즉 형이상학은 본질과 비본질, 정신과 물질, 영혼과 육체, 남성과 여성 등을 이분화하여 이 둘의 관계에서 후자를 전자에 강제로 복속시키는 구도를 가집니다.

이처럼 형이상학이라는 인식 체제는 여성 혐오를 필연적으로 내포합니다. 여성 혐오는 몸이나 육체성에 대한 혐오, 죽음이라는 유한성을 상기시키는 것에 대한 공포와도 밀접하게 이어져 있기 때문입니다. 형이상학의 이분법적 인식틀은 여성이라는 항에 몸, 감정, 정념, 쾌락, 가변과 사멸의 요소들을 응축해 넣어 여성을 허위이자 믿을 수 없는 것, 동물성, 표피성, 천박함과 미천함, 오염 등으로 열등 가치화합니다. 즉 여성이라는 항은 정신, 영혼, 본질, 진리로 구성된 남성이라는 항에 의해 통제되어야 한다는 것이 형이상학에서 말하는 인식 원리라는 것이죠. 이것이 의식적, 무의식적 관념을 이루면서 여성 혐오라는 위계화된 인식 체계를 구성하고 있는 것입니다.

형이상학적, 철학적 층위에서의 여성 혐오 개념은 오늘날 한국 사회를 관통하는 논쟁적 개념으로 재부상하게 되었습니다. 여성 혐오 개념의 정치·사회적 맥락성의 층위는 세밀히 다루어져야 할 필요가 있습니다. 여기서 저는 여성 혐오 개념과 성차별이라는 sexism(섹시즘)을 구분합니다. 성차별은 제도적이고 법제적 측면에서 여성이라는 젠더가 겪는 불합리성에 방점을 둡니다. 이는 국가의 개입에 의한 의식적 개화와 인식 개선, 입법화를 통해 극복 가능하죠. 이에 반해, 여성 혐오는 공적 영역은 물론 사적 영역을 아우르는 것입니다. 때문에 국가와 정의의 토대마저 관통하며, 의식적·무의식적 차원에서 예속화를 강화하고 있죠. 즉 성차별은 국가라는 초월적 상부 심급의 개입과 문명으로의 진전을 통해야만 극복이 가능하다고 여겨집니다. 순차적 진보와 발달에 대한 믿음 체계를 바탕으로 하고 있기 때문이죠. 이에 반해 여성 혐오는 바로 그러한 문명 자체가 여성 혐오의 토대라고 생각하므로 성차별의 진보주의적 관점을 공유하지 않습니다. 여성 혐오는 정상성과 문명성에 내재한 깊고 복잡한 권력의 기술이기 때문입니다.

자, 이제 본격적으로 여성 혐오 개념을 정의하겠습니다. 여성 혐오는 스펙트럼이 매우 넓은 개념으로 먼저 여성을 이분법적으로 나누는 것 — 여성을 우등 가치화하여 숭배의 이름(성녀와 개념녀, 미녀 등)을 붙이거나 열등 가치화하여 낙인의 이름(창녀와 보슬아치, 김치녀, 추녀 등)을 붙이는 행위 — 을 통해 여성들 간 위계질서를 도입하는 권력 기제입니다. 이는 여성들 간의 분열을 극대화하는 전략이라 할 수 있죠. 여기서 주목할 것은 여성 혐오가 멸시와 비하의 이름만으로 이뤄진 것이 아니라는 점입니다. 조금이라도 노력하면 언제든 숭배와 이상화된 자리를 얻을 수 있다는 환상을 주지시키기도 합니다. 여성 혐오는 숭배의 자리를 환상으로 남겨 놓고, 여성들을 자기 착취의 구조 속으로 들어가게 합니다. 이러한 분할 통치 방식으로 가부장제는 지금껏 이어질 수 있었던 것이죠. 때문에 미소지니를 여성 비하나 멸시로만 번역하는 것은 여성 혐오 개념의 다층적 층위에 대한 이해 부족입니다. 여성 멸시와 비하는 여성 혐오의 하위 범주일 뿐이며, 그 범주 내에는 여성 숭배 또한 포함되어 있습니다.

여성 혐오는 여성 신체를 해부학적 시선으로 계량합니다. 허벅지 둘레와 가슴 크기, 종아리의 알통 여부, 허리의 잘록함, 엉덩이의 처짐, 팔 두께나 제모 여부, 승모근 발달 여부에 이르기까지 매순간 아주 미세한 방식으로 교정과 품평의 대상이 됩니다. 끊임없이 육체성으로 환원되는 것이죠. 뿐만 아니라 여성의 가치를 곧 신체 자본—남성을 매료시키는 매력 자본이나 아이를 낳을 수 있는 재생산 자본—의 가치로 축소시켜 버립니다. 여성의 신체성에 대한 자율적 결정권은 여성에게 없습니다. 국가와 남성에 의해 박탈당하여 관리됩니다. 이에 반해 남성의 신체는 이토록 치밀한 평가의 잣대로부터 비교적 자유로운 편입니다. 왜냐하면 남성성의 구성 방식에서 신체는 궁극적 가치의 지점이 아니기 때문입니다.

여성을 욕망하는 특정 방식도 여성 혐오를 구성하는 주요 축입니다. 많은 남성들은 자신들이 얼마나 여성을 욕망하는가를 과시하면서 자신 안의 여성 혐오를 부정할 수 있다고 오인합니다. 하지만 여성을 어떻게 욕망하는가를 살펴봐야 하죠. 그들은 여성을 성적 객체 혹은 사물로서, 남성이 언제든 정복할 수 있는 삽입 대상이자 구멍으로 욕망합니다. 이는 여성 혐오의 결정체를 구성하는 축입니다.

지나치게 능력이 있거나 적극적인 여성, 자신보다 키가 크거나 똑똑한 여성에게 느끼는 불안감도 여성 혐오입니다. 남성이 여성보다 심리적, 신체적, 정신적으로 강해야 하며 약자로서의 여성을 보호하고 통제해야 한다는 태도 역시 남성의 우월성을 각인하는 방식입니다. 이것은 일상적으로 신체를 운용하는 방식은 물론 상호 주관적 신체 접촉, 관계 양식의 관점에서 구체적으로 실행되는 것입니다. 일례로 이성애자 남녀 커플이 걸을 때 키 차이와 무관하게 상대의 어깨에 손을 올리는 건 다수가 남성이라는 점을 들 수 있겠죠. 보호자, 강자로서의 이러한 행위는 안는 방법, 손잡는 방법 등 신체를 운용하는 방식 곳곳에 녹아들어 있습니다. 이러한 관점에서 남성은 여성에게만은 무시당해선 안 되는 존재, 젠더 권력 안에서 우월성이 확인되어야 하는 존재라고 여기게 되지요. 그러하기에 여성이 남성의 기분을 거스를 시엔 이를 남성 권위의 실추와 타격으로 여겨 이에 대한 징벌을 가하려는 욕망으로 이어지게 되는 것입니다.

전형적이고 규범적인 남성성의 추락에 대한 공포는 여성화되는 것에 대한 공포를 전제합니다. 전형적, 규범적 남성성은 이성애자 남성이 독점하고 있으며 이러한 존재가 아닌 이—동성애자 남성이 되는 것—에 대한 혐오는 여성과 마찬가지로 삽입의 대상으로 전락하는 것에 대한 공포 때문에 발생합니다. 삽입하는 주체이자 성욕을 성 공격의 본능으로 여기는 이성애자 남성들은 동성애자 남성이라는 또 다른 남성성들을 여성으로의 추락 상태로 인지한다는 것이죠. 또한 성공하지 못한 남성을 남성성의 실패, 즉 여성화된 상태로 여겨 남성들 간의 서열에서 가장 하위 계급으로 인식하며, 그 상태를 수치스러워하는 것도 여성 혐오의 방식입니다. 중, 고등학교 남학생들끼리 서로 주고받는 우스갯소리이자 멸칭이 여성형—미친년 등—을 띠는 이유도 이에 속한다고 할 수 있겠습니다.

여성 혐오는 유머의 방식, 유희의 방식에도 깊이 내재해 있습니다. 김여사나 겨털녀, 된장녀 등을 희화화하여 웃음의 코드를 공유하는 방식이나 룸살롱이나 노래방, 안마방, 키스방 등에서의 성 구매를 남성들 특유의 유희로 여기는 것에도 녹아있지요. 여성을 성적으로 구매하는 공통 경험을 통해 남성 연대를 강화하는 방식을 공적 업무 처리의 관행처럼 여기는 것도 마찬가지입니다.

단체 카톡방에서 남학생들끼리 여학우들의 얼굴, 몸매를 품평하고 순위를 부여하며 '따먹겠다'라는 강간 예고 발언을 농담으로 주고받는 것 역시 여성 혐오가 실행되는 방식입니다. 이는 여성의 성적 객체화, 사물화의 단계와 여성 신체의 측량화를 통한 품평 단계, 여성을 웃음 코드로 소비하는 단계가 중층적으로 결합된 것이기 때문입니다. 나아가 불법 도촬 카메라로 촬영된 비非동의 유보 영상을 자신의 자위행위를 위한 도구로 소비하며 이를 건강한 남성성의 징표로 여기는 것과 디지털 성범죄 영상에 나온 여성을 창녀와 걸레로 낙인찍으며 그 영상의 유포, 확대 재생산에 기여하는 것도 명백한 여성 혐오입니다. 여성의 성적 객체화 단계와 디지털 성범죄 시청 강간을 유희 방식으로 여기는 단계, 여성에 대한 이중적 범주화 단계가 중첩된 것이기 때문입니다. 이처럼 여성 혐오는 여성 살해라는 극단적 케이스에만 존재하는 것이 아닙니다. 이것은 일상의 근저를 이루고 있는 무엇입니다. 가장 평온해 보이는 가족과 연인, 친구 관계에서부터, 가장 합리적으로 보이는 공적 관계로서의 직장, 학교에서조차 여성 혐오는 지속적으로 재생산되는 현실 운용 원리인 것입니다.

여성 혐오라는 개념의 스펙트럼이 이토록 방대한 것을 두고 이 개념의 실패를 운운하는 이들은 이미 남성 중심적으로 개편된 정상성 속에서 수혜를 누리는 자임을 스스로 드러내는 것이죠. 이러한 둔감성의 특혜를 누려온 이들에게는 여성 혐오의 기제가 관습과 전통, 상식의 이름으로 철저히 내면화되어 있을 뿐만 아니라, 자신에게 유리하게 돌아가는 일상의 구조를 굳이 헤집어낼 필요성을 느끼지 못하기 때문입니다. 이처럼 폭력의 지평선 아래로 가라앉아버린, 즉 일상의 기저로서의 여성 혐오라는 폭력의 얼굴은 평온한 얼굴로 우리를 길들이고 있습니다. 다시 말해, 여성 혐오 개념의 방대한 스펙트럼이 일상의 많은 영역과 포개진다는 것은 이미 이 사회가 여성 혐오를 현실의 운용 원리로 채택하고 있음에 대한 반증일 뿐입니다.

폭력의 얼굴들

5·17 페미사이드는 어떻게 여성 혐오라는 고질적 폭력의 고리를 끊어내는 기폭제로 작동할 수 있었을까요? 강남역 여성 혐오 살인 사건이 일어난 '수 노래방'은 사각지대 하나 없이 늦은 시각까지 빛과 사람들로 가득한 곳이기에, 어둑어둑한 대형 빌딩 숲 사이에서 그야말로 가장 안전해 보이는 곳입니다. 게다가 피해자는 남자 친구와 함께 외출한 상황이었습

니다. 이 모든 점에서 5·17 페미사이드의 희생자는 죽음과는 거리가 멀어 보였습니다. 여태껏 우리는 페미사이드가 이 사회가 정한 안전한 시공간대에서 벗어나거나 단독 외출을 했을 때 발생하는 것으로 여겨왔습니다. 안전 조건들만 충족시키면 충분히 피할 수 있는 나와는 무관한 불운 비슷한 것이라는 환상을 가지고 있었던 것이죠. 하지만 5·17 페미사이드에 의해 이 환상은 박살났습니다.

여성들은 죽음이 바로 앞에 와 있다는 사실을 직시한 것입니다. 여성이라는 젠더로 식별되는 것만으로도 죽임을 당할 수 있다는 여성 살해의 필연적 구조를 확인한 것이죠. 여성들은 더 이상 공포와 자책의 밀실에 여느 때처럼 숨어들지 않고 거리로 나왔습니다. 이 사회는 여성들이 "가만히 있으라"라는 명령에서 조금이라도 벗어나려하면 맞을 만하고, 강간당할 만하며, 죽을 만한 짓을 한 것으로 규정함으로써 여성의 행동력을 최소화해 남성 중심적 일상을 손쉽게 운용해왔습니다. 여성들은 이러한 강령들을 내면화하여 나의 옷차림, 내가 적절하지 못한 시간과 공간에 있었던 것, 내가 헤프게 웃음 지었던 것 등을 자책하며 자신이 통제할 수 없는 사회를 향한 공포에 굴복할 수밖에 없었습니다. 그런데 이제 여성들은 안전을 위해 스스로를 단속하거나 남성들의 시혜적 보호를 요청하고자 특정 남성에게 귀속되기를 거부합니다. 한국 사회에서 여성은 태어나기만 해도 김치녀가 되고, 커피만 사 먹어도 된장녀, 남자 친구에게 생일 선물만 받아도 보슬아치, 아이를 낳으면 맘충, 운전을 하면 김여사, 차에 치이면 보라니가 됩니다. 이토록 촘촘한 혐오의 그물망 속에서 언제든 사회적 죽음을 맞을 수 있다는 위기감을 각인하며 살아왔던 거죠. 그런데 이러한 사회적 죽음 위에 생물학적 죽음까지 이중 기입될 수 있는 필연성을 5·17 페미사이드를 통해 확인한 것입니다. 여성 혐오 사회에서 살아 있음이 우연이며 필연적으로 죽을 수밖에 없음—사회적 죽음이든 생물학적 죽음이든 간에—에 도달하는 구조를 보고 만 것이죠. 죽음의 필연성을 직시한 여성들은 더 이상 예전으로 돌아갈 수 없음을 선포했습니다. '우연히 살아남았다'라는 외침을 통해서 말입니다.

이러한 일상적 정서이자 지배 기제로서의 여성 혐오를 폭력으로 재규정하는 것은 감각의 판을 새롭게 짜내어 여태껏 들리지 않던 것을 들리게 하고, 보이지 않던 것을 보이게 하는 찢음과 드러냄, 휘저음의 행위이기도 합니다. 프랑스 현대 정치철학자 자크 랑시에르Jacques Rancière에게 감각의 판이란 "행위 양식들과 존재 양식들 및 말하기 양식들 사이의 나눔을 정의하는 신체들의 질서"*로 삶의 규범 체계가 각각의 신체들을 분할·구획하고 있음을 드러내는 것입니다. 즉 각각의 신체들이 지정 장소에 머무르며 부여된 기능에 충실히 복무하는 것은 기존의 감각판의 짜임 속에 명료하게 기입되는 방식이자 철저하게 예속되는 방식이기도 하지요. 이는 곧 "가만히 있으라"라는 강령이 내리꽂히기 전, 이 강령을 자기 단속 기제 속에서 철저히 내면화하는 방식이기도 합니다. 발화하는 말의 무게는 물론 수행하고 있는 행위의 가치, 자신의 존재 의미와 목적성 등이 위계적으로 일방적으로 배분되어 신체를 포박하고 규정해내는 방식이 곧 치안police의 질서인 것입니다. 이러한 치안 질서에 내재한 의식적·무의식적 정서이자 규율 장치가 바로 여성 혐오인 거지요.

이러한 치안 질서가 어떻게 여성의 말을 소음으로 격하시켰으며 어떻

* 자크 랑시에르,《불화》, 진태원 옮김, 길, 2015년, 63쪽.

게 여성의 행위들을 보잘 것 없는 것으로 규정해 지워냈는가가 곳곳에서 폭로되고 있습니다. 이러한 소란스러운 감각판의 재편은 정상성이 얼마나 병리적인 것이었는가를 보여주고 있습니다. 이것은 여성들이 이 사회 내에서 지정된 공간으로부터 이탈하는 방식이기도 합니다. 하지만 이러한 감각판의 구조를 독점적으로 결정해오거나 이로부터 수혜를 누렸던 이들에게는 폭로 자체가 폭력으로 규정되지요. 그래서, 여성들에게 '가만히 있으라'라는 강령을 재주입하려는 것입니다. '가만히 있음'이란 원래의 자리로의 복귀를 의미하며, 여성 혐오라는 폭력 앞에서 자책과 공포라는 이중 기제에 사로잡힌 무기력과 저항 불능 상태로의 귀환을 의미합니다.

나아가 추모 물결을 남성 혐오 사태로 규정짓고 남성을 잠재적 또는 실질적 가해자로 일반화하지 말라는 것은 무엇을 의미할까요? 오직 남성들만이 여성을 범주화하고 이를 일반화하여 정의내리는 언어적 권력을 독점할 수 있다고 여기는 것입니다. 왜냐하면 누군가를 명명하고 범주를 부여하는 행위 자체가 사회·문화적 상징 권력이기 때문입니다. 그런데 감히 여성들이 기존의 범주화 방식의 프레임 속에서 김치녀로 불리지 않기 위해 몸을 도사리며 다른 여성에 대한 적대를 새기는 대신 여성들 간의 저항적 연대를 구성하여 남성 중심적 범주화 방식의 폭력성을 폭로하기 시작한 것입니다. 추모라는 고통의 통각에서 분노의 정치라는 저항으로 이행해나가는 것이 여성 혐오주의자들에게는 자신들의 안온한 특권 지대인 일상의 붕괴로 여겨지는 것이죠.

여성 살해는 비극의 탄생일까요, 종말일까요? 에티엔 발리바르에게 비극적인 것이란 현실의 파국, 즉 현조건의 한계를 넘어서 버리는 것을 뜻합니다. 이것은 불가능을 실현하려는 정치가 도래하는 상태를 의미합니다.* 여성 살해가 마치 예외적 사고accident로 소비되었다면 이것이야말로 비극적인 것의 종말—주어진 현실의 한계선 내에 안전히 머무르며 그 한계를 박차고 넘어가고자 하는 정치적 역량의 실종—을 선고할 수밖에 없었을 것입니다.

하지만 포스트잇에 의한 분노의 정치학은 여성 살해를 비극적 사건 événement으로 우리 사회에 개입시켜 기존의 감각 짜임판을 허물고자 했습니다. 새로운 감각판을 직조하는 것입니다. 이것은 비극의 탄생, 즉 아직까지 선례가 없어 불가능해 보이는 일탈적 미래의 형식을 촉발하는 기획이자 정치의 도래인 것입니다.

이러한 분노의 정치학을 마치 남성 혐오를 부추기는 현상으로 읽어내는 것은 이 사회에서 여성이 갖는 현실적 정서가 남성 공포에 기반해 있음을 은폐하는 것입니다. 사소한 일상의 공간 이동 방식—엘리베이터 탈 때 등을 보이지 않기, 지인들에게 승차한 택시 번호 알리기, 혼자서 배달 음식 시킬 경우에는 신발장에서 신발을 여러 켤레 꺼내거나 티비를 켜서 혼자인 것을 숨기기 등—이나 안전한 시간대의 제한—밤늦은 시간의 귀가는 남자 친구의 도움을 받거나 아버지, 오빠, 남동생을 지하철역 앞에서 기다리게 하는 것—, 그리고 혼자 사는 것을 숨기기 위해 남성용 속옷을 빨래 건조대에 걸어두는 팁을 공유하는 것, 원치 않는 성적

---

* 에티엔 발리바르는 "오늘날의 비극적 주체들은 불가능한 것을 추구하는 투사들이라는 사실"을 강조하며 "저널리즘이나 정치적 담론의 형태로 비극적인 것의 기록이 쇄신될 수 있어야 한다"고 주장하고 있다. 여기서 비극적인 것의 정치란 불가능한 것을 실현하는 것을 의미하며 이것을 정치의 고유 과제로 정의하고 있다.(발리바르,《폭력과 시민다움》, 146~147쪽.)

접근을 막기 위해 남자 친구가 있다고 거짓말하기 등과 같은 일상의 생존 전략들은 남성 공포에서 기반한 것입니다.

혐오라는 정동에는 멸시와 무시의 측면이 반드시 존재해야 하는데 과연 여성들이 남성에 의한 폭력의 구조를 무시할 수 있는 권력을 갖고 있나요? 5·17 페미사이드 추모 공간에서조차 일베의 도둑 촬영으로 신상이 공개되고, 성폭력에 가까운 인신공격과 욕설, 살해 협박의 대상으로 전락할까 무서워 마스크를 벗지 못합니다. 즉 남성에 의한 범주화와 일반화가 지닌 폭압적 권력의 힘을 잘 알고 있으므로 이를 무시할 수 없는 것이죠.

어릴 적부터 철저히 내면화한 일상의 규칙들이나 몸의 습속들이 결국 남성에 의해 먹히지 않고 공격당하지 않기 위한 처절한 생존의 규칙이었음을 여성들은 직시하게 되었습니다. 이러한 남성 공포의 일상을 폭로하고 문제삼는 것은 남성 공포의 단계에 유착되어 있지 않겠다는 선언이기도 합니다. 남성 공포에만 철저히 사로잡혀 있는 여성이 선택할 수 있는 운신의 폭이란, 포식자이자 공격자인 남성을 피해서 수호자이자 보호자 역할을 수행할 특정 남성에게로 귀속되는 길 밖에 없기 때문입니다. 그러나 이제 여성들은 남성 공포를 넘어서 분노의 정치학을 행하고 있습니다. 이러한 변환의 추동력은 과연 어디서 왔을까요.

통감하라!

저는 5·17 페미사이드의 포스트잇 정치학을 추동시킨 정동 역학이 무엇인가에 대해 고심했습니다. 여태껏 빈번했던 여성 살해의 축적된 역사에도 불구하고 유독 이 사건이 추모의 연대를 융기시킨 이유를 분석할 필요가 있었기 때문이지요. 저는 이를 분석할 개념틀로서 공감이 아닌 통감을 제시해봅니다.* 5·17 페미사이드의 추모 공간을 수놓았던 포스트잇에는 "내가 너다", "너의 죽음이 곧 나의 죽음이다"**라는 문구가 반복적으로 등장하기 때문입니다.

'내가 너다'라는 문장은 나의 생존을 확인하는 안도감의 표현이 아닙니다. 타자의 고통으로부터 비껴난 내 삶을 긍정하게 하는 호의나 연민 sympathy의 감정이 아니라는 것입니다. 호의와 연민은 타자의 고통을 경감시키되 내가 타자와 감정적 유사성을 반드시 가질 필요가 없는 단계***이자 나를 타자보다 우위에 놓는 작업입니다. 나와 타자가 수직적으로 배치된 구도 속에서 타자가 느끼는 바를 위에서 관망하는 자세라고 할 수 있지요. 또한 연민과 동정의 대상으로 타자를 객관화하여 거리 두기를 하는 것입니다. 따라서 5·17 페미사이드의 분노의 정치학을 추동시킨 것은 호의와 연민이라 할 수 없습니다.

* "이례적인 움직임이었다. 여성이 모르는 남성에 의해 살해된 사건은 이전에도 많았다. 사건의 잔혹성만으로 따지면 이번 사건을 능가하는 경우도 몇 차례 보도된 바 있다. 하지만 이번처럼 온·오프라인을 넘나드는 추모 열기로 번진 적은 드물다."(경향신문 사회부 사건팀, 기획/채록, 《강남역 10번 출구, 1004개의 포스트잇》, 나무연필, 2016년, 426쪽.)
** 15번 포스트잇 "너가 나야", 378번 포스트잇 "내가 죽은 것 같아요", 500번 포스트잇 "너는 나고 나는 너다", 427번과 517번 포스트잇 "너의 죽음은 곧 나의 죽음이다" 등에서 '나는 너다'라는 문장이 반복적으로 등장한다.(같은 책.)
*** 필자는 다니엘 파브르와 자끄 졸리, 크리스티앙 레이노, 뤽 로랑 살바도르의 논문을 참조하여 sympathy를 개념화하고자 한다. "호의와 연민은 타자의 고통들을 경감시키고자 하는 염려로 특징지어진다. 즉 호의적 감정은 반드시 겨냥하고 있는 사람의 감정에 대한 정확한 반영일 필요가 없는 것이다."(D. Favre et J. Joly, C. Reynaud et L. L. Salvador, "empathie, contagion emotionnelle et coupure", *Enfance* Vol. 57, 2005, p. 367.)

통감하라!

그렇다면 empathy라는 공감은 어떤가요? 공감은 서로가 서로를 면대면面對面으로 마주보는 장입니다. 호의와 연민의 수직적 구조—위에서 아래를 내려다보는 배치—와는 구분되죠. 공감은 나와 너의 구분점이 명확하게 설정되어 있으며 타자의 감정을 이해하고 재현하는 인식적 차원을 내포한 것이라 할 수 있습니다. 즉 타자의 감정에 대한 반영이라는 유사성similitude의 구도를 가지는 것이죠.

저는 공감의 인식적 측면뿐만 아니라 감정적 측면에도 주목해야 한다고 생각합니다. 공감은 타자의 감정을 재생산하는 감정적 증폭이기 때문입니다.* 타자의 감정과 나의 감정 간의 유사성을 전제한다는 점에서 호의와 연민의 비동등성, 위계성과 대비된다고 할 수 있죠. 그러나 이는 타자의 감정이 자기 자신의 영역을 침범하지 않도록 차단하므로 일치에 이르지 못하고 유사성에서 그칩니다.**

---

* "인식적 측면에 위치해 있는 공감이라 할지라도, 공감은 타자의 정신적 상태를 자기 자신을 위해 구축해내는 감정적 재생산의 역학으로부터 기인하는 것이다."(D. Favre et J. Joly, C. Reynaud et L. L. Salvador, 같은 책, p. 368.)

** 필자는 empathy를 공감으로 번역하며 나와 너 사이의 인식론적 구분점을 설치하는 것으로 해석한다. 공감은 감정적 유사성이 재생산될 수 있는 구조이지만 동일성의 구조라고 생각하지는 않는다. 반면 이현재는 empathy를 공감이 아닌 동감으로 번역하며 empathy가 일치의 감정이자 동일성의 원리를 강화하는 감정, 즉 나와 너의 차이를 제거하는 것으로 분석하고 있다.

"그렇다면 동감(혹은 감정이입, empathy)은 어떠한가? (⋯) 게다가 길리건과 위진스의 구분에 따르면 동감은 동정심과 달리 자아와 타자의 불평등한 관계가 아니라 동일성에 기반한 감정이다. (⋯) 여기서 동감이란 "자아와 타자가 같은 것을 느끼는 것"이다. (⋯) 왜냐하면 동감이 인간의 유사성 혹은 동일성을 전제로 하지만 이 동일성은 어디까지나 자신의 경험을 중심으로 한 동일성이기에 자신의 경험에 기반하여 상상적으로 타자에게 동감하는 일은 실제적으로 존재하는 타자의 차이를 보지 못하게 할 수 있으며, 타자의 차이를 경험하여 자신의 감정의 지평을 넓히는 데까지 작용할 수 있어 보이지 않기 때문이다." (이현재, 같은 글, 51~52쪽.)

즉 이현재의 번역에는 empathy의 측면이 가진 감정적 수위 조절과 감정 차단의 국면을 간과한 점이 두드러지기에 이러한 해석에 대해 동의하지 않는다. 다음 인용이 제시하는 바와 같이, 공감을

공감은 세 가지 단계로 전개됩니다. 첫 번째는 감정적 전염이라는 침입과 경계 허물기의 단계이고 두 번째는 나와 너의 인식론적 구분 행위를 통한 타자의 감정을 재생산해내는 단계, 세 번째는 감정적 차단과 수위 조절을 통한 감정적 전염 예방 단계입니다. 공감은 타자의 고통에 대한 재현 가능성이라는 인식적 능력임과 동시에 자기방어라는 "감정적 차단의 수위 조절"**인 것이죠. 즉 5·17 페미사이드에서 우리를 전율시킨 정동과 연대의 에너지는 나와 너라는 구분점 안에서 감정의 유사성을 재현해내는 데 그치거나 타자의 고통으로부터 자기방어의 둑을 구축하는 차원으로 한정되지 않기에 공감이라는 감정으로 정의될 수 없습니다.

밀실에서 거리로 여성들의 공간 이탈을 가능하게 한 것은 바로 통감이었다고 저는 생각합니다. 그렇다면 통감痛感이라는 정동 역학은 어떻게 개념화될 수 있을까요? 통감의 축자적 의미는 '마음에 사무치게 느낌'**입니다. 필자는 이에 한정되지 않고 통감을 새로운 윤리학적 감각으로 이론화시키려 합니다. 통감은 고통의 통각이 나를 오롯이 관통하는, 가로지르는 감정이라 할 수 있습니다. 여기서 고통은 그 자체로 아무런 의미가 없는 것이 아닙니다. 즉 고통은 독립된 실체성을 지닌 것이 아님

타자가 느끼는 바와 자신이 느끼는 바의 구분이자 나와 타자의 차이에 대한 인지를 통한 감정으로 정의하기 때문이다.

"공감은 자기 자신이 생각하는 것과 우리가 느끼는 것을 타자가 느끼는 바와 구분함과 동시에 타자가 느끼는 바를 재현해내는 정신 발달단계에서 습득된 능력을 뜻한다."(D. Favre et J. Joly, C. Reynaud et L. L. Salvador, 같은 책, p. 376.)

* "공감이란 항상 측정된, 수위가 조절된 약하고도 강한 강도들로 타자의 감정을 공유하는 것이라고 할 수 있다. 만약 이러한 측정이나 수위가 없다면, 우리는 감정적 전염의 층위에 들어가 있다고 할 수 있다."(D. Favre et J. Joly, C. Reynaud et L. L. Salvador, 같은 책, p. 371.)

** 뉴페이스 국어사전.

니다. 고통은 신체화된 발화—신음이든 자해든, 비명이든 분절화된 언어든, 피 흘리는 몸 또는 죽음의 몸이든 간에—를 통해 표현되고 외화되면서 사회·문화적 의미망에 이미 걸려버리는 것입니다. 사회·문화적 의미와 어렵게 조우 혹은 배반하는 과정인 것이지요. 고통의 발화는 타자와 사회를 향한 말 걸기이며 더 이상 홀로 삼키지 않겠다는 의지의 발로입니다. 공동체에게는 기존의 의미망을 휘젓는 뜻하지 않은 난입으로 읽힐 수 있겠지만, 발화자가 자신의 고통이 공동체에 가져올 파장을 가늠할 수는 없습니다. 또한 고통은 당사자를 제외한 다른 이들이 결코 가닿지 못하는 견고한 암반이 아니라, 공동체의 구성원들을 두들기는 낙뢰이자 나와 타자의 경계막을 찢고 서로 들러붙게 하는 의미의 흡입구인 것입니다. 그러하기에 우리는 고통 그 자체를 듣기 역겨워하고 거부하려합니다. 고통은 사회의 경계면과 개인과 개인의 경계면들을 휘젓는 문제를 의미하기 때문이지요.

통감은 너와 나의 포개짐, 너와 나라는 상호 주관성의 경계막을 걷어내는 것이라 할 수 있습니다. 이러한 관통의 감정이자 겹쳐짐의 감정으로서의 통감은 5·17 페미사이드뿐만 아니라 세월호 참사 이후 많은 이들이 느끼고 경험한 것입니다. 지나친 고통에 매몰당하지 않기 위해 세월호 피해자, 유가족들과 '나 혹은 우리'를 인식론적으로 구분하는 자기방어적 차단막의 설치가 불가능함이 드러났습니다. '나 혹은 우리'는 '함께 가라앉았다'라고 이야기했습니다. 통감을 경험한 것입니다. 이는 타자가 내게로 흘러들어 오고 내가 타자에게로 흘러들어 가는 것, 유출되어 서로 스며드는 진통이자 예전으로 되돌아갈 수 없음에 대한 선언입니다.

상상력을 발휘하여 통감이라는 단어를 라틴어 어원 안에서 새롭게 합성해보겠습니다. 통감은 sympathy도, empathy도 아닌 임메르시오파티 immersio-pathy입니다. 이것은 라틴어로 '물에 잠김, 침투, 전심'을 의미하는 immersio(임메르시오)와 '고통받다'를 의미하는 patior(파티오르)의 합성어입니다. 즉 이것은 타자의 고통에 침투하고 잠기는 것, 전심으로 함입해 들어감을 의미합니다. Empathy가 나와 타자의 경계막 설치를 통한 면대면의 배치 방식이라면, 임메르시오파티는 나와 너의 면대면의 차단막이 산산이 부서지는 지점에서 발생하는 것입니다. 너와 나의 경계 장막을 걷어내는 것이 곧 동일성으로의 환원을 의미하는 건 아닙니다. 통감은 침투되고 휩싸이는 것으로 둘은 함께 공명하며 중층적 두께를 이룹니다. 단선적인 동질화와는 다른 것입니다.

"공감은 타자의 '곁'에 있는 것이자 타자의 고통에 함께 참여하는 것"[*]입니다. '곁'은 내 자리의 연장선이며, 곁을 내어준다는 것은 내가 소유하고 있는 장에 타인을 데려오는 행위입니다. 내가 타인의 장 안으로 들어가는 것은 너무 위험할 수 있기 때문에 나의 안전망인 '곁'을 타자에게 빌려주는 것입니다. '내 자리'라는 소유화의 지점이 여전히 존재합니다. '곁'이라는 장소에서는 내가 상황을 통제할 수 있고, 언제든 차단막을 내릴 수도 있습니다. 그러나 통감은 타자의 고통에 함입해 들어가는 것으로 타자의 '곁'이라는 공간학적 근접성과 최소한의 거리 두기마저 붕괴시켜버립니다.

공감은 자기방어를 위한 차단막을 설치해 타자의 감정에 지나치게 매몰당하지 않도록 하는 예방의 차원을 강조하지요. 이에 반해, 통감은 나

---

[*] "공감은 동등성보다는 관계의 지속을 중요한 목적으로 삼는다."(이현재, 같은 글, 55쪽.)

와 너의 명확한 자리를 이탈해버리고, 기존 좌표축 위에 기입 가능한 '가만히 있음'의 제자리성마저 뒤흔들어버리지요. 왜냐하면 통감은 너와 나의 맞붙음, 포개짐, 겹쳐짐을 통해 원래 있어야 할 경계 구획의 공간을 교란시키기 때문입니다. 이를 통해 존재-파동être-vibration이라는 때아닌 진동이 일어나는 것입니다. 즉 존재의 진폭대가 격변을 일으켜 공명하고 마는 것, 이를 통해 진동과 진통에 관통되고 마는 것이 통감입니다. 통감은 아버지의 법질서가 부여한 이름과 자리의 질서로부터 너와 내가 동시적으로 이탈하는 것을 의미하기에, 원래 나의 자리와 너의 자리를 아슬아슬하게 오가는 추 운동일 수가 없습니다. 왜냐하면 이러한 너와 나의 사회적 자리마저 가치 규범의 기입소이기 때문이지요. 이러한 관점에서, 통감은 나와 너의 자리의 본래성, 본질성을 비틀어버리는 새로운 공간의 발명으로 이어진다고 봅니다. 통감을 통해 너와 나의 겹쳐짐과 포개짐은 동일성으로의 환원이 아닌, 변이체라는 선에 없던 차이들이 발명되는 것이지요. 우리는 통감을 가로질러 새로운 주체화 양태인 변이체로 구성됩니다.

나아가 통감은 타자의 고통을 경청하는 자, 듣는 자에 그치는 것이 아니라 이를 온몸으로 절절히 다시 토해내는 자가 됩니다. 타자의 고통을 관망하는 자가 아니라 고통에 넘실대어 행동할 수밖에 없는 전신全身의 행위자가 되는 것입니다. 그러나 여태껏 여성 살해에 대해 듣는 귀이자 관찰하는 눈으로서의 감정은 공감의 감정에 가까웠으며 죽어 나간 여성들에 대한 안타까움은 그 여성들의 행실에 대한 의심을 품고 있었습니다. 5·17 페미사이드 역시 "강남역 유흥가 살인 사건"*으로 보도되었으며 이

---

* 이성원, 「강남 유흥가 화장실 살해 사건 30대 男 검거」, 〈서울신문〉, 2016. 5. 18.

러한 보도 방식에는 여성이 '유흥가'라는 적절치 못한 곳에 있음으로 인한 죽음이라는 함의가 내포되어 있습니다. 이에 비판적 관점*이 제시되어 유흥가라는 단어가 이후 보도에서 사라졌습니다. 즉 여성의 죽음은 살아남은 여성들에 대한 경고이자 공포정치의 효과적 표본이 되어왔습니다. 합당치 못한 시공간에 있었던 것, 남성의 기분이나 자존심을 거스른 것, 적절하지 못한 옷을 입고 합당하지 못한 표정을 지었던 것 등 개인의 잘못된 처신이 야기한 처벌로 죽음이 각인되어왔던 것입니다. 5·17 페미사이드 이전의 여성 살해가 추모의 연대와 분노의 저항으로 적극 이어지지 못했던 이유이기도 합니다.

통감이라는 상호 침투의 감정은 감정적 전염의 단계와 구분되는데, 감정적 전염 단계가 "생물학적 태도이자 발생학적으로 공감 전의 단계"**라면, 통감은 공감의 선차적 단계에 국한되지 않습니다. 통감은 타자의 감정들에 자신의 감정의 자리들이 침탈당하고 마는 정복 단계가 아니라, 타자의 감정 주파수가 자신의 감정 주파수와 공진을 일으키는 상호 함입陷入의 관계라 할 수 있기 때문입니다. 즉 통감은 어느 한 사람의 고통에 다른 이가 먹혀버리는 일방적 흡수가 아닙니다. 어느 누구도 변이와 이행의 에너지에 온전한 자리를 담보 받을 수 없는 것, 이러한 차이의 회오리로 빨려

---

* 유지영, 「'강남 유흥가'란 보도는 잘못 죽어가며 '왜 나지?' 물어봤을지도」, 〈오마이뉴스〉, 2016. 5. 19.
** "감정적 전염은 타자의 감정들에 의해 침입당한 채로 내버려두는 타고난 생물학적 태도로 정의된다. 감정적 전염은 공감보다 발생학적으로 먼저 오는 융합적이고 공생적인 상태들을 특히 특징 짓는다. 이러한 경우에는 더 이상 타자가 느끼는 바들과 의도들을 변별적으로 재현할 수 없게 되며, 투사의 과정이 지배적으로 되고 마는 것이다."(D. Favre, J. Joly, C. Reynaud et L. Laurent Salvador, 같은 책, p. 375.)

들어가 변신의 파동에 일렁여 새로운 행위를 구성하는 것이 통감입니다.

즉 감정적 전염은 감정적 매몰에만 그쳐 어떠한 행위도 구성할 수 없도록 하지만, 통감은 타자의 고통에 대한 공명뿐만 아니라 이에 대한 행위화로 이행해가는 인식의 차원 또한 내포합니다. 또한 통감은 감정과 사유의 섬세한 뉘앙스가 진동하는 접촉의 양식이자 생이 약동하는 계기입니다. 새로운 행위의 존재 진동을 낳는다는 점에서 감정적이자 인식적 차원 모두를 포함하는 것이라 할 수 있기 때문입니다.

타자의 고통에 접속하여 변이를 실행하도록 하는 통감이야말로 나와 너의 명확한 경계가 무너지는 지점에서 구성되는 플루이더리티fluidarity, 즉 유체적 연대의 효과적 경로이자 촉매제입니다. 통감과 마찬가지로 플루이더리티 역시 순혈주의적 동일성을 파기하고 적과 아군을 나누는 이분법적 위계의 경계선을 뒤흔드는 것이기 때문이지요. 유체적 연대는 동질적 경험 논리에 갇혀 배타성과 순수성을 고집하는 논리를 해체하고, 결과 중심적, 업적주의적 논리가 내포한 회의주의를 걷어내는 새로운 연대 방식입니다. 소수자적 공명 에너지의 장으로서의 플루이더리티는 통감이라는 유출과 가로지름, 겹쳐짐과 공진共振의 감정을 통해 매순간 구성될 수 있습니다.

혐오와 분노의 차이

오늘의 세기를 지배하는 정동을 혐오라 표현하는 사람들이 많습니다. 여성 혐오, 남성 혐오, 이성 혐오…… 서로가 서로에게 혐오의 화살을 겨누고 있다고 합니다. 이 사회를 추동하는 감정 기제를 혐오로 국한하는 것은 저항 행위를 차단하는 보수적 전략이 아닌지 질문해봅니다. 젠더 불평등에 저항하는 페미니스트를 '남성 혐오자'라 이름 붙여 혐오 군단으로 몰아넣어 버림으로써 입을 막으려 하는 것처럼 말이지요. 혐오라는 정동이 이 사회의 시대정신으로 규정되는 단선적 사고를 넘어서야만 새로운 국면에 진입할 수 있습니다. 따라서 혐오와 구분되는 분노라는 정동을 분석하고, 그 방향성을 설명해보려 합니다.

혐오는 단순히 어떤 대상을 싫어하는 개인적 기호가 아닙니다. 이 사회에서 무엇을 보이지 않게 하고, 무엇을 들리지 않게 하는가를 결정하는 보수적 권력 기제라고 할 수 있습니다. 혐오는 비대칭적 권력 구조 속에서 자신보다 약자이자 소수자들에게 사회의 모순과 불안정의 원인을 돌리는 기능을 합니다. 이는 기존 질서를 공고하게 지속시키려는 것이기도 합니다. 보이스피싱의 원인을 조선족에게 돌리는 것, 범죄율 증가를 외국인 노동자 탓으로 돌리는 것, 이혼율 상승이나 삼포세대 등장 원인을 이기적 여성 탓으로 돌리는 것이 그 예입니다. 혐오의 특징은 항시 적대의 실체를 규정하고 이름 붙이기를 한다는 점입니다. 혐오는 약자, 소수자를 분류하고 낙인찍어 이들을 부도덕한 것이자 비천한 것, 천박한 것, 열등한 것으로 규정합니다. 비대칭적 권력관계 안에서 소수자들을 고립, 배제시키는 소외의 메커니즘인 것이죠.

더욱 심각한 문제는 혐오가 상식과 양식, 예절과 도덕이라는 규범의 언어, 평화의 수사학을 통해 전수된다는 것입니다. 혐오는 예외의 감정이거나 병리적 집단의 감정 기제가 아닙니다. 이 사회의 배타적 집단주의의 근간 원리이자 위계적 질서 정립의 토대입니다. 이처럼 혐오는 태

연한 얼굴을 하고 있습니다. 청년들의 입사 1년 안 퇴사율이 가장 높은 현상을 젊은 세대 특유의 인내심 부족이자 사회 부적응으로 쉬이 규정해 버리는 태도를 살펴봅시다. 상명하달식 지시, 부조리한 노동조건, 과도한 노동 강도를 그저 견뎌내는 것이 진정한 어른이라 여기는 것이지요. 상부에 도전하는 것보다 지배의 목소리를 효율, 논리, 노력의 언어로 여겨 잔말 말고 순응하는 것이 이 사회에 적응하는 방식이라고 이야기합니다. 그래봐야 어쩔 수 없다, 후회할 것이다, 스펙이나 쌓아라, 무엇이 유리한지 생각해봐라 등의 실질적 제언들, 현실감각에 빼어난 말들은 그 자리를 박차고 나오려는 도전 행위를 끌어내리는 것이죠. 이 사회에서 현실적인 인간으로 사회화된다는 것 자체가 이미 혐오에 기초해 있음이 여실히 드러납니다. 윗사람이나 구조적 질서에 대한 순응의 강도는 하위 계급에 대한 혹독함의 정도와 비례합니다. 감히 아버지라는 상징적 상부 심급과 싸울 수 없을 때, 나만 억울한 일을 당할 순 없다고 여기는 자기 연민과 원한의 감정이 자신에게 위해를 가한 적 없는 하부 계급자에게 투사되는 것이죠. 약자를 짓밟는 행위를 통해 카타르시스를 느끼고 이를 사적 정의로 착각하면서 지금까지의 굴종의 기억들을 조금이나마 덜어내려 합니다. 사회에 대해 반기를 들기보다는 혐오의 정동 속에서 가만히 있기를 권장하는 것이 이 사회의 작동 원리입니다.

마사 누스바움은 혐오를 인간의 취약성과 동물성, 사멸성을 상기시키는 것들을 배척하는 것*으로 정의합니다. 즉 혐오는 인간의 근본 조건인

---

* "혐오는 기본적으로 우리가 지닌 동물성을 숨기고 우리 자신의 동물성을 꺼려할 때 현저히 드러나는 유한성에서 벗어나고자 하는 감정이다."(마사 누스바움, 《혐오와 수치심》, 조계원 옮김, 민음사, 2015년, 170쪽.)

유한성을 타자의 속성으로 치부하여 타자라는 오염원을 축출함으로써 죽음을 부정할 수 있다고 믿는 "공감적 주술 행위"이며, 신비적 사고에서 기인하는 것으로 정의합니다.* 여기서 공감적 주술 행위라는 표현을 분석해 봅시다. 공감은 감정의 공유와 확산을 통한 감정의 재생산 구도인데, 이러한 공감은 나와 너라는 개인 간의 구분점뿐만 아니라 내집단과 외집단이라는 집단적 구분점의 근간으로 작동합니다. 혐오는 공감이 전제하고 있는 이분법적 식별 원리가 집단적 차원에서 실행되는 것입니다. 공감 개념이 내포하고 있는 감정적 차단막이 내집단의 순수성을 위해 외집단을 오염원으로 규정하고 안과 밖, 나와 너, 삶과 죽음의 구분점으로 작동할 때, 이는 혐오의 확산 원리가 되기도 합니다. 누스바움은 유한성에 대한 부정과 무한성에 대한 갈망으로서의 혐오를 미신적 사고로 제한해서 읽어냅니다. 그러나 유한성이라는 육체성에 대한 부정이야말로 서구 형이상학을 정초시키는 인식 원리가 아닌가 생각해볼 필요가 있습니다. 즉 뿌리 깊은 철학적 사고를 추동시킨 인식 원리이자 가치 체계이며 존재론인 혐오의 원리를 미신적 사고로 국한시켜 해석하는 것은 마땅하지 않습니다.**

* "투사적 혐오가 사실은 자아의 동물적 현실에 대한 혐오에서 시작하여 공감적 주술을 통해 확장된다는 점, 또한 자아 속에 존재하기는 하지만 자아가 감히 대면하지 못하는 속성을 타인에게 전가하는 경향을 띤다는 점"(마사 누스바움, 《혐오에서 인류애로》, 강동혁 옮김, 뿌리와이파리, 2016년, 61쪽.)

** 마사 누스바움은 《혐오와 수치심》 162쪽에서 "혐오는 사람이 지닌 가치에 대한 불평등한 서열화와 위계와 관련되어 있다"고 설명하며, 바로 이 때문에 혐오가 공적 행위의 토대가 될 수 없다는 주장을 펼친다. 그러나 혐오가 공적 행위의 토대가 되어서는 안 된다는 규범론적 입장을 당위론적으로 반복하기보다, 혐오의 언어가 어떻게 공적 행위의 근간으로 작동하는지, 그 메커니즘의 심층 해부에 주의를 기울일 필요가 있다. 혐오는 특정 공동체의 순수성과 동질성을 결정하고 이러한 동질적 집단으로부터의 외집단을 추출해내어 이들을 배제하고 소외하는 치안 질서의 작동 원리인 이상, 이미 이것이 우리 사회의 질서를 규격화하는 기저인 것이다.

혐오를 미신적 원리, 주술적 행위라는 미개성의 영역으로 규정할 때, 문명의 질서에 의해 언제든 몰아낼 수 있는 것이라는 나이브한 발전론적 관점이 전제되며 이는 곧 혐오의 심층적 작동 방식에 대한 오인을 낳습니다. 혐오의 언어는 설령 그것이 논리적으로 모순투성이라 할지라도 오늘날의 승자 독식 구조에서 무엇을 열등한 것으로 배제할 것인가를 결정짓는 주요한 정당성의 언어로 자리잡고 있기 때문이죠. 다시 말해, 혐오의 언어는 공적 언어라는 도덕과 규범, 질서와 예절이라는 관습성과 정상성의 메커니즘을 구성하는 주요 축으로 기능하는 것입니다. 일례로 명절의 풍경을 떠올려볼까요. 명절마다 부계 혈통의 계승과 보존을 기리는 제사라는 의례에서 여성은 집약적 노동 착취의 대상이지만 정작 제사 의례의 주관자나 계승자에서는 철저히 열외됩니다. 가부장제 내에서 여성이 어떻게 노예화되었는지를 확인할 수 있는 장면이죠. 어떻게 여성이 부계 혈통주의에서 순혈주의적인 내부자가 아닌 이질적·부차적 요소가 되는지, 도구가 되어 중추적 요소인 남성에게 통치되는지를 효과적으로 드러냅니다. 이것은 가족 간의 온정이라는 이름으로, 즉 전통적 미풍양속의 전수이자 미덕의 방식으로 정당화되어 재생산되고 있습니다. 누구를 가부장제의 수혜자로 규정하고 누구를 배제할 것인가를 결정하는 위계적 질서는 여성 혐오를 바탕으로 구축되어 있습니다. 이러한 가부장제의 수혜자들 간의 두터운 결속 감정에 불과한 가족주의의 온정은 건드리지 말아야 할 천륜이자 인륜으로 미화되었습니다. 가부장적 미덕과 전통에 대해 문제 제기를 하는 이들은 엄청난 힐난과 공격의 대상이 되기 일쑤입니다.

분노는 더 이상 가만히 있지 않겠다는, 견디지 않겠다는 선언입니다.

상징계라는 아버지의 법질서로부터 이탈하려는 균열의 감정입니다. 즉 부조리한 현실 앞에서 굴종하고 견뎌내기보다 이러한 질서의 판을 뒤흔드는 질문을 생산하는 행위이죠. 자신보다 강자이고 다수자인 이들에게 날이 선 질문을 쏘아붙이면 일상의 안정은 깨집니다. 즉 분노는 아래에서 위를 향하는 것으로 이 안정이 과연 누구를 위한, 누구의 억압을 통해 이루어진 것인가를 질문하며 그 이면을 폭로해버리는 행위입니다. 이를 통해 부조리가 전수되는 고리를 끊어내고 그 누구도 이전의 상태로 돌아가지 못하게 만들죠. 사회구조적으로 부조리가 전수되는 방식의 고리를 끊어내는 절연의 감정이자 해방의 고리가 되는 것입니다. 부조리의 감정인 혐오를 공유하면 그나마 자리를 보전할 수 있지만 분노는 열외를 각오해야 합니다. 강간 문화 구조에 대한 고발은 내게 남은 최후의 보루마저도 없애버리는 행위이죠. 분노는 엄청난 용기를 필요로 합니다.

분노의 언어는 출현만으로도 현 체제에 대한 위협으로 여겨져 억압의 대상이 됩니다. 혐오의 언어에 익숙해져 있기 때문에 분노의 언어는 낯설고 이질적인 것으로 받아들여집니다. 분노의 언어는 기존의 도덕과 규범의 토대 자체를 뒤흔들기에 그 정당성을 입증받기 어려워 보이며 근거가 부족해 보이기도 합니다. 분노는 규범 언어의 당위성이 아닌, 그 임계점을 드러내는 것이기 때문이죠. 분노의 언어는 정당성의 토대 자체를 뒤흔드는 것이기 때문에 정당성의 언어일 수가 없습니다. 효용, 효율, 승자 독식의 논리가 규범의 언어와 협착되어 우리에게 제공되고 있으며 이것이 정당성의 언어의 자리를 독점하고 있기 때문이죠. 즉 규범이 점유하고 있는 우등의 가치들—좋음과 옳음, 올바름, 합당함, 합법적임 등—에 편입되기보다 그러한 추상적 원리들이 어떻게 기존의 권력 기제를 정당화하는 근거로 쓰이고 있는가를 폭로하는 방식이 분노의 언어입니다. 분노는 폭로의 방식과 더불어 아직 제대로 시도되지 않은 상상력—개념적 상상력이든 실천적 상상력이든 역사적 상상력이든 간에—을 통해 전개되기에 이미 입증된 이론 체계의 논증에 기대지 않습니다.

지금까지 설명한 분노와 마사 누스바움이 제시하는 분노*의 개념이 어떻게 다른지 살펴보도록 하겠습니다. 누스바움은 분노를 "위해 또는 손상과 관련" 있으며, "사실에 대한 반응"이자 "공적 행위의 토대"**가 될 수 있다고 정의합니다. 즉 혐오와 분노를 당위적 차원에서 구분하며 공적 토대가 되어서는 안 되는 혐오와 공적 근거가 되어야 하는 분노를 규범론적으로 대비시키는 것이죠. 그러나 이러한 당위적 규범성의 차원에 머물기보다 왜 혐오의 언어가 주술적 미신이나 사실에 입각하지 않는 믿음 체계에 그치지 않고 사회적 기반 원리로 작동하고 있는가를 비판적으로 들여다보아야 합니다. 여성들의 지형 행위를 남성 혐오로 규정짓는 사회에서 페미니스트적 분노의 연대 행위는 혐오 전선의 일부로 읽히기 십상이기 때문입니다. 즉 분노와 혐오는 실체론적으로 구분되는 것이 아니라 누가 이것을 규정하는 권력을 가지는가에 의해 결정되는 정치 역학적 요소입니다.

또한 분노를 사실 근거에 입각한 것으로 정의내리는 것에는, 사실과 허구라는 것도 이미 의미론적 투입이 일어나는 장이라는 점이 간과되어 있습니다. 소라넷 사이트에서 벌어지는 약물에 의한 집단 강간 모의 사

---

* 번역 출간된 《혐오와 수치》에서 분노 개념이 분개 개념과 자주 혼용되어 번역되고 있다. 그러나 원서에서는 분노를 indignation으로 쓰고 있다.
** 마사 누스바움, 《혐오와 수치심》, 191쪽.

실을 경찰에 신고하면 허위 신고로 묵살당하지만 워마드에서 저수지 살인 글이 올라오면 곧바로 본격적 압수 수색이 이루어지는 현실이 그 예이지요. 누가 무엇을 사실로 판단하는가, 사실을 규정할 수 있는 권력이 있는가에 의해 사실과 허위의 영역이 나눠지고 있음이 드러납니다. 누스바움은 미신과 사실, 근거 없는 사적인 것과 근거 있는 공적인 것이라는 두 요소들을 실체화하여 명확히 이분화할 수 있다는 다소 나이브한 인식론을 바탕으로 정의론을 전개해나가는 한계를 보입니다. 이 사회는 사실 fact의 객관적 위상을 남성 중심적으로 개편하고 있으며 무엇을 더 큰 위해와 손상으로 보는가의 문제에서도 남성에게 가해지는 손해를 더 큰 공적 손실로 인식하는 경향이 있기 때문입니다. 또한 다양한 제도적 양식들은 남성적 영역이나 남성적 가치들—냉철함과 강인함, 리더십과 진취성 등—을 공적 행위의 특징으로 정의내리고 있는 실정이죠. 그러하기에 여성들이나 소수자들의 분노는, 즉각적으로 사회적 분란 행위, 반체제적 위험 행위로 백안시되거나 사실에 입각하지 않은 허위 사실 유포, 편향적 행위로 비난받으며 사적인 것을 부풀려 말하는 것으로 의심당하기 일쑤인 것입니다. 누스바움은 '누가 분노하는가?'라는 분노의 정치 역학적 위치성을 간과한 채, 분노라는 정동을 실체화하는 한계를 보입니다. 그러나 분노는 변화의 마침표가 찍힌 종결 선언문이 아닙니다. 분노는 미래의 지평을 여는 꿈틀거림입니다. 바로 이러한 우글거림이 한국 사회를 격동시키고 있는 것이죠. 헬페미니스트들은 우리에게 생각지도 못한 지진을 안겨주었습니다. 예상도가 나오지도 않은 갑작스런 격동 말입니다.

남성 혐오는 없다

그렇다면 이제 남성 혐오misandry라는 개념에 대해 이야기해볼까요. 남성 혐오는 그리스어로 증오를 의미하는 misos(미조스)와 남성을 뜻하는 anēr(아네르)의 합성어입니다. 이는 축자적으로 남성에 대한 증오와 혐오를 뜻하죠. 그러나 남성 혐오가 과연 사회 문화적 맥락 안에서 가능한 개념일까요? 혐오에 의해 통치되는 대상은 반드시 자책과 공포라는 하위 감정에 의해 통제 당합니다. 그렇다면 규범적 남성성을 수행하는 이들은 위계적 젠더 체제에서 어떠한 자책과 공포라는 하위 감정들을 갖고 있을까요?

남성 혐오가 개념적으로 성립되기 위해서는 우선 남성이 혐오의 통치 대상이 되어야 하며, 그러기 위해서는 혐오의 첫 번째 통치법인 자책감이 남성 내부에 각인되어 있는지를 살펴보아야 합니다. 전형적이며 규범적인 남성성—승자와 강자로서의 남성성—을 구현하고자 하는 이들은 자기 자신에 대한 자책의 감정보다는 자기 자신에 대한 연민의 감정을 내면화한 이들입니다. 그렇다면 자기 연민은 어떠한 감정일까요. 연민Sympathy 또는 동정심compassion이 위에서 아래를 내려다보는 감정이라면 자기 연민self pity은 동정심을 투여하는 관찰자와 동정심의 대상이 되는 이가 일치된 구조를 말합니다. 즉 수직적 구도가 붕괴되는 대신 협착적 자기애의 발산 근거로 작동하는 것이 자기 연민이지요.

이러한 협착적 자기애로서의 자기 연민은 자기 정당화로 귀결됩니다. 자신의 불쌍한 처지에 대한 원인을 자신이 아닌 다른 곳에 귀착시키는, 타자에 대한 원한의 감정으로 이행되죠. 이때에 타자란 바로 손쉬운 적대적 타자로서의 소수자를 의미합니다. 젠더 체제에서의 자기 연민은 취업에서의 높은 경쟁률도, 연애의 어려움도, 결혼의 포기도, 높은 이혼율과 낮은 출산율도 모두 이기적인 여성의 탓으로 몰아가는 방식으로 작동합니다. 역차별의 피해자적 서사로 자기 자신의 처지를 정당화한다는 것, 자기 자신을 불쌍히 여기는 자기 연민의 감정이 사회적으로 용인된다는 것은 이미 이 사회에서의 강자의 자리에 있다는 의미입니다. 이것은 곧 철저한 자기 성찰의 장을 마련해두지 않아도 됨을, 자신의 말하기와 행동하기 양식을 교정할 필요가 없음을 뜻합니다. 여성이 술을 마시고 성폭력에 노출되면 여성을 탓하지만, 남성이 술을 마시고 성폭력의 가해자가 되면 술을 탓합니다. 가해의 행위가 술로 인한 실수로 용인되는 것입니다. 남성은 강자의 위치에 있으므로 이처럼 자기 합리화의 자리가 늘 마련되어 있습니다. 자기 연민은 심리학적 용어로 투사projection에 해당합니다. 투사는 용납할 수 없는 자신의 무의식적 욕망이나 불안 또는 실패 등의 이유를 다른 사람이나 다른 대상에게 귀착시키는 것입니다. 전형적인 남성적 본능에 대한 정당화로 "저 아이가 나를 유혹했다", "저 여자가 꽃뱀이다", "회식 때 룸쌀롱에 가서 성 구매를 하는 것은 조직에서 살아남아 가족을 부양하기 위한 희생이며 이를 이해 못하는 아내나 여자 친구가 오히려 이기적인 것이다"가 있습니다. 즉 주류적 남성성의 구현자들은 자기 연민이라는 하위 감정을 가짐으로써 혐오의 통치자로 위치하고 있는 것입니다.

정의당과 공식 테마송 협약을 체결한 중식이 밴드는 남성의 자기 연민 서사를 탁월하게 묘사합니다. '선데이 서울'의 가사 중 "빚까지 내서 대학 보낸 우리 아버지 졸업해도 취직 못 하는 자식 오늘도 피씨방 야간

알바를 하러 간다. 식대는 컵라면 한 그릇 (…) 빚까지 내서 성형하는 소녀들 빚 갚으려 몸 파는 소녀들 홍등가 붉은 빛이 나를 울리네. 이 노래가 나를 울리네"라는 부분이 있죠. 자신은 알바를 하면서 최저임금도 못 받고 컵라면으로 끼니를 때우는데, 함부로 몸 파는 저 여자들은 쉽게 돈을 번다는 혐오의 시선이 투영되어 있습니다. 부모의 자산이 청년들의 미래마저 결정짓는 이 사회의 신新계급론에 대한 분노 대신, 자신보다 약자인 여성을 혐오하는 것입니다. 그리고 '야동을 보다가'에서는 "카메라를 보는 너 모니터를 보는 나 우린 서로 다른 삶을 살고 전혀 상관없는 남인데 왜 자꾸 눈물이 나지 (…) 나랑 사귈 때에 너는 저런 체위한 적 없는데 화면으로 보니까 내 꼬추가 더 크다"가 있습니다. 디지털 성범죄에 참여하는 것에 대한 자책감보다도 전 여친이 더 이상 나의 소유가 아닌 것에 대한 박탈감을 표출하고 있죠. 자신과는 하지 않았던 성행위 자세를 관음증적 시선으로 평가할 뿐만 아니라, 자신의 페니스와 다른 남성의 페니스의 크기 비교를 통해 자신을 우위에 놓으며 안도합니다. 이를 통해 페니스라는 생리학적, 해부학적 기관이 남성성에 대한 자존감의 응축소임을 말하며 자기 연민을 눈물로 낭만화하고 있지요. 중식이 밴드의 두 노래 가사는 모두 함부로 몸을 굴리는 여성에 대한 역겨움과 혐오를 전제하고 있습니다. 여성 혐오의 강도는 자기 자신에 대한 연민의 강도와 비례해서 전개됨을 보여줍니다.

혐오에 뒤따르기 마련인 공포를 살펴보겠습니다. 남성 혐오가 성립하려면 여성에 대한 공포감을 내재해야 하며 남성은 일상의 시공간을 여성공포를 직면하지 않는 방식으로 개편해야 합니다. 자신의 몸을 배치하는 기준이 여성에 대한 공포여야 한다는 것이죠. 그러나 남성이 밤거리에서 느끼는 공포감은 여성에 대한 공포가 아닌 자기보다 신체적·물리적 우위성을 지닌 다른 남성에 대한 공포입니다. "어디 무서워서 여자들 앞에서 무슨 말을 하겠냐", "요즘 여자들이 너무 설쳐대서 기가 죽는다" 등의 발언은 여성 공포가 아니라 여성의 순응적이지 않는 태도에 대한 불유쾌를 드러내는 것에 불과합니다. 정말 공포에 사로잡힌 자는 자신의 공포감을 말로 서사화할 기회조차 박탈당합니다. 우위적 위치를 누리는 강압적 다수자에 대한 감정적 눈치보기와 배려, 침묵하기 등을 생존 감정으로 이미 내면화한 상태이기 때문이죠. 이러한 관점에서 주류적 남성성의 구현자들이 구사하는 '요즘 여자들에 대한 무서움'이란 전혀 무섭지 않음을 방증하는 자기 확인의 방식이자 여성에 대한 비아냥과 조롱의 양식일 뿐입니다. 나아가 자신의 기분을 계속 거스르면 자신이 어떻게 할지 모른다는, 협박의 의미 또한 담겨 있죠. 즉 주류적 남성성은 여성에 대한 공포가 아닌 여성에 대한 조롱과 희화화, 비하의 감정을 적극적으로 내면화하고 있는 자이죠.

남성들도 자신의 신체성이 여성화되는 경험들을 합니다. 젠더로서는 강자지만, 남성들 간 중층적 권력 기제 안에서 학벌이나 고용 형태, 키를 비롯한 외모, 군필 여부 등에 따라 약자로 위치할 수 있습니다. 예를 들자면 외국인 남성으로 산다는 것은 자신의 신체적 특징—머리 색깔, 피부색, 키 등—에 의해 내국인 남성들로부터 즉각적 식별의 대상으로 규정됨을 의미합니다. 식별과 동시에 신체적 위협과 조롱의 대상으로 추락하게 되는 위험에 직면하게 되는 것이죠. 여성들이 거리를 걸을 때 자신이 여성으로 식별되는 것만으로도 위협을 당할지도 모른다고 생각하는 것과 같은 맥락입니다. 또한 자신보다 신체적 우위에 있거나, 상부 계급성을 지닌 남성에게 감정 노동을 하는 굴종의 경험 역시 여성화된 신체 경험으로 여겨질 수 있습니다.

주목해야 할 것은, 자기 통제를 벗어난 굴욕적 신체 경험을 한 남성들은 이러한 경험을 최소화하거나 상쇄하기 위해 더욱더 적극적으로 여성을 공격한다는 점입니다. 이를 통해 강자와 승자로서의 주류적 남성성 안에 잔류하고자 하는 것이 여성 혐오 살해의 메커니즘인 것이죠.* 여성 살해에는 생리학적, 해부학적 기관인 페니스와 사회 문화적 권위와 상징적 힘을 나타내는 팔루스의 유착성을 강화하기 위한 의지가 기입되어 있습니다. 자신이 팔루스적 권위는 가지지 못하지만, 생물학적 페니스는 있음을 보여주는 방식으로 폭력이 행해집니다. 페니스를 휘두르거나 그것으로 모자라면 대체 페니스―칼**, 망치***, 가로수 지지대**** 등―를 부착하여 여성을 위협합니다. 가장 약화된 남성성으로 규정된 이들조차 최종직 식민지로서의 여성이라는 최하위 세급과 동일시되지 않기 위해 여성을 해침으로써 자신이 망가뜨린 여성과는 변별되는 남성으로 잔류한다고 여기는 것입니다. 여성의 자리에 놓인 이들을 처단함으로써 실패

---

* 2016년 10월 14일 서울중앙지법 형사24부는 강남역 여성 살해 사건 피의자를 남성을 무서워하는 경향을 가진 자로 규정함과 동시에 여성 혐오 범죄가 아니라고 판결 내렸다. 그러나 자신보다 강자인 남성 앞에서 느끼는 여성화된 신체 경험의 굴욕감과 열패감을 여성에게로 투사함으로써 자신의 남성성의 마지막 보루를 여성 살해를 통해 재확인하는 방식 자체가 이미 여성 혐오라는 것을 간과하는 판결이라 할 수 있다. "재판부는 이 사건이 여성 혐오 범죄는 아니라고 판단했다. 재판부는 "정신 감정의는 김 씨가 여성을 폄하하는 것이 아니라 남성을 무서워하는 경향이 있었고 아버지 앞에서 자신의 의사 표현을 하지 못하는 등 항상 주눅이 들었다고 지적했다"며 "실제 아버지와 입원 과정에서 갈등을 겪은 점 등을 볼 때 김 씨가 여성을 혐오했다기보다 남성을 무서워하는 성격 및 망상으로부터 영향을 받은 피해 의식으로 상대적 약자인 여성을 대상으로 범행을 한 것으로 보인다"고 했다."(이장호, 「강남역 살인범에 징역 30년… "조현병 심신미약 상태서 범행"」, 〈법률신문 뉴스〉, 2016. 10. 14.)

한 자, 루저로서의 여성화, 즉 굴욕적 동일시를 피하고자 하는 것이 여성 혐오 살해의 메커니즘입니다.

이와 같이 남성성의 규범적 영토 안에 잔류하기 위한 여성 조롱과 희화화, 비하의 감정은 여성 공포가 아닌 여성 혐오로 기능하는 것입니다. 혐오에 의해 통치되는 하위 감정인 여성 공포는 존재하지 않습니다. 즉 남성 혐오는 없습니다.

이러한 남성 혐오의 불가능성은 여성 혐오에 대한 인식을 더욱 첨예하게 만듭니다. 여성 혐오에 대한 인식은 피해자와 가해자, 수동과 능동 등의 이분법적 논리의 재설정이 아닙니다. 만약 여성의 위치가 오롯이 수동적 입장으로 설정된다면 여성은 남성에게 "그러지 마세요"라는 호혜적 이해를 간청하거나 특정 남성에게 귀속되어 보호받음으로써 공포를

** 강남역 여성 혐오 살해자는 식칼로 피해자를 살해했으며 이때의 칼의 의미는 자신의 약화된 페니스의 대체재이자 팔루스적 힘의 강화제로 해석될 수 있다. "김 씨는 범행 이후 범행을 감추거나 범행 도구인 식칼을 은닉하는 행위를 전혀 하지 않았고 다음날 옷에 묻은 피도 지우지 않은 채 식칼을 갖고 출근한 점 등을 볼 때 범행의 계획성만으로 이 사건 범행이 심신미약 상태에서 행해졌다는 사실을 부인하기는 어렵다."(이장호, 같은 기사, 2016. 10. 14.)

*** 망치로 여성의 머리를 내리치는 행위는 신체적 폭력과 제압만이 여성 신체와 관계 맺는 법이라는 남성 중심적 통념에서 기인하는 것이며 이것은 곧 삽입 행위의 연장이라 할 수 있다. "서울 성동경찰서에 따르면, 이모 씨는 1일 오전 2시 23분쯤 서울 성동구 길가에서 귀가 중이던 20대 여성을 뒤따라가다 눈이 마주치자 갖고 있던 둔기를 꺼내 이 여성의 머리를 여러 차례 때렸다. 이 씨는 피해 여성을 인근 골목으로 끌고 가다가 인기척이 느껴지자 차량을 몰고 현장에서 달아났다.(유소연, 「또 모르는 여성 뒤쫓아가 망치로 폭행」, 〈조선닷컴〉, 2016. 6. 2.)

**** 부산 동래구에서 일어난 가로수 지지대에 의한 여성 혐오 폭행은 자신이 내리칠 수 있고 내리꽂을 수 있는 전형적 남성성을 지닌 자임을 가로수 지지대라는 페니스의 대체재를 통해 구현한 것이라 할 수 있다. "25일 오후 5시 14분께 부산 동래구 명륜동에 있는 대형 할인점 메가마트 근처에서 김 아무개(51) 씨가 갑자기 나무로 만들어진 가로수 받침대를 뽑아 길을 지나가던 정 아무개(78·여) 씨의 머리를 때려 쓰러뜨렸다. 이어 김 씨는 정 씨 근처에 있던 서 아무개(22·여) 씨를 잇따라 폭행했다."(김영동, 「부산 50대 남성 가로수 지지대 뽑아 여성 2명 폭행」, 〈한겨레〉, 2016. 5. 26.)

감소시키는데 그쳐야 할 것입니다. 그러나 여성들은 이러한 공포가 남성 중심적 사회구조에서 비롯된 것임을 폭로하며 분노하고 저항하고 있습니다. 폭력으로조차 인식되지 못한 특권적 힘의 배분 구조를 뒤흔들며 새로운 일상과 새로운 관계 양식을 모색하는 헬페미들은 수동/능동, 피해/가해의 이분 구조에 갇힌 것이 아니라, 변이체로서 거듭나고 있는 것입니다. 나아가 페미니스트 남성들이 여성 혐오 사회에 대한 문제의식에 연대하는 행위는 전형적 가해자의 위치성에서 벗어나는 행위이자 일상의 재구성에 참여하는 것이기도 합니다. 이를 통해 여성 혐오 사회에 대한 폭로와 새로운 배분판의 융기를 도모하는 것은 피해자와 가해자 논리의 이분법 자체를 넘어서는 방식이 되는 것이죠. 이처럼 변이체인 헬페미들은 분노라는 정치적 장을 열고 있습니다. 분노는 기존 권력 구조에 대한 해체이며, 새로운 역사를 구상케 하는 상상력의 실험대이기 때문입니다. 이제 여성들은 분노의 고함과 통감의 전율을 통해 여성 혐오적 일상을 부수고 새로운 세기의 베틀을 짜고 있는 것입니다.

자, 이러한 페미니즘의 세기에 오신 여러분, 환영합니다.

5장

비혼 선언

감각판의 요동

시대의 감각판이 일렁이고 있습니다. 이러한 일렁임을 누군가는 일상의
붕괴로 인식하여 방어기제를 곧추세울 것이고, 또 어떤 이는 이러한 때
아닌 요동을 자기 자신을 두드리는 질문의 계기로 삼을 것입니다. 안온
한 일상과 그 일상의 지반을 지탱하던 둔감성을 다시 해부하게 하는 격
동 앞에서, 감각의 장 역시 바뀌고 있습니다.

감각판이란 무엇일까요? 감각판이라는 단어는 랑시에르의 "감각적인
것의 짜임configuration du sensible"*에서 차용한 것입니다. 무엇이 보이고 무엇
이 들리는가를 결정하는 권력의 질서를 뜻하지요. 권력 구조의 교직交織
체제로서의 감각판은 특정한 것을 보이게 하여 존재 질서에 유입시키는
반면, 다른 것은 보이지 않게 하여 존재하지 않는 것으로 단정짓습니다.
또한 특정한 것만을 들리게 하여 말의 질서로 편입시키고 다른 것은 들

* J. Rancière, *La mesentente*, Paris: Editions Gallilée, 1995, p. 52.

리지 않게 하여 소음의 구멍으로 밀어 넣기도 하지요. 이러한 감각판이 우리의 기민성은 물론 감수성, 용인하고 방관하는 판단 방식을 배치하는 가치 체제의 양식으로 작동하고 있습니다. 페미니즘의 세기를 맞이한 지금, 이러한 기존의 감각판이 뒤틀리고 있습니다.

감각판의 일렁임은 어떠한 상태를 일컫는 것일까요? 시스템에 균열이 생기다 못해 물러지고 흘러내리는 상태가 되었음을 뜻합니다.* 이를 기회로, 예전에는 잘 보이지도 들리지도 않았던 억압과 신음의 편린들이 폭력의 체제에서 튀어올라 폭력의 체제를 녹이는 용융점鎔融點**이 된 것입니다. 바로 이러한 융해 없이는 새로운 가시 범위와 가청 능력이 발명되는 감각판의 재변형과 조형이 불가능합니다. 이러한 물러짐과 흘러내림의 장에서 새로운 감각판을 조형하는 이들은 헬페미들입니다.

헬페미들에 의해 도입된 새로운 감각판은 기존의 짜임 구조로부터 단절되어 공명하는 새로운 사유 효과를 낳습니다. 지금까지가 입자 운동이 최소화되고 입자 간 배열 형태가 응결된 고체 상태였다면, 헬페미의 등장은 녹는점을 지나 액화되어 입자들이 진동·회전하며 자유롭게 움직일 수 있는 융해로 작용했습니다. 바로 이러한 입자 간 운동의 활성화를 가능하게 하는 에너지가 융해열融解熱인 것입니다. 융해열의 작용은 랑시에르가 말하는 기존의 고정된 자리와 기능에서 이탈하는 행위와 밀접합니

---

* 필자는 이러한 액화된 상태의 유동성과 비결정성, 비확정성, 운동성 등을 기존의 젠더 체제의 자연화와 본질화, 영토화에 대항할 수 있는 변곡점으로 해석한다. 한편 지그문트 바우만은 《액체 근대》에서 이러한 유동성을 안정의 적출과 토대의 붕괴, 공포의 확산이라는 신자유주의 체제의 원리로 부정적으로 접근했다.

** 용융점(melting point)이란 물질의 상(phase)이 고체에서 액체로 바뀌는 온도를 의미한다.

다. 그러하기에 페미니즘은 기존의 남성 중심적 일상 배열판에 역동성을 부여하는 에너지인 것입니다. 여기에 페미니즘의 정치적 역량이 있다고 봅니다.

페미니즘은 기존의 남성과 여성이라는 위계적 존재 질서와 견고한 가치 양식에 격렬한 진동과 회전 운동을 일으키기 때문입니다. 일상에 뿌리내린 젠더 규범은 본질과 본성의 이름으로 우리에게 각인됨으로써 집단적 응집력을 높이지요. 페미니즘이라는 융해열은 그 제자리의 균질성과 집단적 응집성을 흩트리는 운동에너지라 할 수 있습니다. 이러한 관점에서, 이성애적이며 이원화된 젠더 규범 장치인 가정과 결혼 제도에 대항하는 비혼 선언은 부계 혈통 중심의 단일 단위, 혈연 집단의 동질성에 내재한 자연화된 폭력의 양식들의 파열을 일으키는 회오리라 할 수 있습니다.

저는 비혼을 기존 제도의 결함에서 파생된 현상으로 읽지 않고, 친족 제도와 친밀성의 양식이 새롭게 짜이는 국면으로 읽어낼 것입니다. 일본의 사회학자 우에노 지즈코는 저서 《비혼입니다만, 그것이 어쨌다구요?!》에서 비혼을 보수적 결혼관을 가진 이들이 결혼 인프라의 부족으로 인해 어쩔 수 없이 내몰리게 된 상황으로 해석하는 경향이 있습니다.[*] 그러나 저는 비혼을 보수적 통념의 고수로 인한 타의적 정황이 아닌 보수

---

[*] 다음은 지즈코가 비혼주의자들을 해석하는 방식의 일부이다. "'결혼하지 않겠다'는 답을 일종의 수사적인 자기방어, 그러니까 결혼할 수 없는 상태를 결혼하지 않겠다고 말을 바꾸는 것이라 해석할 수 있어요. (…) 야마다 마사히로는 남자가 밖에서 돈을 벌고 여자가 가사와 육아를 담당하는 '남성 생계 부양자형 모델'과 같은 보수적인 결혼관을 유지하는 남녀일수록 비혼을 선택하는 경향이 있다는 결론을 내렸어요."(우에노 지즈코, 미나시타 기류, 《비혼입니다만, 그게 어쨌다구요?!》, 조승미 옮김, 동녘, 2017, 34쪽.)

적 젠더 체제의 통념 자체를 뒤집기 위한 적극적 저항 행위로 해석하고 자 합니다.

나아가 비혼의 주거 양식을 세분화함으로써, 비혼이 여성 단독 주거라는 독신의 형태로만 축소될 수 없는 중층적이며 복합적 스펙트럼이자 다각적 삶의 양식임을 논증해나갈 것입니다. 여성 단독 주거일 때와 여성이라는 인간-동물과 비인간-동물 간의 공동 주거일 때, 여성들의 비성애적 공동 주거인 우정 연합의 관계일 때, 나아가 이성애자 여성과 남성의 사랑 연합체인 공동 주거일 때를 세밀하게 나누어 살펴볼 것입니다. 이러한 이성애자 여성과 남성의 공동 주거가 기존의 이성애 관계 지형을 어떻게 뒤흔들 수 있는지를 전망하며, 여기에 어떠한 과학기술이 개입하는지도 살펴볼 것입니다.

또한 비혼 선언이 퀴어* 시민성의 발명 공간이 될 수 있는가를 살펴볼 것입니다. 비혼 선언이 기존의 성적 차이로서의 여성과 남성의 젠더** 위계 구조와 이성애 중심주의를 뒤흔드는 다면적 성지향성과 성정체성들, 그것이 기획되고 실험되는 미래적 풍광들의 터가 될 수 있을지 전망하고자 합니다.

비혼 용법 탐구는 기존 사회학자들의 사유 궤도에서 벗어나는 여정이 될 것입니다. 사회학자들이 비혼을 청년 빈곤에서 비롯된 현상이자 사회

---

* 여기서 퀴어(Queer)란 게이나 레즈비언이라는 정체성만을 지칭하는 게 아니라, 남성과 여성이라는 이원화된 젠더 체제와 이성애적 성 규범 체제의 규준틀에 적확히 들어맞지 않는 불화의 존재들을 뜻한다.
** 젠더(gender) 개념은 이 사회에서 자신을 어떠한 정체성을 가진 이로 인식하고 정의내리는가부터 자신이 수용/선택한 사회적 역할은 무엇이며 이 사회가 부과한 존재의 자리는 어디인가에 대한 복합적 질문들로 구성된 것이다.

정치적 소외의 국면, 불안정 취약성의 징표로만 읽어내는 경우가 많기 때문입니다. 일례로 《혼자 살아가기》의 저자 송제숙은 비혼을 1인 가구 여성으로 한정하며, 이들을 신자유주의 경제체제의 가장 취약하고 불안정한 계급으로 읽어내고 있습니다.* 결혼 중심 사회에서 비혼 여성은 인적·사회적 네크워크에서 강제적으로 열외됨은 물론 기혼자 중심의 네트워크로부터 스스로 떨어져 나옴으로써 경제적 불이익과 불안정성을 떠맡는 구조에 놓이기 때문입니다.** 비혼 여성의 열악한 노동과 주택 빈곤 현실에 대한 진단이자, 이를 극복하기 위한 개인 중심의 복지 정책, 주택 정책 개발을 요구하는 마땅한 관점임에도 불구하고, 비혼을 독신으로 한정해 다각적 비혼의 단위를 전망하는 미래적 비전이 다소 결여된 한계를 보이고 있습니다.

비혼에 대한 현실적 읽기의 용례는 비혼 여성의 열악한 현실에 대한 보고인 동시에 자칫 비혼에 대한 이데올로기적 경고나 결혼 제도로의 안착 요청으로 읽힐 위험성이 있습니다. 이러한 관점에서, 저는 비혼 선언이 일으키고 있는 요동이 페미니스트적 미래의 상상과 기획으로 어떻게 이어지는가를 전망하는 미래적 읽기의 용례로서 이 글을 구축해 나가고자 합니다.

---

* "이 연구에서 젊은 비혼 여성들은 교육 자본은 있지만 경제적 지위는 신자유주의 경제의 신(新) 빈곤층에 해당한다.(송제숙, 《혼자 살아가기》, 황성원 옮김, 동녘, 2016, 26쪽.)

** "또한 불안정 고용을 통해 평균 이하의 수입을 벌고 복리 후생을 거의 누리지 못하는 비혼 여성으로서 금전적으로 안정된 노후를 보장할 수 있는 방법을 찾기 위해 고투하고 있다. 이들 대부분은 퇴적된 금융화와 월 스트리트식 금융화로 인해 자신들이 금전적으로 취약한 인구 집단일 수밖에 없음을 전체적으로 조망하지 못하는 것 같긴 하지만 말이다."(같은 책, 185~186쪽.)

사적 영역의 정치화, 비혼

헬페미들이 대대적으로 선언하고 있는 비혼이라는 삶의 양식은 어떻게 도래한 것일까요? 비혼은 다수자 중심으로 개편된 세계는 물론이거니와 자기 자신, 타자에 대한 문제의식과 민감성에서 발로한 것이라 할 수 있습니다. 비혼의 실행은 곧 무수한 질문들을 마주하는 일입니다. 무뎌진 인식 양식과 신체 운용 법, 타자와의 관계 맺기, 친족 안에서의 언어 사용 실태, 가치판단 체계 등이 어떠한 둔감성의 특혜로 이루어져 있는가를 하나하나 뜯어보는 해체 작업 속에서 비혼 선언은 도래했습니다. 비혼 선언은 세계와 자기 자신을 향한 둔감성이 이 사회에서의 특권적 권력 양식임을 알아나가는 폭로 작업과 함께 옵니다.

이 사회의 개편 방식을 당연하게 여긴다는 것 자체가 이미 다수자로서의 위치 선점을 뜻합니다. 다수자란 무엇일까요? 크게 두 가지로 정의될 수 있습니다. 하나는 기존의 주류적 가치와 규범 체계에서 우위적 위치, 특권을 누리는 자이며, 다른 하나는 주류적 가치 규범, 의미 체계에 순응하고 이를 아무런 저항 없이 받아들이고 순응하는 자입니다. 이 두 가지 의미에서의 다수자는 둔감성을 체득함으로써, 이 사회가 굴러가는 방식을 순리로 받아들이며 질문을 멈춰버리게 됩니다. 이처럼 순리이자 질문이 봉쇄된 영역으로 특화된 것 중 하나가 가정과 결혼 제도입니다. 이러한 자연화된 영역에 격렬한 질문의 역량을 개입시키고자 하는 이들이 바로 비혼 선언자들입니다.

비혼 선언은 상식과 전통의 이름으로 견고화된 기존의 가족제도에 맞서는 첨예한 사고가 적용되는 방식이기도 합니다. 나아가 친족 구조라는 사적 영역의 재구성을 통해 기존의 공적 영역과 사적 영역의 위계적 공간 분리마저 파기해나가는 대항 전략이기도 하지요. 비혼 선언은 페미니즘이라는 프리즘의 설치법입니다. 페미니즘은 기존의 주류적 가치 체계와 규범 질서가 가진 한계들에 대한 민감성에서 추동되는 것이기 때문이지요. 페미니즘이라는 비판적 거리 두기 감각은 비혼을 선언하는 헬페미들의 도래를 통해 그 기민성의 정치 역학을 첨예하게 드러내고 있습니다.

물론 비혼이라는 생의 양식은 영페미니스트에 의해서도 구현되었고 이는 2008년 촛불집회에서 비혼자 공동체 행진을 통해 존재를 드러내기도 했습니다.* 그러나 2015년 이후 비혼은 깨어 있는 운동권 출신이나 대학 학내 여성운동가만이 아니라, 페미니스트 다중이 자신을 재구성하는 언어 중의 하나로 채택해 확산시키고 있다는 사실에 주목해야 합니다. 이러한 점에서 헬페미들의 비혼 선언은 기존의 영페미니스트 비혼주의와 구분된다고 할 수 있습니다.

이를 통해, 부계 혈통 중심의 "가족극장"** 마저 의심의 영역에 회부해버립니다. '엄마-아빠-아이'라는 삼자적 가족극장에는 각자에게 배분된 역할과 기능이 이미 정해져 있으며, 이렇게 정해진 역할극을 유일한 사적 영역의 행복 서사로 규정해왔기 때문이지요. 나아가 남성과 여성이라

---

* "한 영페미니스트 웹진은 비혼 여성운동에 힘을 쏟아 2007년 비혼 여성 페스티벌을 개최"했다.(같은 책, 180쪽.) "2008년 6월 21일 개최된 촛불시위 내 사회적 소수자에 대한 차별에 반대하는 비혼 여성들의 집회 홍보 포스트를 볼 것."(같은 책, 214쪽.)

** "가족극장(théâtre familial)"은 질 들뢰즈와 펠릭스 가타리가 저서 《앙티 오이디푸스L'Anti-Œdipe》에서 프로이트를 겨냥하며 사용한 용어이다. 들뢰즈와 가타리는 프로이트 정신분석학이 엄마-아빠-아이라는 삼각형 구조의 핵가족 서사에 국한된 욕망 이론에 불과하다고 신랄하게 비판했다. 이 외에도 "가족이라는 굴레(carcan familial)", "가족적 멍에(joug familial)"라는 표현을 사용했다.

는 극화된 젠더 이원 체계에서 노동과 사랑, 섹슈얼리티, 정체성, 공동 거주와 사랑 연합의 합법적 방식이 독점적으로 규정되어왔음을 적극적으로 문제삼고 있는 실정입니다. 비혼 선언은 부계 혈통 중심적 친족 구조로의 편입 거부이자 기존 가족제도에 대한 날 선 비판입니다. 비혼 키워드의 부상은 헬조선을 뒤흔드는 위협이자 가족극장의 폐막을 알리는 경종이며 페미니즘의 세기를 여는 서막이기도 합니다.

선택하지 않음을 선택하다

비혼의 신체는 어떠한 모습일까요? 아직 미未 자에 혼인 혼婚 자의 '미혼'은 결혼을 모든 인간이 거쳐야 할 통과의례로 상정함으로써, 결혼을 정상화 경로의 중심축이자 필연성의 구조로 전제합니다. 반면 아닐 비非 자에 결혼 혼婚 자를 조합하여 결혼 제도의 필연성을 반박하고 있는 '비혼'은 생애 주기의 가족주의적 개편 양식에서 벗어나 또 다른 생애 주기를 발명하고자 합니다. 이원화된 성차sexual difference가 각인되고 재생산되는 가족제도가 순응적 몸을 산출한다면, 비혼 선언은 이와는 다른 몸의 미래에 대한 기획이기도 한 것입니다. 이는 이상화된 평온의 공간, 자연적이며 본능적·본성적 공간이 아닌 폭력의 공간, 우연적 공간일 수 있는 가족제도를 탈신비화·탈자연화하는 것으로부터 출발합니다. 자연적이며 본래적인 것으로 여겨지던 친족 제도가 어떠한 몸의 현실을 낳고 있는가에 대한 첨예한 인식이 비혼 선언을 추동하는 기저입니다. 다시 말해, 비혼은 아버지의 법질서에 귀속되는 방식으로 더 이상 살지 않겠다는 선언인 것입니다.

여성에게 "생활 보장재"*로서 기능하던 결혼 제도는 아버지의 법질서 속에서 식별 가능한 몸—남성 중심적 성 체제의 바코드가 새겨진 몸—으로의 전환 장치였습니다. 아버지에게 귀속된 교환가치를 지닌 자에서 남편에게로 양도·귀속되어 재생산의 몸으로 이행하는 것이 바로 이 체제가 겨냥하는 바이죠. 그러나 이제 이러한 결혼 서사가 더 이상 사적 구원의 환상 서사로 기능하지 않음이 드러났습니다. 왜냐하면 취집이나 김치녀라는 낙인 범주는 결혼을 여성에게만 유리한 제도로 오인하게 하는 착시 효과를 동반하는 것이자 가정이라는 공간을 안식과 휴식, 소비의 공간으로 전제하는 것이기 때문입니다.

남성과 여성이라는 이원화된 젠더 체제의 구축장으로서의 가정은 여성의 돌봄 노동을 통해 존속되는 공간임에도 불구하고 여성의 재생산 노동을 아무것도 하지 않는 것, 어떤 것도 생산하지 않는 것으로 비가시화하고 저가치화합니다. 즉 기존의 결혼 제도가 여성의 무임금 돌봄 노동과 남성의 임금 생산노동 간의 기능주의적이며 상호 의존적 구도로 유지되어왔음에도 불구하고, 가정 내 여성 재생산 노동의 의도적 탈각을 통해 취집과 김치녀라는 낙인 범주를 강화시켜 온 것입니다.

오늘날에는 여성의 무임금 돌봄 노동에 임금 노동까지 더해져 남성에 대한 기능주의적 의존성—일방적인 부양 대상자로서의 위치성—은 감소했으나 남성의 여성에 대한 기능주의적 의존성—일방적 돌봄 노동의

---

* "긴 세월 동안 여성에게 결혼이란, 하지 않으면 살 수 없는 생활 보장재였습니다."(우에노 지즈코, 미나시타 기류, 《비혼입니다만, 그게 어쨌다구요?!》, 9쪽.)

수혜자로서의 위치성 — 은 확대되는 현상을 보이고 있습니다. 이러한 이중 노동 구조는 취집이라는 낙인 범주 성립의 불가능성을 더욱 적확히 입증합니다. 가족이라는 사적 영역의 불합리한 성별 노동 구조를 가시화하고 정치화하는 관점이 바로 비혼 선언이며 이러한 성별 노동 분업을 젠더적 본성이나 미덕으로 이상화하지 않는 것이 바로 사적 영역의 정치화 전략인 것입니다.

사적 구원의 장으로 결혼과 가정이 더 이상 기능하지 않는다는 비판적 인식은 어떻게 공유·확산되었을까요? 가족주의적 여성 서사 중 하나인 모성 신화는 침묵의 카르텔에 의해 유지되어왔습니다. 즉 결혼 제도가 생산해내는 몸의 현실을 은폐해야만 가족 이상화와 결혼 정상화 논리가 성립 가능했던 것입니다. 그런데 이러한 침묵의 카르텔은 디지털 공간 안에서 산발적으로 확산되는 폭로에 의해 균열이 가기 시작했습니다. '미즈넷'이나 '82쿡'을 비롯한 기존 여성 위주의 인터넷 커뮤니티는 결혼 제도 안에 들어간 비교적 동질적 경험의 집단군 간에 정보교환을 주된 목적으로 삼습니다. 이에 반해, '트위터'라는 SNS는 비동질적이고 이질적인 집단군이 서로의 발화를 엿보거나 공유하는 디지털 공간입니다. 이러한 쇼셜 미디어는 쇼셜 네트워크를 통해 메시지를 전파함으로써 인식 공유를 높입니다. 인식 공유란 집단의 각 구성원이 당면한 상황을 이해하고, 다른 구성원들도 이해하고 있다는 사실도 공유하는 능력*을 뜻합니다. 이러한 맥락에서, 트위터는 기혼 여성의 경험 서사가 비혼 여성들에게 확산되는 주요 경로로 기능하고 있습니다.

* 클라우스 슈밥 외 지음, 《4차 산업혁명의 충격》, 김진희 외 옮김, 흐름출판, 2016, 219쪽.

트위터에서는 단 시간 내에 키워드를 이어 말하기가 가능하며, 이를 통해 기혼 여성의 경험 서사가 불행한 개인의 넋두리가 아닌 보편적인 구조임이 효과적으로 드러나게 됩니다. 폭로적 발화자는 주로 30대, 40대 기혼 여성들입니다. 이들은 결혼 제도 속 가족이라는 규범화된 친밀성의 양식이 여성들의 피와 고통을 담보로 유지 및 보수되고 있는 현실을 선연히 서사화합니다. 또한 순응적 몸으로서 여성을 규율화하고 자기 부정과 죄책감 주지라는 감정적 수탈을 일삼음을 낱낱이 드러냅니다. 디지털 공간 속 발화는 사회적 터부로 여겨지던 사적 영역의 내밀성을 공적 담론의 장으로 전환하는 방식이자 기혼 여성들이 결혼 제도를 내파implosion 하는 전략입니다. 사회적으로 부과된 생애 주기의 정상화 경로에 들어간 내부자들에 의해 행복 서사와 가족 서사의 일치 구조에 대한 모순이 효과적으로 드러나 버리기 때문입니다. 이러한 고통에 대한 기록 행위로서의 발화는 숭고한 가족 신화 뒤에 무엇이 도사리고 있는가를 미시적 차원에서 해부하는 행위이기도 합니다.

주 해부 대상은 모성 신화를 근간으로 한 충만한 경험으로서의 임신입니다. 임신이 여성 신체에 얼마나 큰 위험부담이자 숱한 이상 증상들을 수반하는 한계-경험인가를 세밀하게 담아냅니다. 생명 배태라는 고귀한 목적성 아래, 여성 신체의 잔혹한 변형 과정 ─장기 눌림, 빈뇨, 부종, 입덧 등─을 감내하라 강요하는 일방적 서사 양식에 반하는 발화들이 물컹하게 쏟아져 나옵니다. 모성 신화의 또 다른 축을 맡고 있는 모유수유가 엄마와 아이 간의 평화로운 애착의 상징이자 고요한 기쁨만이 아님을 드러내는 서사가 도입되기도 합니다. 피딱지가 덕지덕지 앉고 찢어진 젖꼭지의 통각과, 유축에 의해 멍울지고 쓰라린 젖몸살의 긴 밤들, 수유 시간에 의해 일방적으로 개편된 일상 등이 상세히 서술됩니다. 명절 동안 일어나는 집약적 여성 노동 착취 형태가 미풍양속으로 이상화되는 이유 또한 날카로이 지적합니다. 부계 혈통의 제례 양식은 죽은 자들을 위한 것이 아니라 살아 있는 남성들의 권력 구도를 재확인하는 방식이라는 내용입니다. 결혼 제도 내 여성들의 굴종적 현실을 다시금 자각시키며 여성과 남성이라는 성차가 갖는 위상의 격차를 철저하게 각인시키는 것이 명절이라는 남성 중심적 제례 의식의 목적임을 폭로합니다.

이러한 고통 발화의 기록 조각들을 엮어나가는 자들은 과연 누구일까요? 그들은 20, 30대 여성들로서 기혼 여성들의 결혼 내파를 이어, 이 체제 바깥에서의 파열 행위를 구성해나갑니다. 즉 비혼 선언은 헬페미라는 특정 세대의 특이성에 한정되는 것이 아니라, 앞 세대의 여성들이 경험한 고통의 감각에 대한 해석체의 일환으로 부상한 것으로 분석됩니다. 이러한 관점에서, 비혼 선언은 여성 세대들 간의 단절이 아닙니다. 모성 신화의 침묵의 카르텔 깨뜨리기라는 내파적 저항이 30, 40대 여성들에 의해 점화되었다면, 20, 30대 여성들이 이를 강화하여 계승하는 것이지요. 다시 말해, 저는 비혼 선언의 대대적 물결의 촉발 원인을 엄마처럼 살지 않겠다는 결심으로 보지 않습니다. 근접한 여성 세대 간의 내밀하고도 충격적인 결혼 서사의 폭로와 이에 대한 해석의 공동체 구성이 일으킨 일이라고 봅니다.

엄마처럼 살지 않겠다는 결심은 올드페미, 영페미 세대에도 있었지만 헬페미 세대의 비혼 키워드만큼 대대적인 선언의 형태나 정치화의 국면으로 이어지지는 못했기 때문입니다. 엄마처럼 살지 않겠다는 결심에는 엄마 삶의 내밀한 기록과 서사에 대한 해석의 공유체라기보다, 엄마 삶

전체에 대한 부정과 거부 의지가 새겨져 있습니다. 이는 곧 엄마 개인의 실수로 읽히며 자신의 바른 선택이 엄마와는 다른 삶을 보장할 것이라는 결론으로 이어집니다. 이러한 사안의 개인화는 결혼 제도에 대한 구조적 저항 행위를 저해합니다. 따져 보면 가부장제 속 모녀 관계에서 딸은 엄마가 경험하는 모성의 잔혹한 구조로부터 돌봄 노동의 수혜를 누리며 생존한 자입니다. 또한 엄마의 임신과 모유 수유, 출산을 비롯한 고통의 내밀한 공유자라기보다는 엄마의 사랑을 끊임없이 갈구하는 자, 엄마의 자리를 이상화하고 이에 대한 결핍감을 증오로 투사해내는 양가적 감정을 지닌 자입니다. 이러한 관점에서, 저는 여성 세대 간의 몰이해 양상이나 모녀 관계의 분열 양상, 기혼 여성 대 비혼 여성의 대립 구조의 결과로 비혼 선언을 읽어내는 것을 지양합니다.

왜냐하면 '엄마처럼 살지 않을 것'이라는 당찬 포부와 결심이 '어쩌다 보니 엄마처럼 살게 된' 이들의 넋두리나 하소연으로 그치고 마는 악순환의 고리를 끊기 위해선, 보다 동지애적이며 보다 근접한 세대 간의 관점 공유, 인식 공유가 필요하기 때문입니다. 이것은 기혼 여성들의 내파적 교란 행위에 비혼 여성들에 의한 외부적 파열의 충격파가 더해지는 것으로서, 이 둘 간의 불연속적 연계 지점들이 분명 존재합니다.

'선택하지 않음을 선택함'은 현실의 협소한 선택지, 그것의 임계점 자체를 가시화합니다. 결혼이 개인의 자율적 선택이라는 환상을 깨고, 이것이 강제된 사회적 제재들과 규범들의 정상화 절차임을 인식합니다. 나아가 남성 특권 구조의 일환인 비대칭적 젠더 체제에 부합하는 몸의 수행성—귀속되는 몸, 재생산하는 몸—을 비틀어버림으로써 선택지 내에 머물지 않고 전복적으로 선택지 바깥의 공란을 생산합니다.

번식 탈락 공포와 비혼 선언의 불안

남성들이 '번식 탈락'의 공포를 호소하고 있습니다. 번식 탈락의 공포는 어디서 기인하는 것일까요? 이것은 마땅히 누려야 할 특권의 박탈―식민지로서의 여성 자원을 분배받지 못한 열패감과 상실감―에 가깝습니다. 반면 젠더 체제의 소수자인 여성들의 비혼과 출산 파업 선언은 아직까지 도래하지 않은 일탈적 미래의 양식을 촉진합니다. 다시 말해, 비혼 선언자들은 공포감에 사로잡히기보다, 미래적 풍광의 불안과 비예측성을 기꺼이 떠안습니다. 이러한 맥락에서 불안angoisse이라는 정동과 공포peur라는 정동을 구분해보고자 합니다.

신자유주의 경제체제의 근간 원리가 공포의 확산을 통한 개인의 무기력화와 순응성의 확보라면, 불안이라는 정동은 이와 어떻게 다를까요? 불안은 인간의 유한성과 의미의 무한대성에서 비롯된 것으로 기존의 주류적 감각판과의 절연선을 그려내는 정치적 정동일 수 있습니다. 또한 급진적 질문을 구성해내는 비판 감각으로 재탐구될 여지가 있습니다. 이러한 재해석은 지금까지 불안을 신자유주의 체제의 주요 정동이자 보수적 원리로 정의해온 것에 반하는 이단적 이론화 작업이기도 합니다.

사회학자 전희경은 현시대를 "불안의 시대"*로 진단하고 있습니다. 즉 불안의 잠식성과 신자유주의 체제의 불안정 고용 형태를 연결시켜 사유하고 있는 것입니다. 지그문트 바우만 역시 《유동하는 공포》에서 공포

---

* 전희경, 「마을 공동체의 공동체성을 질문하다―서울시 마포, 은평지역 비혼/퀴어 페미니스트들의 경험을 중심으로」, 《페미니즘 연구》 14권 1호, 2014, 76쪽.

를 "불안의 감각"*으로 표현하며 공포와 불안을 다소 섞어 쓰고 있습니다. 그러나 필자는 신자유주의 체제의 불안정성précarité과 취약성vulnérabilité이 불안angoisse과 구분되어야 한다고 생각합니다. 이 둘을 혼동하게 되면, 일상의 체제화나 관습화, 규제화에 대한 복고주의적 재건 논리가 불안에 대한 해법으로 등장할 수밖에 없으며 이는 곧 사회 경직화, 전체주의화를 촉진하기 때문입니다. 또한 안정성의 욕구 증대를 위한 공포의 상품화를 불안의 유일한 처방전으로 오인하게 할 위험이 있습니다. 기존 젠더 질서를 붕괴시키는 비혼 전략은 안정화와 본질화를 통해 구축된 가정과 결혼이라는 이상화된 공간의 고체적 토대를 의심의 계보학에 다시 기입하는 것입니다. 대항 전략은 불안한 전조일 때 비로소 전복적 효과를 생산해낼 수 있기 때문입니다.

불안과 신자유주의 경제체제의 밀접성에 방점을 찍고 있는 바우만의 논의를 다시 들여다봅시다. 바우만은 "불확실성을 공포의 동의어"**로 정의합니다. 여기서 공포란 "취약함의 감각"***을 의미합니다. 주목할 것은, 불확실성과 취약성이 오늘날의 유일한 현실 주조틀로 기능하고 있다는 점입니다. 저는 '불확실성의 확실성'만이 삶을 구조화하고 생을 포획하는 인식틀이라고 봅니다. 이러한 불확실성의 확실성이 취약한 몸과 처분 가능한 몸들을 일정한 방식으로 대량 생산하는 주형틀로 작동하고 있기

---

* 지그문트 바우만,《유동하는 공포》, 함규진 옮김, 산책자, 2009, 21쪽.
** "L'incertitude est le synonyme de la peur." (Z. Baumann, *Le présent liquid, peur sociale et obsession sécuritaire*, Traduit de l'anglais par Laurent Buiy, Paris : Edition de Seuil, 2007, p. 69.)
*** 지그문트 바우만, 같은 책, 21쪽.

때문입니다. 처분 가능한 몸이란 언제든 대체 가능하고 폐기 처분될 수 있는 몸을 뜻합니다. 불확실성에서 기인한 공포가 현 체제에 대한 유일한 이해 가능성으로 봉사할 위험이 있습니다. 바우만은 공포를 포획 불가능한 것, 유동하는 것으로 정의내리고 있지만 공포야말로 불안정성의 지속화 작용에 의해 산출되는 것입니다. 즉 공포는 우리의 삶을 일정 방향—무기력화, 체념적 순응화, 개인화, 파편화—으로 주조하는 체제로서 기능하고 있는 것입니다. 저는 이러한 불확실성의 확실성이야말로 이 시대의 고체성이라고 생각합니다. "공포 그 자체는 포획될 수 없어 보이며 흐르고 이리저리 유동"**하고 있는 듯하지만 이러한 유동성, 유약성이 현실의 유일한 강령으로 자리잡음으로써 이것이야말로 가장 견고한 현실의 교직 체계이자 필연성의 구조로 인식되고 있기 때문입니다.

그렇다면 바우만이 말하는 액체 근대의 요체는 그저 흐르고 유동하는 것이 아닌, 불확실성의 고정화, 확정화, 영토화에 있는 게 아닐까요? 왜냐하면 바우만의 공포 개념은 액체처럼 유동하는 것이 아니라 불확실성과 취약성을 견고하게 하여 순응적 몸들을 지속적·체계적으로 만들어내는 기제이기 때문입니다. 이러한 측면에서 바우만이 부정적으로 접근하는 유체성**은 실상 고체성의 또 다른 일면에 불과합니다.

저는 이러한 불확실성précarité과 취약성vulnérabilité을 불안이라는 정동과

---

* "공포가 가장 무서울 때는 그것이 불분명할 때, 위치가 불확정할 때, 형태가 불확실할 때, 포착이 불가능할 때, 이리저리 유동하며, 종적도 원인도 불가해할 때다."(같은 책, 18쪽.)
** 바우만은 《액체 근대》에서 유체성(fluidity)을 "끊임없이 형태상의 변화를 겪는 것", "형태를 쉽게 유지할 수 없음", "견고한 것들을 녹이는 것"으로 정의한다. 그러나 불확실성의 확실성은 대체 가능한 삶의 형태를 대량 양산해서 찍어내고 있는 주형틀로서 이러한 유체성에 부합하지 않는 지속적인 고체성의 체제임을 드러낸다.

구분하고자 합니다. 여기서 불확실성, 불안정성은 사회적 실존 조건의 유약성과 미래에 대한 의미 가능성의 축소로 이어집니다. 이에 반해, 불안은 영원히 살 수 없는 유한한 몸으로서의 실존 조건의 한계를 인식하게 하고, 이로 인한 성찰을 불러옵니다. 비판적 성찰 가능성으로서의 불안은 저항적, 도전적 행위 역량을 증대시킵니다. 불안은 불확실성과 다르게 구조화될 수 없는 것입니다. 이에 반해 불확실성의 확실성은 공포에 대비하는 여러 상품들을 범람시키며 죽음의 유예와 예방, 방지 시나리오를 증식시킴으로써 공포와 함께 살아갈 만한 삶, 견딜 만한 삶을 구성해냅니다. 이렇게 되면 불확실성은 기존 질서를 뒤흔들 수가 없는 것이 됩니다.

하지만 불안은 죽음의 유예가 아닌 삶 한가운데에서 죽음의 조건을 읽어내는 것입니다. 죽음이 곧 인간 삶의 조건임을 깨닫게 하는 사유 작용이 바로 불안인 것입니다. 그러하기에 불안은 이에 대한 예방책, 처방전을 섣불리 제공하는 것이 아닙니다. 이러한 "자유의 가능성으로서의 불안"*을 온전히 떠안을 때에만 기존 질서를 뒤흔들 수 있습니다. 불안정성과 취약성은 어쩔 수 없이 '살아짐'에 대한 체념적 냉소, 무기력화, 절망과 맞닿아 있기에 자기 증식의 축적 논리, 무한 경쟁의 논리로부터 자유롭지 못합니다. 즉 불안정성과 취약성은 체제 순응적 감각입니다. 그러나 불안은 '사라짐'에 대한 인정과 이를 통한 무한 경쟁의 자기 착취 구도와 자기 비대화 원리의 임계점을 직시하게 하는 저항의 기술이자 비판 감각으로 기능할 수 있다고 저는 봅니다.

* 아르네 그뢴, 《불안과 함께 살아가기》, 하선규 옮김, 도서출판b, 2016년, 113쪽.

이러한 관점에서, 바우만이 유형화하고 있는 세 가지 공포 개념을 빌려와 번식 탈락에 대한 공포 현상을 면밀히 분석하고자 합니다. 남성들의 번식 탈락 공포는 ①"신체와 재산에 대한 위협"*의 인식에서 비롯됩니다. 주류적 이성애 질서에서 남성의 신체는 반드시 대척점으로서의 타자인 여성 신체의 사유화를 통해야만 남성성을 승인받기 때문입니다. 결혼 제도로의 진입 불능성은 곧 남성 신체의 사회 문화적 권위 구축의 불가능성을 뜻합니다. 즉 여성의 몸을 통해 아버지의 이름을 계승하는 2세대를 재생산하고, 여성 노동의 집약적 착취를 통해 부계적 제례 의식을 전수하는 것에 대한 위협이 번식 탈락의 공포인 것입니다.

②거시적으로 "사회질서의 지속 가능성과 안정성에의 위협"이자, 미시적으로 개인의 "사회적 지위에 대한 위협"**으로 번식 탈락을 받아들이는 것에서 공포가 발생합니다. 이러한 공포는 이 사회가 남성 중심으로 개편된 사회임을 방증합니다. 젠더 분할 질서인 결혼 제도의 해체를 통해 체제의 견고성에 균열이 일어나는 것은 곧 아버지의 법질서의 유효성이 파기되는 판국인 것입니다. 나아가 남성과 여성이라는 성차가 이 사회에서의 위계적 성 계급성의 지표이며, 이러한 체계 속 다수자로서의 위상이 흔들리고 있음을 감지하고 경계 태세로 전환할 것을 촉구하는 것입니다.

번식 탈락을 ③"생존을 위협하는 완전히 자연적이지도 인위적이지

---

* 바우만은 공포를 세 가지 형태로 유형화한다. 첫 번째가 "우리의 신체와 재산을 위협하는 위험"이다.

** 두 번째 공포의 형태는 다음과 같다. "더 큰 차원에서, 우리가 기대어 살고 있는 사회질서의 지속 가능성과 안정성을 위협하며 생존 자체를 위협하는 위험이 있다. 우리가 이 세상 속에서 갖는 위치—사회적 지위, 정체성—를 위협하는 위험도 있다."(지그문트 바우만, 《유동하는 공포》, 22쪽.)

도 않은"* 재난으로 인식하는 것입니다. 인구 절벽을 예방하는 정책들은 대부분 여성을 겨냥하고 있습니다. 이기적인 여성에 대한 죄책감 각인과 성 본능 의무 강화 이데올로기가 본격적으로 유포되기 시작했습니다. 2016년 12월 29일 행정자치부는 출산 지도를 제작하여 "243개 지자체의 출생아수, 합계 출산율, 가임기 여성 인구수를 집계해 지역별로 공개했습니다." 여성의 몸이 인구재생산 기계임을 공식 선포한 것입니다. 또한 보건사회연구원은 고스펙 고학력 여성을 혼인율 감소의 주된 원인으로 지목하고 이에 대한 대책으로 "'대중에게 무해한 음모' 수준으로 철저하게 기획되고 추진"**되어야 할 것, 즉 의식적·무의식적 차원을 관통하는 여러 이데올로기적 장치들의 동원을 예고하여 논란을 일으키기도 했습니다. 뿐만 아니라, 2017년에 있었던 대선 토론에서 유승민 후보는 "국가적으로 필요한 것은 인구가족부다. 저출산 문제가 심각하기 때문이다. 문재인 후보가 여성가족부 기능 확대를 주장하는 것이 이해가 안 된다"*** 며 여성가족부 폐지 후 인구가족부 신설을 공약으로 내걸기도 했습니다. 이러한 공약이 대두되는 것은 여성가족부가 인구 감소와 상관 관계에 있다고 보기 때문입니다. 번식 탈락의 공포를 정책적 차원에서 해소하고자 한 것입니다. 번식 탈락의 공포란 기존 질서 유지를 위해 불확실성의 확

---

* 세 번째 공포의 형태는 다음과 같다. "우리 생명마저 위협하는 재난"에 의한 공포, "그러나 그 재난은 완전히 자연적이지도 인위적이지도 않은, 둘 중 어느 것도 아닌 것처럼 보인다."(같은 책, 24쪽.)

** "'사회적 규범과 문화를 변화시키는 것은 단순한 홍보 차원을 넘어 거의 '대중에게 무해한 음모' 수준으로 철저하게 기획되고 추진될 필요가 있다"고 역설했다."(이유지, 「여성을 위한 대한민국은 없다⋯ 정부 출산 정책 논란」, 〈포커스뉴스〉, 2017. 3. 7.)

*** 김민정, 「대선 토론 유승민, 여성가족부 폐지하고 인구가족부 설립하자」, 〈국제신문〉, 2017. 5. 2.

5장

실성 아래 순응하게 하는 장치임이 드러납니다.

바우만은 동거를 인간 유대 관계와 동반 관계에 불확실성과 취약성의 구조가 잠식한 상태로 해석하고 있습니다. "일시적 동거라는, 즉 동거의 필요나 욕구가 고갈되면 이 결합이 언제 어떤 이유로도 깨질 수 있다는 가능성을 전제"한다며 "함께 지낸다는 것이 서로 득이 되는 합의와 상호 의존의 문제였다면, 결속 끊기는 일방의 문제"*로 봅니다. 인간 유대 관계가 견고하고도 단단한 교직 관계가 아닌, 결속의 일시성과 해지의 일방성으로 나아가는 것을 유대 관계의 소비화 경향**으로 진단합니다. 이러한 바우만적 관점에서, 비혼은 어떻게 해석될 수 있는 것일까요? 이는 고체적 유대의 결속력이 붕괴되는 현장으로 읽힐 수밖에 없으며 자유로운 결속체, 연합체로서의 비혼 선언이 이기성과 소비주의로 환원되는 결과를 낳습니다. 왜냐하면 바우만은 공포와 불안이라는 두 정동을 혼동하고 있기 때문입니다. 이를 통해 페미니스트들이 실행하고 있는 불안이라는 가능성의 지평과의 조우를 공포라는 불확실성의 확실성에서 비롯된 필연성의 구조로부터의 절망, 즉 가능성의 부재로 축소해버리는 것입니다.

그러나 페미니스트들은 비혼 선언을 통해 자신은 물론 세계를 낯설게

---

* 지그문트 바우만, 《액체 근대》, 239쪽.

** "인간의 유대, 사회적 유대, 동반자적 유대가 퇴색하고 시들며 허물어지고 해체되는 것이다. 죽음이 우리를 갈라놓을 때까지와 같은 헌신은 그 정의와 의도와 실제적 여파로 볼 때, 만족이 지속될 때까지와 같은 일시적이고 덧없는 계약, 어떤 측정 불가능한 비용을 치르고서라도 그 관계를 지켜내려고 노력하기보다는, 파트너 중 하나가 다른 기회나 더 나은 가치를 발견하면 얼마든지 몸을 빼내는 계약이 된다. 달리 말하자면, 유대와 동반 관계는 생산되는 것이 아니라 소비되는 것으로 간주되는 경향이 있다."(같은 책, 259~260쪽.)

비혼 선언

하기*라는 비판적 거리 두기와 새로운 생애 주기의 발명과 공동 주거, 사랑-연합, 우정-연합의 가능성들을 창안해내는 운동성을 실행하고 있는 자들입니다. 비혼 선언은 한 번도 제대로 가본 적 없는 길에 대한 미래적 스케치이자 새로운 생의 풍광들, 전망들에 대한 비결정성에서 비롯된 불안을 적극적으로 떠안는 행위이기도 합니다. 저는 키에르케고르의 실존 범주의 분석틀을 가져와 불안이 어떻게 페미니스트를 추동하는 정동이 될 수 있는가를 설명하고자 합니다.

키에르케고르에게 있어 불안은 이중적 추 운동으로 특징지어지는데, 자기로부터의 이탈과 자기로의 귀환이 바로 그것입니다.** 비혼 선언자들은 불확실성의 확실성이라는 필연성의 구조로부터 매몰당하지 않는 자, 남근 질서에 봉기하는 자, 자기 자신의 신민성으로부터 분리되어 나온 자라는 점에서 자기로부터의 이탈 운동을 실행하는 자라 할 수 있습니다. 또한 비혼 선언자는 사회적으로 부여된 이름과 자리의 질서로부터의 이탈 이후 끊임없이 재구성되는 새로운 주체화 양태의 가능성을 사회와 체제가 부과한 자기성의 자리에 다시 가져와 이를 내파하도록 강제하는 자입니다. 여기서 자기로의 회귀란 자기 동일성의 확보가 결코 아닙니다. 이것은 새로이 발명되고 탈정체화된 운동에너지를 규범적 자기의 자리에 재투여하여, 자기 역동의 자기장을 형성하는 것을 뜻합니다. 자기 회귀란 사회가 부여한 이름과 자리에 생성적 역동 에너지를 난입시키

* "불안은 사물들이 친숙함을 상실한 어떤 상황을 가리키고 있다."(아르네 그뢴, 《불안과 함께 살아가기》, 104쪽.)
** "첫 번째 운동은, 인간이 자신의 세계로부터 자기 자신을 분리시키는 고립화에 있다. 두 번째 운동은 어떤 되돌아옴에 있다."(같은 책, 173쪽.)

는 것이기 때문입니다.

이중적 추 운동은 불안의 역동성과 긴장성을 끊임없이 생성하며 "가능성과 관계"*합니다. 이러한 생성 과정으로서의 불안은 페미니스트들이 변신과 변이의 역동체를 자처하게 하는 추동 에너지와 같습니다. 이를 통해 페미니스트는 기존의 남근적 질서에서 알아볼 수 있는 주체subject라는 예속적 자리에 머물지 않고 나아가 페미니스트는 식별 불가능한 변이체metamorphoject라는 새로운 주체화 양태로 탄생하게 되는 것입니다.

포스트휴먼적 기획으로서의 비혼

비혼 선언자는 전통적이며 휴머니즘적 생산 체제에서 벗어난 존재입니다. 휴먼human이라는 인간성, 인간다움은 남근 질서에 대한 순응, 아버지의 법질서로의 편입을 통해 담보되어온 것이기 때문입니다. 사회적으로 주어진 생애 주기의 정상화 방식이 부계 혈통의 계승자로서의 아버지의 이름이 전수되고 각인되는 방식이었다면, 비혼 선언은 기존의 인간다움이 구성되는 방식이었던 친족 구조와 친밀성의 양식, 섹슈얼리티, 성별 노동 분업의 양태 등을 재구성하고 해체하는 작업입니다. 이러한 의미에서 비혼 선언은 포스트휴먼적 기획을 실행하는 일이라고 볼 수 있습니다.

결혼 제도가 이성애라는 특정 성지향성의 규범화와 2세대 재생산을

---

* "왜냐하면 불안도 가능성과 관계하고 있으며 (…) 가능성을 선취하거나 환기시킬 수 있기 때문이다."(같은 책, 207쪽.)

위한 섹슈얼리티로의 정렬 방식이라면, 비혼 선언은 주류적 성지향성과 섹슈얼리티에 대한 재편 전략으로 작동합니다. 결혼 제도가 강화하고 있는 이성애 규범성은 모든 이들을 유성애자라 전제하고, 성애 방식은 반드시 2세대 재생산을 위한 것이라 말하기 때문입니다. 이를 통해, 동성애자, 양성애자, 범성애자, 무성애자 등은 정상적 성애화에 포함될 수 없는 것, 어떤 성적 실천도 하지 않은 것으로 무화시킵니다. 이러한 맥락에서, 비혼 선언은 무성애*라는 유성애 규범성을 깨는 실천 방식일 수도 있지만, 유성애적 행위들이 다각적으로 재배치되는 장으로도 기능할 수 있습니다. 즉 동종 인간 간의 성적 접합이나 기존의 권력관계가 각인된 몸의 수행성에서 벗어난 섹슈얼리티의 발명은 정상화 기제로서의 성애가 구축한 서사—페니스 발기와 삽입, 사정이 발단-전개-절정-결말 단계를 구성하는 것—마저 붕괴시키는 것입니다.**

젠더화된 섹슈얼리티가 결혼 관계의 성적 의무로 배당되는 현실에서 섹슈얼리티는 재생산 노동의 의무 중 하나로 자리잡고 있습니다. 여기서

---

* 무성애(無性愛), 즉 에이섹슈얼(asexual)은 다른 사람에게 어떠한 성적 끌림이나 성적 흥분, 성적 에너지 투여 필요성을 전혀 느끼지 않는 자로 정의된다. 필자는 이를 대상애적 리비도의 철회로 해석한다. 그러나 에이섹슈얼 중에서는 대상애적 리비도는 철회했지만, 자기 자신의 몸을 성적 에너지의 투여 대상으로 삼는 자기애적 리비도의 행위자가 있기도 하다. 뿐만 아니라, 에이섹슈얼 중에는 이러한 자기애적, 대상애적 리비도 투여 모두를 철회한 상태가 있기도 하다. 즉 에이섹슈얼의 스펙트럼은 다층적인 것이다. 이러한 관점에서, 대상애는 철회됐지만 자기애적 성충동을 가진 에이섹슈얼은 자위라는 나르시즘적 성애로서의 유성애적 행위와 연관되어 있을 수 있다.

** "이성애 섹스 서사 구조는 지극히 남성 리비도의 단선적 정의 방식—삽입과 사정 여부—에서 가두어져 버리고 만다. 성기 삽입을 중심에 놓는, 통념적인 섹스는 그 자체로 이미 남근 중심적, 이성애 중심적이라 할 수 있다. 섹스하기 위해선 섹스를 다시 정의해야 하지 않을지, 혹은 행위와 정의가 동시에 가야하는 것인지 왜 되묻지 아니하는가."(윤지영, 「트랜스 리비도 경제학」,《철학연구》126집, 대한철학회, 2013, 197쪽.)

재생산 노동reproductive labor의 일환으로서의 섹슈얼리티가 의미하는 바는 다음과 같습니다. 이것은 부계 혈통을 잇는 2세대 재생산의 의무로서의 노동만이 아니라, 남성의 심리적 이완을 도우며 남성의 자기 방출적 욕구가 담기는 몸—그릇—으로서의 기능 수행인 감정적 위안과 쾌락 제공의 노동 형태 역시 내포하는 것입니다.

비혼 페미니스트들에게 섹슈얼리티는 이러한 재생산 노동으로부터의 해방 실천일 수 있습니다. 뿐만 아니라, 젠더화된 섹슈얼리티, 즉 남성 중심적으로 개편된 성애 방식만을 유성애적인 행위이자 합목적적 행위로 여기던 규범적 성 수행성에 대한 급진적 문제 제기의 장이 되기도 합니다. 이를 통해, 섹슈얼리티가 기존의 섹스라는 자연화된 질서의 본능성과 본성화를 오히려 강화하는 방식으로 배치되는 것을 해체하도록 합니다. 즉 페니스의 소유자는 삽입하는 자, 질의 소유자는 삽입당하는 자로 성애 수행성을 이분화해버리고 이를 생물학적 신체 구조의 필연성으로 여기는 것을 비판할 수 있게 합니다. 또한 비대칭적 젠더 체계의 사회 문화적 권력관계의 강화 구조에 복무하는 것으로 섹슈얼리티 수행성을 제한하는 방식 역시 해체합니다. 다시 말해, 삽입하는 남성의 공격성과 우월성, 정복성을 우등 가치화하고 자기애의 강화 방식으로 설정하는 반면, 삽입당하는 여성의 수동성과 열등성, 수탈 가능성을 자기애의 타격 방식으로 주지하는 것을 통해 성애적 권력 격차를 명시적으로 견고화하는 기존 방식에 대한 문제 제기인 것입니다. 이와 같은 섹스와 섹슈얼리티의 교착성, 젠더의 하위 범주로서의 섹슈얼리티 양상이 결혼 제도 속 섹슈얼리티의 규범성에 의해 주로 구현되는 방식이라면, 이와는 다른 방식의 섹슈얼리티 수행성이 비혼 양태에서 모색될 수 있습니다.

이를 위해서는 섹슈얼리티를 리비도라는 남성 중심적, 인간 중심적 성욕동 에너지의 장으로 제한하고 있는 프로이트적 개념틀부터 탈구해야 합니다. 프로이트에게 리비도Libido란 성욕동性慾動 에너지를 가리키며, 이는 크게 대상애적 리비도와 자기애적 리비도로 나뉩니다.* 여기서 성욕동 에너지의 투여 대상이 자신이 아닌 타자라면 대상애적인 것이고, 대상이 자기 자신이면 자기애적인 것이라고 합니다. 이러한 리비도 경제에서 여성의 몸은 페니스 결핍자로 규정되며 남근의 부재에 의한 자기애의 타격으로 성적 억압을 내면화한 이로 정의되지요.** 프로이트는 《정신분석학 개요》에서 페니스를 가진 남아와의 경쟁에서 진 여아가 자신의 열등성을 내면화하는 방식으로 자기애적 성적 활동을 억압하게 된다고 분석합니다. 즉 잘린 페니스인 클리토리스를 가진 여아는 나르시시즘적 타격을 입고 자신의 몸에 대한 자기애적 성욕동 에너지를 철회함은 물론 성적 활동 전체에 대한 억압의 국면으로 들어선다고 본 것입니다.

프로이트는 리비도를 한결같이 남성적, 공격적 본질***로 정의하고 있습니다. 그에게 여성적인 것과 리비도의 조합은 모순 그 자체입니다. 나아가 프로이트가 리비도를 에로스Eros라는 삶의 충동력으로만 제한하는

---

* "자기에 대한 리비도, 즉 나르시시즘적 리비도는 대상애적 리비도와 대립하는 것이다."(S. Freud, *Trois essais sur la théorie de la sexualité*, Traduit de l'allemand par B. Reverchon—Jouve, Paris : Editions Gallimard, 1962, p. 126.)

** "여아는 남아와의 경쟁하고자 하는 소용없는 시도 끝에, 팔루스의 결핍을 깨닫거나 자신의 클리토리스의 열등성을 인식한다. 그것은 여아의 성격 형성에 지속적 영향력을 끼친다. 이러한 경쟁에서의 첫 번째 실망은 여아를 성적인 삶으로부터 완전히 비껴나가게 한다."(S. Freud, *Abrégé de psychanalyse*, Traduit de l'allemand par Anne Berman, Paris : Presses universitaires de France, 1985, p. 16.)

*** "리비도는 지속적이고 규칙적인 방식에서 남성적, 공격적 본질에 속한다."(S. Freud, *Trois essais sur la théorie de la sexualité*, p. 129.)

것*은 리비도를 쾌락원칙 하에만 두는 것입니다. 여기서 쾌락원칙이란 쾌락의 양은 높이되 불유쾌한 고통은 최소화하는 것으로 이미 쾌/불쾌, 에로스/타나토스, 삶/죽음 등의 이분법적 구획 원리에 입각한 것입니다. 쾌락원칙 하에 놓인 리비도란 쥬이상스jouissance라는 실재le réel로 넘어가지 못하게 하는 기제이기도 합니다. 쥬이상스란 쾌와 불쾌, 에로스와 타나토스, 삶과 죽음, 선과 악 등의 이분법적 경계를 파기하는 것으로 욕망의 장을 파열시키는 것입니다. 다시 말해, 리비도라는 성욕동 에너지를 에로스라는 생 에너지의 장에만 국한한 것은 아버지의 법질서라는 상징계의 내부, 즉 남근적 욕망 매트릭스에 한정시키는 방식인 것이지요.

그렇다면 이러한 방식이 아닌 비남근적이며 새로운 욕망, 순수 욕망의 가능성을 위해서는 욕동 에너지의 장을 변환시키는 개념 장치가 필요합니다. 이러한 관점에서 저는 페미니스트 변이체를 추동시키는 에너지로서 리비도 – 코나투스를 제창하게 된 것입니다. "리비도—코나투스는 상징계라는 아버지의 법질서의 불가능성으로서의 쥬이상스와 리비도를 접속시킴으로써 충동의 자리에 주체를 위치시키고자 하는 전략이기도 합니다. 이것은 쾌락원칙과 욕망의 질서를 넘어서는 전복적 이행의 힘으로서 새로운 욕망의 세계와 의미의 고리들을 창조해내고자 하는 비남근적 주체화의 촉발" 에너지라 할 수 있습니다.

리비도 – 코나투스는 몸과 몸이 마주치는 위상학으로서 온몸의 감각

---

* 프로이트는 《정신분석 요약》의 두 부분에서 에로스와 리비도를 등치하고 있다. "우리가 앞으로 리비도라고 부를 에로스의 사용 가능한 모든 에너지는 자아와 이드 안에서 구분 없이 발견되며, 이러한 리비도는 존재하고 있는 파괴적 경향성들(타나토스, 즉 죽음 충동)을 무화하는 데에 있다."(S. Freud, Abrégé de psychanalyse, p. 9.)

점들을 지속적으로 변환하는 행위성의 실행으로 이어집니다. 국소 부위로만 제한된 성감대를 재배치하여 생식기 중심성을 해체하는 것입니다. 리비도-코나투스는 새로운 성적 감각대의 실험이며 이것은 쾌락 테크놀로지인 다양한 기구—딜도, 섹스 토이, 섹스 로봇 등—의 포스트휴먼적 섹슈얼리티의 개발을 통해 더욱 활성화될 수 있습니다. 물론 프랑스 아티스트 세자르 봉크César Vonc가 설계한 섹스 로봇의 최초 버전은 여전히 이성애자 남성을 위한 여성형으로 고안된 한계를 띠는 것이 사실입니다. 그러나 앞으로의 섹스 로봇은 다각적 성지향성의 섹슈얼리티를 반영한 것일 수 있으며 굳이 휴머노이드형의 인간 유기체와의 유사한 구조일 필요조차 없어질 것입니다. 쾌락 테크놀로지의 활용은 인간과 인간 간의 동종 결합과 이성애적 성기 결합으로 섹슈얼리티를 제한하지 않을 것이기 때문입니다. 이것은 인간과 비인간 간의 이종적 성적 결합은 물론 여성들의 자신의 몸 탐사와 감각 다발의 방사가 수행되는 장치가 될 것입니다. 나아가 기존의 삽입 주체와 삽입 객체의 위상을 생물학적 실체론으로 축소시키지 않고 이러한 두 지점을 자유자재로 전이·역전시키는 페깅pegging—여성이 딜도를 달고 남성에게 애널 섹스를 하는 것으로 기존의 삽입 주체와 삽입 대상의 위치점 전복—이 실행될 것이며 이성애적 성적 수행성의 전형을 깨뜨리는 것이 될 수 있습니다. 이러한 실험성은 해부학적 성기와 섹슈얼리티의 교착성을 붕괴시키는 것이기도 합니다. 또한 생식기라는 기관 쾌락으로 축소되지 않는 다른 몸의 감각 다발들을 재배치하는 위반적 수행성은 몸과 몸의 마주침에 대한 새로운 위상학의 지도를 그리는 일입니다. 이로써 여성의 수동성과 남성의 공격성을 이분화하는 것, 즉 위계적 젠더 체제의 하위 범주로 섹슈얼리티를 축소해온 것에 대한 대항 전략으로 기능하게 합니다. 나아가 기존의 생식기 중심, 시각 중심의 섹슈얼리티 경제에서 전혀 성적인 것이라 여겨지지 않던 온도나 질감, 색감, 미각, 후각 등이 다각적으로 촉발되는 장이 포스트휴먼적 쾌락 테크놀로지에 의해 열릴 수 있습니다. 예를 든다면, 기존의 시각 중심적 포르노그래피에서 벗어나 여러 청각적, 촉각적, 후각적, 미각적 자극 등이 동시적으로 진행되는 4D 형식의 가상현실 프로그램을 통해 성적 자극과 판타지의 제공은 물론 새로운 성적 경험을 구성할 수 있습니다.

이를 통해, 비혼 선언자들이 추구하는 섹슈얼리티의 장은 남성 중심적 욕망 매트릭스에서 벗어난 것이자 산발적·중층적 감각들의 향연이 펼쳐지는 장이 될 것이며 나아가 위계적 젠더 질서를 붕괴시키는 실험의 터가 될 수 있습니다.

비혼 양식 세분화하기

비혼은 어떠한 모습의 삶일까요? 비혼 양태를 세분화함으로써 단순화될 수 없는 풍부하고도 복잡한 층위의 비혼 담론을 다뤄보고자 합니다.

첫 번째로 단독 주거의 형태가 있습니다. 이 유형은 보안 테크놀로지의 개발에 큰 영향을 미칠 것입니다. 우리 사회에 안전 보이스앱의 개발이나 보안 로봇, 보안장치와 경찰서가 바로 연계되는 안전 서비스 어플리케이션 개발, 지문 인식이나 홍채 반응을 통한 문 자동 개폐 방식, 여성 안심 배달 서비스 등이 적극적으로 도입될 것입니다. 이것은 사회 내에서 여성의 단독 주거를 어떻게 바라보고 있는가에 대한 강력한 문제 제기가 되기도 합니다. 이 사회의 주류적 주거 양식을 혈연이라는 아버지 아래로의, 또는 결혼이라는 남편 아래로의 귀속으로만 한정할 때에, 여성의 단독 주거는 남성 보호자 없는 불완전한 상태로 읽히기 때문입니다. 이는 곧 남성의 통제를 받지 않는 여성의 삶을 불안정한 위험 지대로 만들며 혼자 사는 여성의 주거 공간은 물론 여성의 신체라는 몸-공간마저 언제든 쉬이 탈취·정복할 수 있다는 편견을 조장하기 때문입니다.

여성의 독립 공간이 언제든 남성에 의해 침해당할 수 있다는 편견은 여성 자취방에 대한 남성 중심적 성적 판타지를 구성하기도 합니다. 남성의 성적 판타지를 여성의 자취방에 투사한 사진집이 출간되어 많은 논란과 분노를 샀습니다. "작가가 2015년 '여성의 자취방'을 주제로 촬영했다는 사진 중 한 여성이 자취방에서 신체를 노골적으로 드러낸 포즈를 취한 사진들이 논란이 되면서 누리꾼들의 비판이 제기됐지요. 이후 누리꾼들은 지난 1일부터 '여성 자취방의 실상은 이렇다'며 자신이 겪은 실제 범죄 경험담을 '#이게_여성의_자취방이다' 해시태그를 달아 트위터에 올리기 시작했습니다."* 이 해시태그 운동은 혼자 사는 여성이 겪는 각종 범죄의 위험과 사회적 편견에 대한 비판과 이에 대한 문제의식의 공유를 가능하게 했습니다. 이는 곧 강간 문화라는 여성 포식 구조의 일상성을 여실히 드러내는 것이기도 합니다.

바로 이러한 여성의 단독 거주의 권리와 안전보장을 위해서는 가족

---

* 고한솔, 「훔쳐보기의 일상화 #이게_여성의_자취방이다」, 〈한겨레〉, 2017. 2. 6.

중심으로 개편된 현재의 여러 안전보장 방안 및 복지 정책, 주택 정책*, 금융정책, 의료 정책, 세금 정책 등에서의 불평등 구조에 대한 강력한 문제 제기를 할 수 밖에 없습니다. 나아가 단독 주거를 선택한 여성들의 경제적 독립과 삶의 질 보장을 위해서는 남녀 간 임금격차 해소와 더불어 가족 부양자에 비해 훨씬 더 해고와 비정규직 위험이 높은 비혼자들을 위한 노동시장 구조의 개편 역시 투쟁의 대상입니다. 가부장적 가족주의에 근간한 노동시장 구조를 개선할 새로운 노동법과 임금제도 마련을 위한 법안 발의와 입법화 과정은 비혼 선언자들의 경제적·사회적 독립성과 안전망 확보를 위한 전제 조건이기 때문입니다. 뿐만 아니라 비혼 선언자들 간의 정서적 유대 고리를 구성해나감으로써 결혼 제도 바깥에 있음이 곧 사회적 고립이 아님을 보여줄 수 있습니다.** 일례로 언니네 네트워크 모임 중 퀴어 비혼 페미니스트 모임인 '아는 언니들' 코러스 팀은, 합창을 하며 정서적 유대를 다지기도 합니다. 이러한 사회적 가시화 작업은 앞으로의 시민 정치의 주요 축으로 부상할 것입니다.

두 번째로 반려동물과 공생하는 주거 형태가 있습니다. "정부야 네가 아무리 나대봐라, 내가 결혼하나 고양이 키우지"를 외치는 여성들은 남성 중심적이고 여성 혐오적인 출산 정책을 강력하게 비판합니다. 비혼

---

* "문재인 더불어민주당 대선 후보는 28일 "4인 가구 중심의 공공 임대주택 입주 자격을 동거, 비혼, 여성 등 다양한 형태로 확대하겠다"며 "청년 1인 가구의 주거 부담을 국가가 줄이겠다"고 밝혔다. (…) 사회 임대주택의 공급도 확대해 "사회적 기업, 협동조합의 공간을 청년들이 저렴하게 빌릴 수 있게 하겠다"며 "공공 기관이 사회적 기업, 협동조합 등에 토지 장기 임대, 주택도시 기금, 리모델링 비용을 지원하게 하겠다"고 했다."(김영환, 「문재인, 동거·비혼·여성에도 임대주택 입주 자격 부여」, 〈이데일리〉, 2017. 4. 28.)
** '퀴어 비혼 페미니스트 친구들을 만나는 방법'이라는 제목으로 2017년 '아는 언니'들의 새로운 단원들을 모집하고 있다.(http://www.unninetwork.net/?p=3073)

의 양태를 단독 거주가 아닌 반려동물과의 공동 주거로 염두하고 있다는 것입니다. 인간-동물과 비인간-동물 간의 친밀성의 양식은 동종 인간들 간의 커뮤니케이션이나 동종 무리화와는 전혀 다른 방식의 삶을 초래합니다. 반려동물을 위한 공간 배치법이나 위생 개념의 변화, 하루 일과의 재편, 비언어적 소통 체계로 변환을 통한 상호적 길들이기 과정과 상호적 변신의 프로세서들이 열릴 가능성이 큽니다. 이는 인간 중심으로 개편되어왔던 생활양식에 큰 변환을 불러올 것입니다. 이러한 비인간-동물과의 친애 관계는 공동-주거 양식으로서만이 아니라 채식주의vegetarianism나 비거니즘veganism*이라는 식생활과 실천 양식 전반의 전환으로 이어지기도 합니다. 언니네 네트워크에는 비건 퀴어 페미니스트 소모임 '아삭'이 결성되어 있습니다. 아삭은 유기 동물에 대한 구호 활동 및 비건 카페와 식당 정보 공유, 동물권 등에 대한 권리 옹호 활동을 합니다.**

결혼을 하지 않은 사원의 반려동물에게 가족 수당을 부여하는 기업도 등장했습니다. 이것은 비인간-동물을 가족의 일원으로 인정하는 행위인 동시에 기혼 직원을 중심으로 편성된 회사 복지 제도의 전환이기도 합니다.*** 사원과 반려동물의 공동 주거를 독신 형태로 규정한 한계가 있긴 하

---

* 비거니즘은 채식주의의 7가지 종류 중 가장 엄격한 단계다. 일체의 동물성 식품을 거부하고, 동물실험한 화장품이나 의약품, 모피류의 불매운동 및 동물 권리 옹호 운동을 펼친다.
** https://www.facebook.com/pg/asakvegan/posts/?ref=page_internal
*** "영국 화장품 브랜드 러쉬코리아는 독신을 선언한 경력 5년 이상의 임직원을 대상으로 새로운 복지 제도를 실시한다고 밝혔다. 독신을 선언한 직원이 반려동물을 키울 경우 월 5만 원의 지원금을 수당으로 지급하고, 반려동물이 죽을 경우 하루의 유급휴가를 주기로 했다. 결혼하고 출산을 한 직원에게 아동 수당이 있듯, 반려동물이 있는 독신자에게 반려동물 수당을 준다는 것이다. 물론 수당이 반려동물 수대로 올라가는 것은 아니다."(최우리, 「독신 사원 반려동물 '가족 인정'… 월 5만 원 수당 준다」, 〈한겨레〉, 2017. 5. 22.)

지만, 결혼 제도에 속하지 않은 비혼 선언자들에게 비인간-동물이 어떠한 위상을 갖는지에 대한 인식 전환이 녹아든 복지 정책이라 할 수 있습니다.

상속권을 인간이 아닌 비인간-동물에게 부여하려는 시도들도 일어나고 있습니다. 이를 통해, 기존의 법적 권리의 주체와 객체에 대한 재정의를 통해 "권리의 주체로 '인간'을, 권리의 객체로 '물건'을 구분하고 동물을 '물건'으로 봤던 오랜 기간의 인식 체계가 바뀌기 시작"*한 것입니다. "기존 2,000여 년간 확고히 자리잡았던 권리주체로서의 인간과 객체로서의 물건이라는 이분법적 사고에서 권리주체인 인간과 객체로서 물건 사이의 중간물로서 '생명', 즉 희노애락을 느끼는 감정을 가진 생명체로서 동물을 인정하는 3원적 체계로 변모"**한 것입니다.

더불어 비인간-동물의 미래에 대한 전망과 비전 구축이 구체적 금융 상품으로 등장하고 있습니다. 외국과 달리 국내에는 반려동물에 대한 직접 상속은 아직 불가능하기 때문입니다. 우리 법에서 규정하는 상속은 자연인의 사망으로 인하여 재산을 포함하는 권리와 의무를 상속인이 포괄적으로 승계받는 것을 말하기 때문입니다. 대신 주인 사후에 남겨질 반려동물에게 재산을 남길 수 있는 금융 상품이 등장했습니다. 자신의

---

* "애완견에게 거액의 재산을 상속하는 경우는 외국에서 더 많이 발견할 수 있다. 미국 방송인 오프라 윈프리가 그의 애완견들에게 약 300억 원의 재산을 상속한 것이 대표적 사례다. 2007년 사망한 한 미국의 부동산 재벌이 그의 애완견에게 140억 원을 상속하기도 했다(다만 잇따른 소송을 거치며 이 애완견이 받을 유산은 20억 원으로 줄었다는 후문이다). (…) 이미 반려동물은 다양한 법제에서 재산을 상속받을 수 있는 반열에 올라섰다."(황국상, 「반려동물은 '물건'일까 아닐까?」, 〈머니투데이〉, 2016. 11. 21.)

** "윤철홍 숭실대 법과대학 교수는 "애완견은 물론이고 반려동물 등은 단순한 물건이 아니기 때문에 생명이 없는 일반 물건과 달리 취급돼야 한다"며 "오스트리아, 독일, 스위스의 민법전은 '동물을 물건이 아니다'라고 선언했다"고 설명했다.(같은 기사.)

사후에도 비인간-동물의 안정된 삶을 보장시켜주려는 것으로, 반려동물을 자신의 계승자로 여기는 관점이 확산되는 추세가 될 것입니다.

세 번째로 성애적 관계를 포함하지 않는 여성들 간의 공동 주거인 우정 연합체가 있습니다. 이는 곧 기존의 공과 사의 구분점을 뒤흔드는 대항 실천이 될 것입니다. 여태껏 사적 영역은 아버지나 남편에게 귀속된 이들이 거주하고 부양되는 영역이자 부계 혈통의 세대 계승이 이어지는 성애적 장소였기 때문입니다. 비혼을 선언한 여성들의 공동 주거는 비성애적 결합체라는 새로운 공동체의 부상을 의미합니다. 남성을 포함하지 않는 공간이라는 점에서 이미 정치적 행위의 산물임과 동시에, 기존의 사적 영역의 의미 지형을 이탈해버리는 것이라 할 수 있습니다. 이를 통해 비혼 선언하는 개인의 몸의 미래는 비혼 공동체라는 미래적 사회의 몸을 이루는 정치 역학적 단위가 되어버리는 것입니다.

비혼은 생활동반자법이나 파트너등록법 입법화 투쟁에 의해 보다 구체화될 수 있습니다. 진선미 의원에 의해 입법 발의된 생활동반자법은 혼인 관계에 귀속되어 있지 않은 동거 가족에게 가족으로서의 권리를 부여하면서 동시에 부양의 의무, 가사로 인한 채무의 연대 책임을 부과하는 대안적 제도입니다. 동거인의 성별이 한정되지는 않으나 여전히 성애적 관계를 바탕으로 한다는 점에서 한계를 띱니다. 반면 이화여대 법학전문대학원 모임 '풀하우스'에서 제안한 파트너등록법은 "성별이나 성애적 관계 여부와 무관하게, 친밀함을 바탕으로 주거와 생계를 함께하고자 하는 사람이라면 누구나 파트너를 가족으로 등록할 수 있는 법"*입니다. 이러한 관점에서, 파트너등록법은 기존의 이성애적 관계를 바탕으로 한 공동-주거와 사랑-연합의 방식만이 아닌 다른 방식의 공동-주거와 사랑-연합, 우정-연합의 양태들을 사회적·정치적 권리로 부상시키는 법안이라 할 수 있습니다.

즉 이러한 입법화 투쟁을 통해, 결혼 제도 안에 들어가지 않은 성애적 결속체, 비성애적 결속체라도 수술과 같은 의료 과정에서 보호자로서의 권리 행사, 국민연금에서 부양과 피부양의 관계 인정, 상속권 등의 법적 권리와 의무 등이 부여될 수 있도록 하는 정치적 연대의 장이 구성될 것입니다. 그렇다면 이것이 의미하는 바는 무엇일까요? 이것은 남성(아버지나 남편)에 의해 보호되고 부양되는 유약하고 의존적 존재로 위치되어 왔던 여성의 사회적 위상에 지각변동이 일어났음을 뜻합니다. 여성들이 서로의 보호자이자 동반자가 되어 여러 사회적, 제도적 혜택의 수혜자이자 의무와 권리의 행위자가 될 수 있음이 여성 공동체의 가능성을 통해 입증될 것입니다.

그렇다면 비혼 선언 속 비혼모 선언은 과연 가능한 것일까요? 비혼모 선언이 가능하기 위해서는, 한 아이를 낳고 기르는데 필요한 물적 조건의 기반은 물론 정서적·심리적 지원과 공동 양육 시스템이 필요합니

---

* "'친구, 애인과 나는 왜 법적 가족이 될 수 없을까. 결혼이 아닌 다른 가족제도는 없을까.' 지난 달 27일과 28일 서울 서대문구 이화여대 정문 앞에서 이 대학 법학전문대학원 소속 모임 '풀하우스'가 이런 의문을 공유하며 '파트너등록법'(가칭) 지지 서명 캠페인을 했다. (…) 서로 돌보고 지내는 1인 가구들, 장기 돌봄 관계인 고령자, 동거·장기 연애 커플, 결혼하지 않고 부부로 사는 재혼 커플, 동성 커플, 생활 주거 공동체 등 기존 제도로는 가족이 될 수 없는 이들을 위해 새로운 법이 필요하다고 이들은 주장한다. 그동안 온·오프라인에서 약 1,100명이 지지 서명을 했다. 풀하우스는 지난 5월 재단법인 동천의 '공익·인권 활동 프로그램' 활동팀으로 선발돼 캠페인을 비롯한 각종 홍보를 하고 있다. 풀하우스는 인터뷰에서 캠페인을 벌인 배경을 "가족법과 현실의 괴리" 때문이라고 강조했다. 혼인 가구 말고도 다양한 형태의 가족이 존재하는 게 현실임에도 이들은 '법외 가족'에 해당돼 주거·보험·고용·의료·금융·복지 혜택에서 저절로 소외당하고 있다는 뜻이다."(석진희, 「애인·친구와는 '법적 가족' 될 수 없을까요?」, 〈한겨레〉, 2016. 11. 7.)

다. 기존의 전통적 공동체의 구심점이 되어온 제례 의식—혼인이나 장례, 제사 문화 등—에 내재해 있는 남성 중심성을 해체하는 비혼 선언의 주체, 바로 그들로 구성된 여성들 간의 우정-연합체야 말로 공동 양육이 가능한 비혼 공동체입니다.

네 번째로 결혼을 하지 않은 이성애자 커플이 있습니다. 낙태죄 폐지와 출산 파업을 부르짖으며 비혼 선언에 합류한 여성과 그의 파트너는 어떻게 평등한 관계를 구축할 수 있을까요? 남성의 피임 의무가 강력하게 제기될 것이며 남성용 피임 기술이라는 재생산 테크놀로지의 증대와 확산을 가져올 것입니다. 비혼 선언에 합류한 이성애 커플에게 피임의 문제란 더 이상 여성의 몫이 아니기 때문입니다. 피임의 의무와 권리를 남성에게 이행시킴으로써 기존의 주류적 이성애 관계와는 다른 대안적 관계 양태를 모색할 수 있게 될 것입니다. 여성의 몸을 가부장제 부계 혈통의 계승점으로 바라보는 관점에서 벗어남은 물론 여성과 남성의 공동 주거를 개인 대 개인의 정서적 연대체이자 해지 가능한 사랑-연합체로 볼 때에만 비혼 이성애자 커플의 개혁성이 드러날 수 있기 때문입니다.

또한 여성과 남성 간의 성별 노동 분업이 기존의 가부장적 질서 속에서 배분되었던 방식과는 다른 방식으로 이루어져야 할 것입니다. 남편과 아버지의 권위가 재확인되는 구조가 아닌 방식으로 사적 영역이 재구성되기 위해서는 가족 내 노동 형태의 새로운 배분판에 대한 모색이 요구되기 때문입니다. 여성다움, 엄마다움이라는 전형적 여성성에 기반한 노동 착취 구조의 가족 도덕률—전통적 효의 관념, 모성 신화—들이 부서지는 계기가 될 것입니다. 나아가 이는 기존의 공적 영역과 사적 영역의 구분을 뒤흔드는 것으로 작동해 비혼 이성애 커플의 사랑-연합체가 전복적 행위 생산소로 기능하게 도울 것입니다.

퀴어 시민성의 발명 공간

비혼 선언은 정상성 규범이 유일한 사회적 존재 질서의 구조로 기능해
온 것에 대한 강력한 대항 전략으로 기능할 수 있습니다. 이러한 관점에
서, 퀴어는 사회가 부여한 가만히 있어야 할 제자리성이라는 규범적 위
상학에 균열과 분열성을 도입하는 이들이며 비혼 선언에 합류 가능한 존
재 양태들인 것입니다. 퀴어는 완벽한 정체성의 공간을 확보하여 이에
안착하는 이들이 아니기 때문입니다. 퀴어는 정체성들의 간극과 불일치,
불협화음을 지난하게 경험하고 있는 존재들을 의미합니다. 퀴어 스펙트
럼이 이미 이성애 규범성을 관통하고 있다고 볼 수 있습니다. 퀴어의 본
질을 특정 성 지향성에 두는 것에 반대하며 퀴어의 보편성을 살펴보고자
합니다.

　퀴어는 성적 지향성뿐만 아니라, 성 정체성, 관계 양태의 배타성 여부,
섹슈얼리티 수행 양식, 유성애자 규범성, 젠더 규범성 등에서의 비판적
이탈자, 불일치와 간극의 도입자를 뜻합니다. 다시 말해, 퀴어성queerness
은 이성애자와 동성애자만이 아니라 남성과 여성, 성 지향성의 방향이
단일한가(모노 섹슈얼)와 성 지향성의 방향이 다방향적인가(논모노), 유
성애와 무성애, 배타적 독점 관계(모노가미)와 다자 연애(폴리아모리)
등의 이분법적 위계성을 문제로 삼는 것입니다. 퀴어성은 복잡다단한 미
시적 실천과 기호로 우리를 구성하고 있습니다. 이성애 역시 수많은 이

성애들이 있으며 이성애라는 성적 지향성을 주류의 표지라 여기기엔 관계 양태나 섹슈얼리티의 실천 방식, 자신이 체현하는 젠더 역할 순응도 여부 등의 다층적 변수들이 도사리고 있습니다. 다시 돌아가 퀴어의 주류적 자리, 퀴어의 진정성을 특정 성 지향성의 형태로 국한시키는 것은 또 다른 퀴어들에 대한 혐오와 배척으로 이어질 위험이 있습니다. 이는 퀴어가 누구인가에 대해 단정적 답을 내리고, 고통과 핍박의 서사를 특정 퀴어 형태에게 부여하고, 퀴어성의 본질화와 정체화를 낳기 때문입니다. 퀴어성은 닫힌 개념이 아닌 지속적 변환 과정 속에 재구성되고 있는 개념이자 생성과 경합의 정치학입니다.

즉 성적 지향성은 물론 성 정체성, 성적 지향성의 일방향성/다방향성, 관계 양식의 배타성 여부, 섹슈얼리티 수행/탈각 양식, 젠더 규범 순응도/저항도, 젠더 표현과 젠더 실천 등에 따라 나타나는 퀴어성들은 비혼이라는 사랑-연합체, 우정-연합체 내에서 구성 가능한 결속 단위들이 될 수 있는 것입니다. 이것은 곧 다양한 존재 양태들이 생의 궤도 속에서 가시화되고 정치화되는 방식이자 이성애 규범성의 허구성을 적확히 겨냥하는 전략이 될 것입니다. 이러한 퀴어의 보편성을 통해 이성애 규범성에 정확하게 들어맞는 이들이 어느 누구도 없다는 것을 효과적으로 드러낼 수 있기 때문입니다. 다시 말해, 비혼적 결합 양태는 새로운 노동 배분과 성적 차이들이 실험되는 장이 될 것입니다. 다양한 존재 양태들의 사랑-연합체에서 입양이 가능해지면 기존의 세대 존속 방식의 혈연 중심성 역시 깨뜨릴 수 있을 것입니다. 비혼이 퀴어 시민성의 발명 공간으로 작동하게 될 때에, 이 사회의 혈연주의, 배타적 민족주의, 정상성 규범의 열외 효과 등을 효과적으로 견제할 수 있게 됩니다. 뿐만 아니라,

소수자성의 정치가 보편성의 정치로 구성될 수 있음을 인식하는 계기가 될 것입니다.

미래적 비전 비혼 선언

비혼은 도발적 선언이자 대항적 실천, 페미니즘 담론의 주요 키워드이자 대안적 제도로의 변환점으로 부상하고 있습니다. 이러한 실천, 담론, 제도라는 세 축을 새로이 구성하고 있는 비혼에 대한 미래적 용법의 창안 이야말로, 현재 한국 사회에서 비혼의 현실을 제한하고 있는 규범적 장치들을 효과적으로 해체해나갈 수 있는 길입니다. 비혼은 기존의 위계적 젠더 분할 체제와 이성애 규범성의 가족주의가 생산하는 순응적 몸이 아닌 다른 미래적 몸을 생산해내는 전략이기 때문입니다. 또한 이것은 새로운 생애 주기의 발명이며 퀴어 시민성의 연대 방식이기도 하지요. 즉 비혼 선언은 기존의 인간다움이 구성되는 방식이었던 친족 구조와 친밀성의 양식, 섹슈얼리티, 성별 노동 분업의 양태 등을 재구성하는 것이기 때문입니다.

이러한 비혼 선언의 대대적 물결은 디지털 공간 속 결혼 제도가 생산하는 몸의 현실을 폭로하는 기혼 여성들의 내파 전략에 의해 촉발되었으며 이것이 비혼 여성들의 외부적 파열 행위로 강화되어 계승된 것이라 할 수 있습니다. 다시 말하지만, 비혼 선언은 엄마처럼 더 이상 살지 않겠다는 여성 세대 간의 단절이나 대립 구조에서 비롯된 것이 아닙니다. 아버지의 법질서의 유지 기제인 침묵의 카르텔을 파기한 기혼 여성들의 내파적 저항성과 비판적 외부 분쇄력의 발로라 할 수 있습니다.

비혼은 독신이나 독거라는 고립의 단일 지칭이 아닙니다. 여성 단독 주거만이 아니라 비인간-동물과 인간-동물 간의 공존 주거와 친밀성의 양식이자 여성들 간의 우정-연합체, 사랑-연합체, 이성애자 여성과 남성의 탈가부장적 사랑-연합체, 퀴어 시민성의 발명 공간을 포함하는 다각적 창조 행위입니다. 이를 통해, 비혼 선언에 합류한 이들은 무엇을 성적인 것으로 정의할 것인가라는 섹슈얼리티 수행성의 문제는 물론 유성애 규범성의 파기, 성별 노동 분업 구조의 해체를 통한 사적 영역에서의 노동 배분의 재고, 새로운 성적 차이들의 실험 등을 실행할 수 있게 됩니다. 왜냐하면 비혼은 인간 중심성과 남성 중심성, 이성애 중심성, 유성애 중심성 등을 녹아내리게 하는 용융점이기 때문입니다. 또한 비혼은 다면적 생의 국면들을 도입하는 미래적 풍광의 전개면이 될 수 있습니다. 즉 비혼 선언은 기존의 인간다움의 덕목들, 의무 강령들, 욕망 규범들의 매트릭스를 박차고 나오게 하는 포스트휴먼적 기획과 실천의 터이자 반란적 상상력의 과감한 기입 행위인 것입니다. 이러한 반란적·파괴적 상상력은 기존의 질서 더미들을 부수는 망치이자, 그 폐허 더미 위에서 새로운 벽돌을 굽는 작은 화로이자, 뜨거운 진격의 에너지에 다름 아닙니다. 이제 당신도 그 진격의 반란에 함께하겠습니까?

6장

#MeToo

폭로는 항시 있었다

허용되지 않았던 여성들의 서사가 넘쳐흐를 때에, 한국 사회의 지반은 붕괴될 것입니다. 여성 서사는 거대한 강간 문화로 구조화되어 있는 일상의 부조리를 선연히 드러내, 이 사회의 작동 원리 자체를 의문에 부쳐 버리기 때문입니다. 2016년 10월 한국 사회를 들끓게 했던 '#_내_성폭력' 폭로 운동이, 2018년 1월 29일 '안태근 성폭력 게이트'로 인해 대대적으로 다시 공론화되고 있습니다. 강간 문화에 대한 여성들의 말하기는 언제나 있었으나 한정된 가청 범위에 갇힌 이들은 마치 처음 보는 것처럼 생경해 합니다. 이를 미국발 #MeToo 운동의 때늦은 상륙으로 이해하는 사대주의적 시각이 언론 매체를 통해 드러나기도 합니다.

2016년의 성폭력 폭로 운동이 의사 결정직, 고위 책임직을 독점한 남성들의 조직 사회에서, 상대적 취약 계급인 여성들이 그들의 포식 대상임을 드러내 보여주었다면, 2018년의 사건은 검사라는 엘리트 계층의 여성도 강간 문화에서 자유롭지 못함을 드러냈습니다. 아무리 학벌이 좋고 연봉이 높아도, 다시 말해 상징 자본에서 엘리트이자 경제 계급에서 우위를 차지한다 할지라도, 여성이라는 젠더 계급성은 이 사회의 근원적 억압 조건임을 보여주는 사건입니다. 조직 문화의 내부 고발자가 된다는 것, 그것도 엘리트 집단 내 성폭력이라는 문명의 얼굴을 한 야만성을 벗겨낸다는 건 배반 행위이자 자신은 물론 세계가 서 있는 토대의 와해이기도 합니다. 즉 폭로는 폭력의 지도라는 문명의 판을 뒤엎고 이를 다시 짜는 행위인 것입니다.

강간 문화는 유리천장과 밀접한 연관성을 가집니다. 유리천장이란 여성들이 고위 임원직과 의사 결정직, 마에스터 등의 직책에서 구조적으로 열외되는 현상으로 이 사회의 하부 계급성에 여성들을 머물도록 하는 것입니다. 이러한 구조적 열외는 남성들의 특권 구조를 강화하고 여성들을 동등한 파트너십에 입각한 선배나 후배, 동기가 아닌 사적으로 접근 용이한 존재이자 성적 착취 대상으로 여기게 합니다. 즉 유리천장 위에서 군림하는 남성들의 연대체가 사회적·경제적 취약성을 가진 여성들을 손쉬운 포식 대상으로 삼게 하는 것, 이것이 강간 문화의 근본 원인입니다.

여성들이 폭로라는 발화 방식을 채택한 것은 일반적 소통의 경로를 통해서는 강간 문화의 구조를 도무지 흔들 수 없기 때문입니다. 합의와 소통이라는 협업과 의사 조율의 장은 철저한 여성 열외를 통해 구축한 남성들의 연대 체제입니다. 남성이 소통 자원을 독점한 구조에서 여성의 발화는 지나치게 감정적인 것이거나 특정 남성을 해하기 위해 음모를 꾸미는 다른 남성의 꼭두각시 정도로 여겨왔기 때문입니다. 그러하기에 여성은 날 선 폭로의 파장대 위에서 자신의 온 존재를 걸고 세계의 벽을 밀어 새로운 발화의 지평을 열어젖힐 수밖에 없는 것입니다. 이러한 관점에서, 미투 운동은 자기혐오와 남성 공포의 굴레에서 벗어나는 방식이자, 구조적 남성 폭력male violence에 맞서는 저항 행위이자, 세계에 대한 새로운 기획 의지입니다. 자신이 당한 피해를 피해로 인식하기 위해서는 사회적 개념 자원과 소통 자원이 필요합니다. '오래 전'이라고 지칭되는 그 시기에는 여성에 대한 남성 폭력을 남녀상열지사, 개인적이고 사적인 일들, 여성 개인의 처신 문제로 치부해왔습니다. 여성들은 대부분 자책과 공포감을 안은 채, 자기혐오와 부인의 시간에 매몰되어야 했던 것입니다. 오랜 시간 동안 자신을 짓누르던 자책과 공포의 굴레에서 벗어나도록 한 미투 운동은, '강간 문화'와 '성폭력 사회', '남성 연대'에서 라는 대항적 개념 자원을 인식·공유하게 했습니다. 또한 여성들이 서로의 발화를 공명해내는 연대이자 소통 자원이 되어줌으로써 폭로의 용기가 여기저기서 터져 나왔던 것입니다.

피와 눈물, 분노와 용기가 서린 여성 서사가 새로운 세계의 도래를 견인하고 있는 이 찰나에, 이 개벽을 어떻게든 남성과 남성 간의 음모론과 공작론으로 가리려는 안간힘, 그것이 소위 진보 남성의 유일한 반격이라면, 그러한 진보는 이제 사라져야 합니다. 그러한 진보는 남성들만의 배타적 연속체를 위한 안전 막이었을 뿐이며 여성 서사에 의해 다시 쓰여질 진보는 이미 남근적 사유의 담을 넘어섰기 때문입니다.

현재 미투 운동은 검찰 내의 성폭력 문화에 대한 폭로를 넘어 문단계와 언론계, 학계, 정치계, 만화계, 연극·영화계로 확산되고 있습니다. 그런데 이러한 강간 문화 폭로자들을 향한 "순수한 의도가 아니다, 다른 목적이 있다"는 식의 2차 가해가 정치적 견해처럼 포장되어 퍼지고 있습니다. 이는 가해자 중심의 서사를 사회적 인식점으로 설정한 결과이며, 피해자들에게 구조적 부조리를 모두 다 해명하고 증명해낼 것을 요구하는 책임 전가입니다. 피해자들이 매 순간 직조해나가고 있는 용기와 저항의 서사 문법을 확산시키기 위해서는 언론이라는 대중적 담론의 유통장부터 변화해야 합니다. 피해자 개인의 신상 털기와 선정적 소비가 아닌, 남성 폭력의 구조적 재생산에 대한 메커니즘 분석이 선행되어야 합니다. 언론 보도가 온 존재를 걸고 용기를 낸 피해자들을 향한 2차 가해로 이어지지 않게 하기 위해서는 다음에 유의해야 합니다.

1. 기사 제목을 피해자의 이름이나 추행 묘사가 아닌, 가해자의 성폭력 사건으로 명시하여 강간 문화의 본질을 드러내야 합니다.

2. 피해자 제보 인터뷰 시에 진위 여부 판별을 위해 피해자 신상이나 구체적 성폭력 행위 묘사를 요구하는 것은 언론의 몫이 아님을 인식해야 합니다. 피해자가 어떻게 용기를 내게 되었는지, 폭로의 심각성과 이것이 계속 방조·묵인·재생산되는 상황에 대한 이야기, 피해자가 기대하는 폭로의 효과 등을 기사화해야만 강간 문화라는 구조적 문제를 해결해갈 수 있습니다.

3. 피해자에 대한 외모나 성적 자극 요소의 부각이 아니라 피해자가 처한 취약 지점이 무엇이었으며 이를 가해자가 어떻게 이용했는지를 보도해야만 강간 문화가 성별 위계 구조에 의한 폭력임이 명확히 드러날 수 있다고 봅니다.

4. 폭로 그 이후 언론의 관심이 물러나면 가해자측에 의한 본격적 보복성 고

소가 시작될 수 있습니다. 피해자가 고립된 섬으로 남지 않기 위해서는 언론의 지속적 후속 보도가 필요합니다. 성폭력 폭로 운동의 진행 방향이나 사법 시스템에서의 투쟁 상황, 방청(傍聽) 연대를 통한 시민 연대 운동 등에 대해서도 대중적 인식을 촉구하고 폭로 운동이 사회구성원 모두가 참여해야 할 사안임을 인식시켜야 합니다.

5. 가해자에 의한 보복성 고소의 주요 근거가 되고 있는 '사실 적시에 의한 명예훼손'이라는 조항 폐지의 필요성을 언론이 조망하고, 이것이 외국 법규에는 존재하지 않는 이유 등을 지속적으로 다뤄야합니다.

미투 운동에서 방점이 찍힐 것은 성폭력 상황에 대한 묘사 자체가 아닙니다. 피해 정황에 대한 진술은 사법부에서 보고받을 사안이지 언론계가 판관을 자처해 진의 여부를 판단해서는 안 됩니다. 불특정 다수를 향한 폭로라는 형식과 사법 절차에 따른 성폭력 고소·고발은 다른 것이기 때문입니다. 폐쇄적인 공동체 내에서 강력히 작동하는 침묵의 카르텔을 깨뜨리기 위해서 불특정 다수라는 사회 구성원들을 불러모아 듣게 하는 것, 이것이 바로 폭로인 것입니다. 구조적으로 뿌리내린 성폭력 문화를 파헤치기 위해서는 폭로가 가장 효과적으로 이 사회를 흔들 수 있는 방법이지만 이는 사법 시스템에서 요구하는 신원 확인을 수반할 필요는 없습니다. 폭로에서는 익명성이 보장되어야만 2차 가해가 최소화될 수 있을 뿐만 아니라, 폭로의 용기를 내는 데에 따르는 부담을 줄일 수 있기 때문입니다.

문제는 남성

미투 운동이라는 여성 서사가 대중적 담론의 유통장에 개입하는 방식을 평온한 질서에 대한 난입으로 여기며 이를 여성 단체와 여성가족부의 문제, 여성들만의 문제로 국소화하려는 움직임도 있습니다.

여성을 향한 남성 폭력인 강간 문화의 책임을 지속적으로 여성들에게로 돌리는 일이 빈번히 일어나고 있습니다. 장자연 씨 사건을 소환하며 여성들의 폭로 용기가 지연된 탓에 성폭력 문화가 뿌리내린 것처럼 호도하는가 하면, 민간단체인 여성 단체의 늦대응이나 여성가족부 측의 정책 미비로 인해 성폭력 문화가 근절되지 않는다고 비난하기도 합니다. 이는 강간 문화의 요체인 남성들의 페니스 카르텔을 은폐하고자 하는 의도에서 비롯된 것입니다. 강간 문화의 시작점도 해결점도 모두 여성들에게 있다는 관점이야말로 구조적 문제이자 제도적 문제인 남성 폭력을 여성들이 알아서 해결해야 한다는 논리인 것입니다.

강간 문화의 근절을 위해서는 '사실 적시에 의한 명예훼손죄'를 폐지하는 사법 시스템의 변화를 비롯하여, 정부 부처들 간의 협업과 정책적 제도 마련을 위한 시스템의 구축이 필요합니다. 또한 여가부가 성폭력 사태의 컨트롤 타워로 기능하기 위한 자율적 결정권을 주어야하며, 더 많은 인적·경제적 자원을 지원해야 합니다. 무엇보다 유리천장 위에 군림하며 기득권을 독점하고 있는 남성 연대의 가해자성에 대한 성찰과 여성을 열외시키는 위계적 조직 문화의 개선이 선행되어야 합니다. 미투 운동의 촉발과 대책 마련을 여성 단체에게로 포커스를 맞추면 성폭력 폭로 운동이 호도돼 본질적인 강간 문화라는 구조적 문제가 흐려질 수 있기 때문입니다. 강간 문화의 근절은 사법부와 정부 부처가 머리를 맞대 정책적 시스템을 만들어가야 할 장기적 비전이 요구되는 사안입니다.

이윤택 성폭력 사태는 강간 문화의 전형적인 작동 원리를 보여줍니다. 위계적 조직 문화는 방관과 공조, 묵인, 참여의 방식으로 업계 내 우두머리의 폭압을 지속시키며 그러한 피라미드 구조에서 자신의 포식자성 역시 확인받고 전수합니다. 포식 대상인 여성을 삼켜온 연극계 성폭력은 남성 연대를 통한 남성 폭력의 극장에 다름 아닙니다. 그 폭력의 극장이 상연하는 여성 착취의 무대는 바로 여성들의 폭로와 용기에 의해 무너져내리고 있는 것입니다. 그러나 폭력의 스펙터클을 지속시킨 공조자들은 그 어느 때보다 열심히 침묵의 커튼 뒤로 몸을 숨기고 있습니다. 이제 그 커튼을 찢어야만 여성 착취의 상연이 멈출 것입니다.

이윤택과 같이 업계에 지대한 영향력을 가진 인물들은 그 어떠한 견제도 받지 않는 무소불위의 권력을 누립니다. 특정 인물이 집약적 자원을 독점하는 위계적 조직 문화에서는 기존의 규칙에 대한 철저한 복종과 순종만이 피라미드의 상부구조로 승격될 수 있는 유일한 길이죠. 즉 위계 사회에서의 생존의 기술이자 성공의 기술로서 강간 문화에 대한 방조와 묵인, 참여가 일어나는 것입니다. 한 공동체의 부조리를 내부 고발하고 개혁을 가하는 이들을 용납하지 않는 조직 문화의 폐쇄성이 바로 강간 문화의 재생산을 낳는 것입니다

여기서 우리가 주목해야 할 것은, 이윤택 성폭력 사태의 공조자 중에 경력이 높은 기수의 여성도 포함되어 있으며 그녀가 신입 여성 단원을 포식 대상으로 떠미는 공급책의 역할을 맡은 가해자라는 점입니다. 이를 어떻게 해석해야 할까요? 강간 문화가 남성과 여성 간의 젠더 위계의 문

제가 아니라, 단지 권력 위계의 문제라는 손쉬운 해석들이 아직도 유효할까요? 그렇지 않습니다. 공급책 역할을 맡은 여성 역시 피해자였을 수 있으며 자신의 피해자성을 받아들이기 어려운 분열적 상태와 자기혐오의 상태에서 포식 대상이 되지 않기 위해 다른 여성을 피해자로 떠미는 구조로 이어졌다고 봅니다. 폭압적 남성에 대한 공포와 피해를 피해로 인식하는 것을 감당하지 못하는 분열성, 자신을 방어하기 위해 다른 여성들을 가해하는 폭력의 이중 구조가 드러납니다.

그러나 남성들은 단 한 번도 자신이 포식 대상이 될 리 없다는 안전함 속에서 방관·묵인·참여해왔으며 나아가 자신들도 여성 포식 구조의 가해자성을 가진 포식자의 자리를 계승·재생산했다는 것이 여성 가해자와의 변별 지점입니다. 즉 강간 문화 속 여성 가해자의 양상은 자신의 피해 사실을 은폐하고 축소하기 위한 자기방어기제이자, 자신의 피해자성의 최소화를 다른 여성에 대한 가해자성의 구축을 통해 이루고자 하는 분열적 태도를 보인다면, 남성 가해자는 그 어떠한 제재도 받지 않는 전능성을 숨죽여 목도하며 자신 역시 포식자로 길러지고 결국에는 아무렇지 않게 관행화하고 있다는 점에서 다릅니다. 즉 강간 문화에 대한 방관은 수동적 입장에 그치는 것이 아니라 그것이 이미 또 다른 강간 문화의 적극적 생산 지점이라는 것에 주목해야 합니다.

남성 가해자들의 카르텔이 유일한 사회적 성공과 결탁의 서사가 될 때에, 여성들이 남성 가해자들의 관점과 시선을 동일시하는 것만이 사회라는 공적 영역에서 버텨낼 수 있는 전술로 각인받는 것 또한 남성 중심 사회의 지배 효과입니다. 이러한 남성 중심적 사회를 붕괴시키기 위해서는 부조리한 현실의 묵인이 아닌 부조리와의 절연선에서 시작되는 여성 연대 선례들이 확산되어야 할 것입니다. 여성 할당제를 통해, 여성들이 유리천장을 깨고 조직 속 의사 결정 구조에 참여하고 고위 책임직을 배분받는 것이 '양적 전환'의 길이라면, 여성 성공 서사와 여성 연대 서사의 새로운 재현의 정치학을 기획하는 것은 '질적 전환'의 방식인 것입니다.

그런데 연예계 가해자들의 사과문을 보면, "이 바닥의 관습이라 잘못된 것인 줄 몰랐다" "서로 호감이 있는 상태라" "연애 감정이 있었던 것 같다" 등 책임을 회피하는 태도를 어렵지 않게 볼 수 있습니다. 한 사회의 부조리한 관습 탓, 구조 탓으로 돌리는 그 언사부터 낱낱이 해부해볼까요? 구조적 질서란 그 안에 속한 한 개인에 대한 초월적인 상부 심급으로서만 존재하는 것이 결코 아닙니다. 바로 그 개인들이 구조를 유지하는 부조리를 끊임없이 재생산해야만 그 구조적 질서가 더욱 공고해지는 것이지요. 즉 구조와 개인은 상호적 의존성을 통해 굴러가는데, 특정 구조는 특정 개인을 생산해내고 그러한 개인은 특정 구조의 강화에 이바지함으로써 구조와 개인의 결탁 관계, 공모 관계가 성립되기 때문입니다. 그런데 마치 가해자가 관습과 구조의 전적인 피해자인 양 구는 것을 용인하는 것은 이 사회가 이미 가해자 중심으로 개편되어 있음을 방증할 뿐입니다. 가해자는 그 부조리의 체제에서 수혜를 누리는 이로서 그 구조의 폭력을 대물림하고 또 다른 피해자들을 양산함으로써 자신의 권력성을 확인한 것이기 때문입니다. 가해자는 자신이 저지른 일에 대해 책임을 져야 합니다.

호감 상태나 연애 감정이 있었다는 주장은, 연애 감정이 위계질서의 상부에 앉은 이에 의해 일방적으로 정의될 수 있는 것이 아니라는 것조차 간과하고 있습니다. 호감과 연애 감정은 두 사람 간의 동등한 관계에 입각한 상호적 소통에서 비롯된 것이어야 합니다. 그런데 남성이 원하면 그것이 곧 여성이 원하는 것으로 여겨져 온 남성 중심적 욕망의 문법은 남성의 배설적 지배욕만을 유일한 욕망법으로 한정함으로써 강간을, 성폭력을 연애 서사의 필연적 절차로 오인하도록 한 것입니다. 그따위 연애, 그따위 사랑은 강간이며 폭력이었음을 여성들이 외치고 있습니다. 다시 말해, 친밀성의 서사, 욕망의 서사에서 얼마나 여성 서사가 탈각되어 왔는지를 보여주는 대목이라고 생각합니다. 만약 여성 서사에 입각한 욕망 문법이 전적으로 다시 쓰인다면, 그것은 곧 성폭력에 대한 정의법은 물론 사랑, 연애, 섹슈얼리티의 역사 자체에 대한 혁명이 될 것입니다.

그렇다면 남성들은 어떻게 미투 운동에 함께할 수 있는 것일까요? 미퍼스트MeFirst 선언을 하면 도움이 될까요? 미퍼스트 선언은 폭로 현장의 남성들을 정의로운 남성과 짐승 같은 가해자 남성으로 이분화하여 자신의 정의감을 내세울 기회로 성폭력 폭로 운동에 접근하는 얕은 시도라 할 수 있습니다. 남성들은 자신의 방관과 침묵·가해의 역사를 은폐할 것이 아니라, 남성 카르텔의 수혜자로 직·간접적으로 복무해온 것에 대한 성찰과 내부 고발부터 해야 할 것입니다. 그런 의미에서 미퍼스트 운동은 여성 피해자들의 목소리를 지우는, 여전히 남성 중심적인 발화 권력의 독점 의지인 것입니다. 강간 문화의 방관자이자 예비 가해자임을 폭로하는 남성의 WithYou는 자기 자신에 대한 내부 고발이자 남성 연대 문화에 대한 고발이라는 중층적 성격을 갖습니다. 다시 말해, 남성들은 미투 운동에서 여성의 피해 사실을 경청하고, 자신이 묵과한 가해자성—침묵과 간과, 무지의 권력—을 성찰하고, 남성 연대를 내부 고발하는 위드유 운동으로 연대해나갈 수 있다고 봅니다. 이것은 여성의 착취 구조에 대한 폭로의 일환이자 행동 변화의 출발점이 될 것입니다.

강간 문화는 여성과 자리를 바꿔 앉아주거나 기사도 정신을 발휘한 젠틀한 제스처를 몇 번 취함으로써 바꿀 수 있는 것이 아닙니다. 이러한 행위는 성폭력 가해자가 무엇을 잘못하고 있는지, 어떻게 공동체 내부에 폭압을 행사하고 있는가를 깨닫지 못하게 해 가해자의 행동 양식의 어떠한 변화도 일으키지 못하기 때문입니다. 이러한 방식은 항시 피해를 입는 자들의 처신과 대처법의 간구로만 이어지기 십상이기 때문입니다. 강간 문화의 가해자가 회식 자리나 일상에서 발생할 시에, 그 자리에 있는 구성원 모두가 한 마디씩 가해자에게 문제를 제기하거나 제재를 가하는 말을 물결처럼 이어 쏟아냄으로써 가해자를 고립시키는 것이 필요합니다. 다시 말해, 피해자의 고립이 아닌 가해자의 사회적 고립을 통해서만 가해자에게 이미 시대의 감각이 달라졌음을 철저히 인식시켜 행동의 변화를 강제할 수 있을 것입니다. 그러나 가해자의 사회적 고립이 곧 가해자의 자살을 의미하는 것은 결코 아닙니다. 성폭력 문화에서 가해자의 자살 역시 가해자가 가질 수 있는 특권적 선택지가 아닐까요? 가해자의 자살은 자신이 저지른 성범죄를 없었던 것으로 무효화시킴과 동시에 피해자가 궁극적 가해자로 전치되는 구조이기 때문입니다. 이로써 가해자는 자살 시도나 자살행위를 통해 자신의 사회적 입지와 사회적 동정론을 보장받게 됩니다.

피해자의 자살은 어떨까요? 철저한 사회적 고립의 결과물인 피해자의 죽음은 사회적 조명도 제대로 받지 못합니다. 피해자가 죽었으니 더 이상 밝힐 필요 없는 다 끝나버린 일로 은폐되어 강간 문화는 지속되는 것입니다. 가해자의 자살 역시 강간 문화를 지속시키는 요소입니다. 가해자는 자살이 아닌 사회적 제재와 형법적·민사적 제재를 받아야 하며, 선례로 남아 남성 중심 사회의 썩은 고리들을 끊는데 쓰여야 합니다.

그런데 미투 운동이라는 거대한 해일 앞, 펜스룰Pence rule을 설치하며 자기방어기제를 발동하는 이유는 무엇일까요? 강간 문화의 원인인 남성 폭력 구조를 여성—성폭력의 빌미를 주는 몸이자 지나친 예민함을 가진 자—탓으로 돌리는 것이 펜스룰입니다. 이는 피해자 열외의 정당화이자 남성 연대의 강화를 목표로 합니다. 그렇다면 펜스 안에 갇혀야 할 자는 누구일까요? 그것은 피해자가 아닌 가해자 연대인 남성들입니다.

이제 우리는 강간 문화를 폭로한 이들과 연대해 우리가 묵과한 강간 문화의 고리를 하나씩 끊어나가야 합니다. 이러한 행동의 대전환만이 세상을 바꾸고 남성 중심적 지각판을 변동시키는 계기가 될 것입니다.

폭로 그 이후

우리나라는 권위와 위계에 의한 서열 구조를 통해 조직 문화, 공동체 문화를 구축해왔기에 하위 계급성을 가진 이들의 자유로운 발화와 문제 제기가 거의 불가능한 구조였습니다. 미투 운동은 여성을 향한 남성 폭력이 조직 내 남성 연대의 윤활제이자 사회적 생존 기술로 기능해왔음을 드러냈다는 점에서 기존의 남성 중심적, 연령주의적 조직 문화에 대한 도전이자 새로운 조직 문화의 시대적 요청입니다. 미투 운동은 폐쇄적 조직 문화에 대한 강력한 경종이자, 제대로 된 소통 체계의 구축과 더불어 내부 고발 문화가 한 조직의 개방성을 위해서도 장려되어야 한다는 점을 사회적으로 각인시킨 사건입니다. 공동체의 결정권을 몇몇이 독점한 구조에서는 하부 계급에 속한 이들의 선택지는 매우 제한적이기 때문입니다. 그 조직 문화에서 생존하려면 체념과 침묵 외에는 다른 출구가 없다는 폐쇄적 분위기는 부조리에 의한 피해를 약하고 못한 자신의 탓으로 여기게 할 뿐만 아니라, 강자와 승자가 되는 것만이 착취당하지 않고 착취할 수 있는 것, 오직 그것을 자유로운 상태이자 취득해야 할 자리로 여기도록 합니다. 바로 여기에서 구조적 폭력의 대물림이 일어납니다.

성폭력 가해자만이 아니라, 가해자의 권력을 직간접적으로 누리는 다른 구성원들까지 나서서 피해자에게 2차 가해를 발생시키는 이유는 피해자를 조직에서 제거한 후, 그 자리를 자신들이 다시 나누어 갖음으로 폭력의 카르텔이 더욱 공고해지기 때문입니다. 이러한 폐쇄적 구조는 오히려 피해자를 사회적 부적응자로 병리화하고 정작 적폐의 대상인 자신들을 사회적 정상이자 상식으로 옹호하고 정당화함으로써 사회적 고름들을 산적하게 만드는 것입니다.

그렇다면 강간 문화 폭로 이후 남성 중심적 조직 문화가 바뀌기 위해서는 무엇을 해야 할까요? 이를 위해서는 피해자가 아닌 가해자가 제대로 처벌을 받아야 하며 피해자가 그 조직 문화의 주요한 역할을 해나가는 이로 성장해가는 선례가 만들어져야 합니다. 이러한 미투 운동은 직장 문화만이 아니라, 우리의 일상 곳곳을 뒤흔드는 촉매제가 되고 있습니다. 대학 OT에서 빈번히 일어나는 성폭력에 대비하는 움직임이 학교와 학생회 차원에서 준비되고 있다고 합니다. 강간 문화란 야만적 얼굴을 한 몇몇 이들에 의해 지탱되는 예외적 현상이 아니라, 여성을 동등한 파트너십에 입각한 선배와 후배, 동기로 여기지 않는 것, 공적 영역에서

의사 조율과 결정의 협업 대상으로 보지 않고 손쉬운 심리적·정신적·성적 착취의 신체 자원으로 여성을 환원하는 일련의 사고와 행동 체제를 일컫는 것이기 때문입니다.

강간 문화를 근절해나가기 위해서는 일회성 예방 교육이 아니라 유치원부터 초·중등 교육, 시민 평생교육, 부모 교육의 형태로 페미니즘 교육이 반드시 도입되어야 합니다. 이것이 이 사회에 뿌리 깊은 강간 문화를 근본적으로 해결해나가는 가장 유효한 전략 중 하나가 될 것입니다.

페미니즘이란 여성의 취약성의 경험을 파편화하지 않고 이를 기록하고 해석하는 언어이자 자신이 겪은 부조리와 착취의 고리를 끊어내는 것입니다. 그리하여 다른 현재와 대안적 미래를 도모하여 피해자의 고립을 막는 것입니다.

이러한 관점에서 피해자들이 폭로 이후 고립된 섬으로 남지 않기 위해서는 다음과 같은 시스템 구축이 필요합니다. 폭로한 피해자들에 대한 소송절차에 대한 법적 지원을 비롯한 심리적 상담 지원, 의료적 지원, 경제적 지원이 무료로 진행되는 원스톱 서비스가 정부 차원에서 체계적으로 마련되어야만 합니다. 폭로 그 이후 언론의 관심이 물러나면 가해자에 의한 본격적 보복성 고소가 시작될 수 있습니다. 언론의 지속적 후속 보도가 필요하며, 이를 통해 성폭력 폭로 운동의 진행 방향이나 사법 시스템에서의 투쟁 상황을 알림으로써 대중적 인식과 관심을 지속시켜야 합니다.

나아가 피해자들이 폭로 그 이후, 홀로 힘겹게 싸우지 않기 위해서는 방청 연대라는 시민운동을 통해, 남성 중심적 사법 체계에 대한 감시와 압박을 가해야 할 것입니다. 이는 폭로 운동이 이 사회 구성원 모두를 불러모아 듣게 하고 행동하게 하는 사회적 운동이자 구조적 변화의 일환임을 인식하고 실천하게 하는 방법입니다.

뿐만 아니라, 성폭력 폭로 운동을 저해하는 '사실 적시에 의한' 형법 조항의 폐지 운동과 더불어 2차 가해가 주로 여성 혐오적 언사나 사회적 소수자에 대한 혐오 발화로 나타나는 것을 막기 위해 '혐오 표현 규제법' 개설이라는 새로운 입법안 상정도 필요합니다. 또한 강간죄의 구성 요건을 '항거'에서 '동의'로 개정하는 것이 가해자 관점이 아닌 피해자 중심적 관점을 사법 체계에 반영하는 방식이라고 생각합니다. 그리고 폭로의 용기를 낸 피해자들의 목소리가 지워지지 않기 위해서 강간 문화의 가해자들에 대한 형법상 양형의 강화를 실행하고 민법적 손해배상 체계가 제대로 가동하게 해야 합니다. 다시 말해, 피해자들의 폭로에 대한 사회적 응답으로서 가해자들에 대한 사회적 제재, 형법적 처벌과 민법적 손해배상제가 철저하고도 엄중하게 이루어짐으로써 가해자들이 이 사회에서 그어떤 기득권이나 결정권도 누리지 못하게 하는 결과로 이어져야 합니다. 이처럼 다각적 차원에서의 지원과 시스템 개선만이 이 사회의 새로운 세기를 견인하는 피해자들의 말의 시간과 자리를 마련해줄 수 있을 것입니다.

그런데 아직도 폭로라는 여성 서사의 장을 고통의 전시이자 피해자화의 과잉 서사로 여기는 관점도 있어 이에 대한 비판적 접근을 시도해보고자 합니다.

고통 그 자체와 고통의 맥락화/의미화

피해자가 경험하고 느낀 바를 발화하고 이를 폭로한다는 것은 이를 더이상 개인적 불운으로 묻어두지 않겠다는 선언입니다. 나아가 현재를 트라우마적 과거가 반복되는 범죄 현장으로 방기하지 않겠다는 결단이기도 합니다. 이것은 고통의 맥락화, 즉 자신이 겪은 바를 주류적 의미망과 대결시켜 나가거나 그 의미망 속에 자신의 경험을 기입하고자 하는 행위입니다. 정신분석학자 자크 라캉은 고통을 언어화·개념화하여 상징계the symbolic라는 의미 질서로 편입시키는 것을 고통의 맥락화라고 했습니다.

그렇다면 여기서 우리는 '고통 그 자체'와 고통의 의미화를 구분할 필요가 있습니다. 왜냐하면 고통 그 자체의 물질성이란 트라우마의 중핵이되는 물자체物自體이자 언어화될 수 없는 것이기 때문입니다. 이것은 의미화 체계에 걸려들지 않는 공백이자 무의미성을 가리키는 것입니다. 라캉적 용어로 이것은 실재the real에 근접하는 것이자 죽음의 무화 과정에 내던져질 수밖에 없는 것이지요. 그러나 생을 살아내려는 인간은 고통을 물질성 자체가 아닌 언어나 의미망이라는 스크린으로 덧대어 볼 수밖에 없습니다. 만약 이 베일을 걷어내고 고통 그 자체와 직면하면, 정신증으로 빠지거나 죽음 가능성이 매우 커지기 때문입니다. 즉 무의미로서의 고통, 알 수 없는 것으로서의 고통 그 자체는 피해자들의 폭로적 발화를 통해 의미화로 전환·이동함으로써 성폭력 폭로 운동이라는 사회적·정치적 공론장의 일환을 구성하게 되는 것입니다.

고통 그 자체와 고통의 의미화라는 두 층위는 세밀히 구분되어야 합니다. 전자가 자기 자신은 물론 그 누구도 가닿을 수 없는 죽음 충동의 소용돌이라면 후자는 의미화되고 해석된 고통을 사회적·정치적 행위화의 계기이자 구조적 변환의 전회 지점으로 구성해내는 통감의 지점인 것입니다. 이 둘의 층위에 대한 구분이 전제되지 않을 시에는 모든 고통에 대한 호소와 발화는 고통 그 자체에 대한 선동이자 무의미하고 위험한 시도로 읽히게 됩니다. 뿐만 아니라, 피해자로서 말하기를 시도하는 이에 대한 극도의 의심과 고발 의식이 강화될 수 있습니다.

고통 발화가 사안을 개별화해 연대를 불가능하게 한다는 주장을 살펴봅시다. "고통 경쟁이라는 고통 증명 방식이 고통 자체가 피해자의 정체성이 되게 한다"는 주장입니다. 그런데 여기서 고통 그 자체는 무의미의 지점이자, 알 수 없는 비非재현의 영역입니다. 그렇다면 이러한 무의미의 영역으로서의 고통 그 자체는 정체성이라는 사회적 의미 지점조차 부여될 수 없는 장임을 뜻합니다. 왜냐하면 언어 질서, 의미 질서에 들어올 때야만 비로소 정체성이라는 것이 획득되기 때문입니다. 이러한 관점에서 고통 그 자체가 정체성이 된다는 주장에는 이미 고통의 물질성과 고통의 의미화의 측면을 뒤섞어버린 오류가 발견됩니다.

또한 고통이 계량화되어 비교 가능하다는 것은 이미 고통 그 자체가 의미망에 의해 포획될 때에만 나타나는 효과인 것입니다. 왜냐하면 고통 그 자체는 계량화와 측량화조차 불가능한 지점, 아득한 심연이기 때문입니다. 그러하기에 고통 경쟁에서 고통이 셈의 대상이 된다는 것은 이미 고통이 의미화의 지점으로 이동했음을 뜻하며 고통의 의미성이 치열한 사회적 경합의 대상이 되었음을 뜻합니다.

고통은 그저 과거로의 포박인가?

그렇다면 고통은 단지 과거로의 회귀이자 피해자를 과거성에 갇히게 하는 것일까요? 미처 다 언어화될 수 없는 퍼덕이는 고통 그 자체는 피해자의 발화 속 재맥락화의 과정을 거치며 언어적 망에 부분적으로 걸려들고 맙니다. 이러한 서사화는 이 둘 간의 분열성―고통 그 자체와 고통의 의미화 사이의 간극―을 필연적으로 산출하며 이러한 간극에 의한 고통 또한 촉진합니다.

다시 말해, 피해자의 발화 과정은 과거의 피해라는 고통의 중핵이자 물 자체로부터 기인하는 고통만으로 한정되지 않는 것입니다. 이를 현재적 이슈로 공론화해내는 서사화 작업에서 드러나는 분열적 고통이기도 하며 사회 구성원들을 불러모아내기 위한 외침의 고통이기도 합니다. 또한 자신의 폭로가 몰고 온 공동체의 분열 양상과 갈등 구조를 목도해야 하는 현재적 고통이자 격랑에 난파될 듯한 공동체의 미래에 대한 고통이기도 합니다.

고통은 과거형이 아닙니다. 고통은 과거, 현재와 미래라는 지평을 횡단하는 것입니다. 왜냐하면 고통은 의미망 안에 들어올 때야 비로소 언어화되어 발화될 수 있으며 이러한 의미망으로의 기입은 피해자의 고통이 과거에만 한정된 것이 아니라 끊임없이 사회적 개입과 공동체의 역사로 전환하도록 하는 것이기 때문입니다. 피해자를 과거로 몰아넣어 버리는 행위로 고통에 대한 이해를 단선화하는 것은 피해자의 발화가 어떠한 층위의 복합성―개인과 공동체의 경계면을 중첩시키는 것이자 과거-현재-미래라는 시간성의 구조를 휘어지고 구부러지게 하는 것―을 건드리고 열어나가는 것인지에 대한 간과이기도 합니다.

성폭력 폭로 운동에 참여한 발화자가 서사화하는 고통은 가닿을 수 없는 날것의 고통이 아니라, 사회·문화적 맥락 안에 기입되어 들려질 수 있고 들려져야만 하는 언어로 전환된 것입니다. 그러하기에 피해자의 고통은 사회 구성원들을 불러모아 듣게 하며, 통감을 통해 새로운 행위화와 저항의 기술을 공동체적 차원에서 창안해나가는 것입니다. 이러한 과정은 말의 건넴이라는 타자를 향한 두드림에서 출발하기에 서사화에 대한 부담 또한 피해자가 오롯이 걸머집니다.

피해자의 발화가 사회·문화적 의미망과 적확히 일치하지 않으면 그것은 사회를 향한 도전이자 위협으로 읽히며, 이로 발생하는 고통은 또다시 피해자의 몫입니다. 과거의 트라우마적 고통을 있는 그대로 번역하는 것은 불가능하고, 의미망에 들어올 수 있는 것만이 언어적으로 걸러져 말의 자리를 얻게 됩니다. 이로 인한 분열의 언어 앞에서 매번 무너지고 자기 의심에 가로놓이는 것도 피해자입니다. 자신의 발화가 튕겨 나오거나 받아들여지는 의미화 과정의 지난함을 목도해야 하는 고통은 물론 공동체의 미래에 대한 기획과 가늠 불가능성으로부터 비롯되는 고통 또한 피해자의 몫입니다.

"이제 그만해라. 지겹다"라는 반응은 피해자가 오로지 고통의 물질성 자체만을 소환하고, 과거의 늪에 빠져 고통의 무의미성을 되풀이한다고 힐난하는 것입니다. 그러나 피해자는 고통 그 자체가 아니라 고통에 대한 현재적·미래적 개입을 촉구하는 자이며, 이를 통한 고통의 통감이라는 사회 정치적 의미화의 연대 지점을 도모하고자 하는 자입니다. 즉 고통이라는 연대의 지점조차 될 수 없습니다. 왜냐하면 고통이라는 무의미성의 지점은 연대라는 정치적이며 사회적 몸의 구성이라는 의미망의 결속과 구분되는 것이기 때문입니다. 이러한 관점에서, 고통 그 자체에 대한 연대는 한 번도 있었던 적이 없습니다. 단지 고통의 의미화에 대한 여러 경합적 지점들에 대한 연대와 불화가 벌어져온 것입니다.

고통의 의미 기입은 종교 담론으로의 귀결인가?

고통은 의미 기입에 따라 체제 순응적 서사가 되기도 합니다. 그럴 때에 고통은 '어쩔 수 없는 것, 그럴 만한 것'으로 정당화되어버리지요. 더 높은 목적성을 위한 통과의례로서 고통을 합리화하는 의미 경제가 바로 종교적 담론입니다. 그러나 고통의 모든 의미화가 종교적 담론으로 귀결되지는 않습니다. 피해자의 폭로는 고통이 '어쩔 수 없는 것이거나 그럴 만했던 것이 아님'을 드러내고, 과도기적 통과의례이자 더 나은 성장 서사의 필연적 관문으로 합리화될 수 없는 것임을 드러내기 때문입니다. 고통의 부조리성과 위계성, 억압성을 부상시키는 행위인 성폭력 폭로 운동의 고통 발화는 종교적 의미 경제와는 다른 저항적 의미 경제를 추동시킵니다. 이러한 관점에서, 고통의 발화는 고통 그 자체라는 날것으로서의 물질성이 아닌 사회·문화적 맥락성, 의미 질서와의 대결이 될 수 있는 것입니다.

고통은 슬픔이라는 정동의 것만이 아닙니다. 프랑스 현대 철학자 질 들뢰즈에 의하면 슬픔이라는 정동은 행위 역량의 저하와 존재 역량의 감소와 맞닿은 것으로, 이러한 슬픔의 고통은 무기력과 공포를 낳습니다.

이러한 슬픔의 고통은 사회적 연대의 불가능성을 낳으며 고통의 개별화로 이어집니다.

그러나 고통이 분노라는 정동과 어우러지면, 통감은 자신을 물론 세계에 대한 변혁 에너지가 될 수 있습니다. 분노하는 자는 마냥 행복하지만 않으며 분노라는 도전적 행위 역량이 강화되는 정동 앞에서 고통에 전율하기도 하기 때문입니다.

피해자는 강간 문화가 개인과 개인 간의 스캔들이 아니라, 구조적 젠더 불평등의 고질적 폭력 양상임을 발화할 때에 분노하고 고통받습니다. 그러나 이러한 분노의 고통은 고통 그 자체의 끈적이는 물질성으로의 유착이 아닙니다. 고통이라는 의미 기입면에 어떠한 사회적 정동을 투여할 것인가, 통감이라는 인식적·감정적 차원의 연대가 현실의 좌표축을 어떻게 재구축할 수 있는가를 질문하고 실행하도록 하는 것입니다.

고통에 대한 발화는 피해자의 수동성을 강화하고 죄책감을 각인하는 장이 아니라, 저항적 행위 구성력을 자신에게서 발견하고, 세계를 향해 새로운 행동을 실천하는 정치적 과정입니다. 즉 페미니즘은 고통의 전시이자 피해자화의 과잉 서사가 아닌, 고통받은 소수자들의 신음이 발화의 장에 진입했음을 알리는 경종이자, 다수자들이 발화를 들을 의지가 있는가를 확인하는 도발적 실험대입니다. 페미니즘은 여성들의 헐벗은 언어들이 공명하여 보편성의 구조를 재편하는 것입니다. 또한 페미니즘은 여성 경험들이 서사화되고 경청됨으로써 새로운 시대적 가치들이 상상되는 장이기도 합니다. 그러나 지금까지의 의심의 시대는 '제대로 말하라'를 강요해왔습니다. 그러나 이제 우리는 가청 범위의 임계치에 대한 실혐의 세기에 당도했습니다. 이러한 페미니즘의 세기에, 당신은 과연 들을 준비가 되었는지요?

나가며―스스로를 넘어서기 위하여

페미니즘의 역사는 여성이 발화해 온 고통의 역사였습니다. 존재하지도 않는 것처럼 여겨졌던 여성의 고통은 발화를 통해서야 비로소 존재하게 되었습니다. 파문波紋을 통해 물의 존재를 인식하는 것처럼, 고통의 발화를 통해 고통의 존재를 인식하게 되는 것입니다. 공동체에게 썩 유쾌한 일은 아닙니다. 안전하고 명확하리라 확신했던 나의 정체성이 타자의 고통 앞에서 무너져내리고, 나의 세계, 즉 공동체를 지탱하던 의미망들이 소용돌이치기 시작하기 때문이죠. 고통이 발화되는 순간은 나와 당신이, 혹은 나와 사회가 서로에게 침투되고 섞이는 과정입니다. 발화자의 안전도 담보할 수 없습니다. 이를테면 이것은 자신의 온 존재를 건 말 걸기입니다. 발화 이후, 우리는 무엇을 해야 할까요? 파문은 파문으로 그쳐서는 안 됩니다. 파문은 혼돈이 아니라 움직임입니다. 이것은 공동체를 휘젓는 위협이 아니라 이전을 넘어설 수 있는 동력입니다. 우리는 이 동력으로 또 다른 가능성을 찾을 수 있습니다. 이러한 동력을 끊임없이 생산해내는 헬페미니스트들의 활약을 저는 실시간으로 목도 중입니다.

이론은 활동보다 먼저 오는 것이 아닙니다. 운동을 사후적으로 해석하고 의미화하는 것이 이론가의 역할입니다. 때문에 이론은 항시 때늦은 것입니다. 페미니스트 활동의 정치 역학적 함의, 그 전위성과 새로운 가치들을 읽어내어 지지대를 하나 더 마련하는 일이 페미니스트 이론가로서의 제 역할이라고 믿습니다. 이론가가 지나치게 앞서가려 하면 한국적 사회 맥락에 맞지 않는 개념 수입의 오류를 저질러 활동의 기반을 오히려 깨뜨릴 수 있습니다. 또한 이론가가 제도화된 언어에 순응되어 활동들의 역동성으로부터 뒤쳐지면 진보 마초 남성 지식인과 다름없는 훈수 두기나 하게 되지요. 헬페미들이 일으키는 격동들에 매순간 접속하여 이것의 의미들을 길어내고 의미 배열판을 새로이 직조하는 작업이 이론가의 역할임을 절실히 깨닫고 있습니다. 이러한 맥락에서, 이 책은 헬페미라는 다중의 탄생에 대한 작은 기록물이자 전폭적 이론 지지서입니다. 끊임없이 이 세계에 파문을 일으키는 활동에 작은 물보라를 더하고 싶다는 바람으로 집필을 시작했습니다.

스스로 헬페미니스트라고 선언하지만, 세대론적으로 저는 영페미니스트의 마지막 세대입니다. 저의 추상적인 언어가 헬페미니스트에게 얼마나 유용한 자원이 될 수 있을까 생각하며 스스로에 대한 경계의 끈을 놓지 못했습니다. 급진적이고 과격한 언어가 대중적일 수 없다는 한계도 잘 알고 있습니다. 그럼에도 불구하고 제 위치에서 제가 할 수 있는 최선이 무엇인가를 숙고한 후, 이를 바탕으로 설치고 떠들고 생각하고 쓸 것입니다.

페미니즘은 이전을 넘어서는 것이어야 합니다. 스스로도 넘어서야 합니다. 기존의 나를 구성하던 것들을 '망치고' 구원의 길을 찾아야 합니다. 하지만 이는 종교 서사가 아닙니다. 우리의 행동이 유토피아를 약속하지는 않습니다. 유토피아가 선과 악의 이분법이 지배하는 곳이라면 페미니스트들은 마땅히 천국을 거부할 것입니다. 치열한 논쟁의 장을 통과한 자만이 스스로를 구원할 수 있습니다. 헬페미들은 혼돈 속에서 끝끝내 나아가야 할 방향을 찾아왔습니다. 우리가 믿어야 할 유일한 것은 그것입니다. 우리는 홀로 승리할 수 없으니 홀로 절망할 필요도 없습니다. 우리는 상대를 단정짓는 심판자보다는 유체적 연대자가 되어야 합니다. 쉽지는 않을 겁니다. 하지만 여태껏 페미니스트가 아님을 강박적으로 증명해야만 했던 그 무거운 자기 단속의 갑옷을 벗어던지고 떠나는 그 길은 자유롭습니다. 이제 우리는 페미니스트 선언 후, 페미니즘은 무엇인지, 여성이라는 기표에 무엇을 채워 넣을 수 있을지를 온몸으로 고통스럽게 밝혀내고 있는 것입니다. 평화와 공존의 서사가 환상임을 처절하게 깨달으며 헬페미들이 벌이고 있는 이 격론의 장, 갈등의 분화구들이 바로 지금 여기의 한국 페미니즘을 태동시키고 있습니다. 이러한 즐거운 불화, 격동적 갈등의 축제에 저 역시 열렬히 동참하고자 합니다.

페미니즘이라는 해일이 일으키는 물보라 앞, 찬란히 부서지고 다시 밀려드는 당신과 나, 우리의 혁명을 위하여!

참고문헌

단행본

가이 스탠딩, 《프레카리아트》, 김태호 옮김, 박종철출판사, 2011.

경향신문 사회부 사건팀 기획, 《강남역 10번 출구, 1004개의 포스트잇》, 나무
연필, 2016.

김홍미리 외, 《페미니스트 모먼트》, 그린비, 2017.

마사 누스바움, 《혐오에서 인류애로》, 강동혁 옮김, 뿌리와이파리, 2016.

마사 누스바움, 《혐오와 수치심》, 조계원 옮김, 민음사, 2015.

멜리사 그레그, 그레고리 시그워스 편저, 《정동 이론》, 최성희 외 옮김, 갈무리,
2016.

미셸 푸코, 《감시와 처벌》, 오생근 옮김, 나남출판, 2003.

미셸 푸코, 《비정상인들》, 박정자 옮김, 동문선, 2001.

미셸 푸코, 《사회를 보호해야 한다》, 김상운 옮김, 난장, 2015.

발터 벤야민, 《역사의 개념에 대하여/ 폭력비판을 위하여/ 초현실주의 외》 최
성만 옮김, 길, 2008.

송제숙, 《혼자 살아가기》, 황성원 옮김, 동녘, 2016.

아르네 그뤤, 《불안과 함께 살아가기》, 하선규 옮김, 도서출판b, 2016.

안토니오 네그리, 《다중》, 서창현 외 옮김, 세종서적, 2008.

앙리 베르그손, 《사유와 운동》, 이광래 옮김, 문예출판사, 2001.

에티엔 발리바르, 《폭력과 시민다움》, 진태원 옮김, 난장, 2012.

우에노 지즈코, 미나시타 기류, 《비혼입니다만, 그게 어쨌다구요?!》, 조승미
　　옮김, 동녘, 2017.

자크 랑시에르, 《불화》, 진태원 옮김, 길, 2015.

자크 랑시에르, 《정치적인 것의 가장자리에서》, 양창렬 옮김, 길, 2008.

정희진, 《페미니즘의 도전》, 교양인, 2013.

주디스 버틀러, 《젠더 트러블》, 조현준 옮김, 문학동네, 2008.

지그문트 바우만, 《액체 근대》, 이일수 옮김, 강, 2009.

지그문트 바우만, 《유동하는 공포》, 함규진 옮김, 산책자, 2009.

질 들뢰즈, 《차이와 반복》, 김상환 옮김, 민음사, 2005.

질 들뢰즈, 안토니오 네그리 외, 《비물질 노동과 다중》, 서창현 외 옮김, 갈무
　　리, 2005.

질 들뢰즈, 펠릭스 가타리, 《안티 오이디푸스》, 김재인 옮김, 민음사, 2014.

클라우스 슈밥 외, 《4차 산업혁명의 충격》, 김진희 외 옮김, 흐름출판, 2016.

토니 포터, 《맨박스》, 김영진 옮김, 한빛비즈, 2016.

프레드릭 그로 외, 《미셸 푸코 진실의 용기》, 심세광 외 옮김, 길, 2006.

Frédéric Keck, *Claude lévi strauss, une introduction*, Paris : La découverte,
　　2005.

Jacques Rancière, *La mesentente*, Paris : Editions Gallilée, 1995.

Judith Butler, *Frames of war*, Verso, 2009.

Michel Foucault, *Il faut défendre la société*, Paris : Gallimard/Seuil, 1997.

Michel Foucault, *The concern for truth*, Lawrence D. Kritwman ed., Poli-
　　tics, Philosophy, Culture ; Interviews and Other Writings, 1977-1984,

New York : Routledge Press, 1988.

Michel Foucault, *The Hermeneutics of the Subject*. Ed. Frederic Gros, Trans. Graham Burchell, New York : Picador, 2005.

Noreen Connell et Cassandra Wilson, *Rape: the first sourcebook for women*, New American Library, 1974.

Sigmund Freud, *Abrégé de psychanalyse*, Traduit de l'allemand par Anne Berman, Paris : Presses universitaires de France, 1985.

Sigmund Freud, *Trois essais sur la théorie de la sexualité*, traduit de l'allemand par B. Reverchon-Jouve, Paris : Editions Gallimard, 1962.

Z. Baumann, *Le présent liquid, peur sociale et obsession sécuritaire*, Traduit de l'anglais par Laurent Buiy, Paris : Edition de Seuil, 2007.

학술 논문과 에세이

김경희, 「미셸 푸코의 '진실의 용기'에 대한 소고」, 〈여성연구논집〉 26, 신라대 여성문제연구소, 2015.

김선희, 「비판, 파르헤지아 그리고 아이러니」, 〈인문과학연구〉 17, 강원대 인문과학연구소, 2007.

김홍중, 「청년 여성 프레카리아트의 얼굴」, 〈한국문화연구〉 30, 2016.

류미현, 「20~30대 소비자의 불매운동 관련 특성이 온라인 불매운동 의도에 미치는 영향—소비자 역할 인식의 조절 효과를 중심으로」, 〈소비자 정책 교육연구〉 11권 3호, 2015.

박인정, 「문화예술분야 크라우드 펀딩의 가능성—문화나눔 포털과 텀블벅 사례를 중심으로」, 〈문화예술경영학연구〉 6권 1호 통권 10호, 한국문화예술 경영학회, 2013.

박태균, 「탈냉전 이후 한국적 매카시즘 탄생」, 〈역사와 현실〉 93, 한국역사연구회, 2014.

변혜정, 「성폭력 개념에 대한 비판적 성찰」, 〈한국여성학〉, 20(2), 한국여성학
　　회, 2004.

성미라, 「상호의존성의 여성주의적 전유를 통한 주체성 연구―20~30대 대졸
　　이상 비혼 여성의 경험을 중심으로」, 성신여대 석사논문, 2006.

엄혜진, 「운동사회 성폭력 의제화의 의의와 쟁점―'100인위' 운동의 수용과
　　현재적 착종」, 〈페미니즘연구〉, 9권 1호, 한국여성연구소, 2009.

윤지영, 「가장 첨예한 철학으로서의 페미니즘」, 〈철학논집〉, 46집, 서강대 철학
　　연구소, 2016년 8월

윤지영, 「비판적 포스트휴머니즘―근대적 인간개념 해체와 하이브리드적 주
　　체성」, 〈시대와 철학〉 26권 3호, 한국철학사상연구회, 2015.

윤지영, 「새로운 연대의 가능성에 대한 사유역학논고」, 〈서강인문논총〉 40집,
　　2014.

윤지영, 「욕망의 시학은 가능한가―잉여와 퀴어성의 연계성에 대하여」, 〈한국
　　여성철학〉 20권, 한국여성철학회, 2013.

윤지영, 「유령-스펙트럼 프로이트―리비도-코나투스는 가능한가」, 〈철학논
　　집〉 38집, 서강대 철학연구소, 2014.

윤지영, 「전복적 반사경으로서의 메갈리안 논쟁―남성혐오는 가능한가?」, 〈한
　　국여성철학〉 24집, 2015.

윤지영, 「주체의 해석학으로서의 정신분석학」, 〈시대와 철학〉, 24권 3호,
　　2013년

윤지영, 「트랜스 리비도 경제학」, 〈철학연구〉 126집, 대한철학회, 2013.

윤지영, 「현실의 운용원리로서의 여성혐오」, 〈철학연구〉 115집, 철학연구회,
　　2016.

이현재, 「도시적 감정으로서의 여성 혐오와 도시적 젠더정의의 토대로서의 공
　　감의 가능성 모색」, 〈한국여성철학〉 25권, 한국여성철학회, 2016.

장정순, 신황용, 김연희, 이희선, 「조직 내 네트워킹 행동과 유리천장이 조직몰

입에 미치는 영향—직무만족의 매개효과를 중심으로」, 〈한국사회와 행정 연구〉 26(3), 2015.

전희경, 「마을 공동체의 공동체성을 질문하다—서울시 마포, 은평지역 비혼/ 퀴어 페미니스트들의 경험을 중심으로」, 〈페미니즘 연구〉 14권 1호, 2014.

황주영, 「페미사이드」, 〈여/성이론〉 28집, 여성문화이론연구소, 2013.

Alessandro Garcea, *Consule ueritatem : Cicéon, Varron et un chapitre de l'histoire de la vérité à Rome*, Revue de méaphysique et de morale 2008/1 (n° 57)

Alexandre Macmillan, "La biopolitique et le dressage des populations", *Cultures & Conflits* n° 78, été 2010.

Colin Gordon, "Le possible : alors et maintenant. Comment penser avec et sans Foucault autour du droit péal et du droit public", *Cultures & Conflits* n° 94~95~96, été-automne-hiver 2014.

Daniel Favre, Jacques Joly, Christian Reynaud et Luc Laurent Salvador, "empathie, contagion emotionnelle et coupure", *Enfance* Vol. 57, 2005.

Géard Leclerc, "Histoire de la vérité géélogie de l'autorité", *Cahiers internationaux de sociologie*, Presses Universitaires de France, 2001/2 (n° 111)

Marilyn Loden, "Recognozing women's potential : No longer business as usual", *Management Review*, New York 76.12, 1987.

Mehdi Belhaj Kacem, "Le devenir-aléheiologique de la transparence", *Lignes*, 1999/1 (n° 36)

Olivier Ducharme, "Derrida ou la rayure de l'origine", Mémoire de l'Universitée Laval, Quebec, 2008.

Yves Delèue, "Mallarmé les philosophes et les gestes de la philosophie",

Romantisme, Armand Colin, 2004/2 (n° 124)

Yves Viltard, "Le cas McCarthy. Une construction politique et savante", *Cultures & Conflits* n° 43, 2001.

지워지지 않는 페미니즘

1판 1쇄 인쇄 2018년 4월 23일
1판 1쇄 발행 2018년 4월 27일

지은이 · 윤김지영
펴낸이 · 주연선

총괄이사 · 이진희
책임편집 · 최민유
편집 · 심하은 백다흠 강건모 이경란 윤이든 양석한 김서해
디자인 · 이지선 권예진 한기쁨
마케팅 · 장병수 최수현 김다은 이한솔
관리 · 김두만 유효정 신민영

(주)은행나무
04035 서울특별시 마포구 양화로11길 54
전화 · 02)3143-0651~3 | 팩스 · 02)3143-0654
신고번호 · 제 1997-000168호(1997. 12. 12)
www.ehbook.co.kr
ehbook@ehbook.co.kr

잘못된 책은 바꿔드립니다.

ISBN 979-11-88810-22-2 03330